MANUFACTURE

DE

BRONZES POUR ÉGLISES

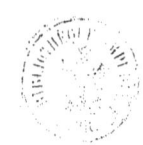
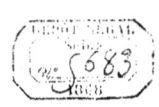

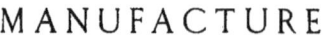

TARIF

L. FIGARET
Rue du Faubourg Montmartre, 55
À PARIS

MARQUE DE FABRIQUE

PARIS. — J. CLAYE, IMPRIMEUR, 7, RUE SAINT-BENOIT — [49]

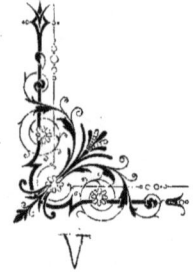

TABLE ALPHABÉTIQUE

DES BRONZES D'ÉGLISE DESSINÉS DANS CE TARIF

NOMBRE DE DESSINS.	NOMBRE DE MODÈLES.	DÉSIGNATION DES BRONZES.	NUMÉROS des DESSINS.	NOMBRE DE DESSINS.	NOMBRE DE MODÈLES.	DÉSIGNATION DES BRONZES.	NUMÉROS des DESSINS.
4	4	Anges (statuettes d').	711 à 713	13	17	Encensoirs & navettes.	367 à 379
41	41	Appliques ou bas-reliefs divers. . . .	662 à 702	3	3	Epées de suisse.	393 à 395
1	1	Autels.	612	6	20	Expositions de Saint-Sacrement. . . .	625 à 631
6	7	Baisers de paix.	416 à 421	2	44	Faux cierges, ou souches.	409 & 410
1	1	Balanciers pour bannières.	404	11	18	Girandoles.	576 à 586
41	41	Bas-reliefs ou appliques diverses. . . .	662 à 702	8	20	Goupillons.	380 à 387
2	2	Bâtons de chantre.	400 & 401	3	4	Groupes religieux.	710 à 717
8	17	Bâtons de croix de procession.	359 à 366	3	3	Hallebardes de suisse.	388 à 390
3	3	Bâtons ou verges de bedeau.	396 à 398	4	13	Lampadaires.	536 à 551
8	20	Bénitiers portatifs & goupillons.	380 à 387	43	114	Lampes de chœur ou de chapelle. . . .	460 à 509
9	10	Bénitiers pour accrocher.	733 à 747	18	42	Lustres.	531 à 554
16	32	Bras d'autel ou d'exposition. . . .	560 à 575	1	1	Lutrins à pied.	591
14	14	Bras porte-lampes.	437 à 450	1	1	Lyre pour bannière d'orphéon. . . .	405
36	112	Candélabres en bouquet.	212 à 265	1	1	Médaille & chaîne pour bedeau. . . .	399
12	19	Candélabres en éventail.	224 à 254	13	16	Navettes à encens.	367 à 379
9	15	Candélabres pour bouts d'autel.	214 à 268	4	17	Ostensoirs.	412 à 415
2	4	Cannes de suisse.	391 & 392	2	8	Pieds de calice	602 & 603
2	6	Canons d'autel.	597 & 598	1	8	Pieds de ciboire.	604
1	1	Chaîne & médaille de bedeau.	399	22	22	Portes de tabernacle	640 à 661
10	32	Chandeliers d'acolytes.	330 à 339	2	8	Plats à quêter.	600 & 601
84	308	Chandeliers d'autel.	1 à 88	5	5	Pupitres d'autel.	592 à 596
9	9	Chapiteaux & bases.	588 à 596	26	29	Reliquaires.	275 à 317
17	31	Châsses.	277 à 309	7	12	Sonnettes à messe.	422 à 428
3	3	Consoles de suspension.	433 à 435	2	44	Souches ou faux cierges.	409 & 410
1	17	Contre-poids.	436	22	30	Statuettes religieuses.	711 à 732
2	4	Corbeilles d'autel.	210 & 211	2	2	Suspensions pour lampe.	537 & 538
12	17	Couronnes de lumière.	520 à 530	8	9	Tabernacles.	613 à 621
3	3	Crédences.	609 à 611	1	1	Tasses à quêter.	599
84	311	Croix d'autel ou de tabernacle.	101 à 188	1	1	Torchères funéraires.	608
2	5	Croix de bannière.	402 & 403	3	5	Torchères de procession, ou cyriales. .	406 à 408
3	10	Croix de célébrant.	320 à 322	10	13	Vases d'autel.	200 à 209
13	35	Croix de procession.	340 à 352	4	4	Veilleuses d'autel.	463 à 511
2	7	Croix à reliquaire.	318 & 319	1	1	Veilleuses suspendues.	483
3	3	Crosses de suspension.	430 à 432	3	3	Verges ou bâtons de bedeau.	396 à 398
8	14	Crucifix.	740 à 750	3	14	Verres de lampes.	605 à 607
3	5	Cyriales ou torchères de procession. . .	406 à 408	8	18	Vierge (statuette de la Sainte).	725 à 732

PARIS. — J. CLAYE, IMPRIMEUR, 7, RUE SAINT-BENOIT. † [49]

OBSERVATIONS GÉNÉRALES

Ce tarif comporte 696 dessins, donnant 1,689 modèles, & un ensemble de plus de 5,000 prix. Pour faciliter les recherches dans une collection aussi considérable, la classification suivante a été adoptée :

1° Tout ce qui se pose sur les autels : chandeliers, croix, candélabres, vases, corbeilles, reliquaires, &c.;

2° Tout ce qui sert aux processions : croix & bâtons, chandeliers d'acolytes, encensoirs, bénitiers, ostensoirs, hallebardes, épées, cannes de suisse & de bedeau, avec les baisers de paix, sonnettes, &c.;

3° Tout ce qui se suspend : lampes, lustres, couronnes de lumière, lampadaires, &c.;

4° Tout ce qui s'accroche : bras, girandoles, porte-lampes, crosses & consoles de suspension, &c.;

5° Les pièces importantes : autels, tabernacles, expositions, &c.;

6° Les accessoires pour la décoration : chapiteaux & bases, portes de tabernacle, devants d'autel, chutes, guirlandes, chiffres, appliques diverses, &c.;

7° Les bronzes religieux : bénitiers, crucifix, statuettes, groupes, &c.

Dans chaque nature d'articles le classement a été fait par ordre chronologique, depuis l'époque dite *romane*, jusqu'au style moderne.

La *table alphabétique* indique les numéros des dessins, & ces numéros sont les seuls utiles, les seuls qui puissent empêcher les erreurs ; les numéros des planches ne figurent que pour ordre.

Le poids qui est indiqué pour chacun des articles tarifés est un renseignement indispensable pour ceux qui peuvent motiver un contre-poids, comme les lampes, les lustres, &c., comme aussi pour ceux qui doivent être portés en procession. Ce renseignement a encore son utilité pour estimer les frais de transport, & pour évaluer les droits de douane, dans les contrées où les tarifs ne sont pas établis *ad valorem*. Les poids indiqués ne sauraient être rigoureux, pour beaucoup de bronzes au moins, & particulièrement pour les pièces importantes ; mais les différences en plus ou en moins ne peuvent jamais être considérables.

Tous les bronzes tarifés sont fondus & ciselés ; le vernis est une parfaite imitation de la dorure ; celle-ci & l'argenture sont appliquées par les procédés galvaniques, dans les conditions les plus consciencieuses.

Tous les prix sont ceux des articles pris au magasin à Paris ; l'emballage & le transport sont en sus.

Il ne peut être, dans aucun cas, apporté de modifications aux modèles dessinés, tant dans leurs dispositions normales que dans leurs proportions, mais il est possible d'établir tous les bronzes qui seront demandés, soit d'après une composition fournie, soit d'après un dessin qui serait fait à la demande.

Ce tarif annule & remplace tous ceux qui l'ont précédé

N° 1. — CHANDELIERS D'AUTEL

Style Roman.

DIMENSIONS		PRIX DE LA PAIRE.			POIDS de LA PIÈCE.
HAUTEUR.	LARGEUR du pied.	VERNIS.	ARGENTÉS.	DORÉS or moulu.	
0m 35c	0m 145mm				1k 25d
0, 45	0, 200				1, 75
0, 55	0, 225				2, 85
0, 65	0, 320				3, 25

N° 2. — CHANDELIERS D'AUTEL

Style du xiiie siècle.

DIMENSIONS		PRIX DE LA PAIRE.			POIDS de LA PIÈCE.
HAUTEUR.	LARGEUR du pied.	VERNIS.	ARGENTÉS.	DORÉS or moulu.	
0m 14c	0m 120mm				0k 60d
0, 21	0, 188				1, 30

N° 3. — CHANDELIERS D'AUTEL

Style du xiiie siècle.

HAUTEUR.	LARGEUR du pied.	VERNIS.	ARGENTÉS.	DORÉS or moulu.	POIDS de LA PIÈCE.
0m 26c	0m 120mm				0k 70d
0, 40	0, 188				1, 80

N° 4. — CHANDELIERS D'AUTEL

Style Roman.

HAUTEUR.	LARGEUR du pied.	VERNIS.	ARGENTÉS.	DORÉS or moulu.	POIDS de LA PIÈCE.
0m 42c	0m 180mm				1k 85d

N° 5. — CHANDELIERS D'AUTEL

Style Roman.

HAUTEUR.	LARGEUR du pied.	VERNIS.	ARGENTÉS.	DORÉS or moulu.	POIDS de LA PIÈCE.
0m 38c	0m 180mm				2k 30d

N° 6. — CHANDELIERS D'AUTEL

Style du xiiie siècle.

HAUTEUR.	LARGEUR du pied.	VERNIS.	ARGENTÉS.	DORÉS or moulu.	POIDS de LA PIÈCE.
0m 40c	0m 200mm				2k 50d

N° 7. — CHANDELIERS D'AUTEL

Style Roman.

DIMENSIONS		PRIX DE LA PAIRE.			POIDS de LA PIÈCE.
HAUTEUR.	LARGEUR du pied.	VERNIS.	ARGENTÉS.	DORÉS or moulu.	
0m 43c	0m 150mm				2k 10d

N° 8. — CHANDELIERS D'AUTEL

Style du xiiie siècle.

HAUTEUR.	LARGEUR du pied.	VERNIS.	ARGENTÉS.	DORÉS or moulu.	POIDS de LA PIÈCE.
0m 40c	0m 170mm				2k 55d

N° 9. — CHANDELIERS D'AUTEL

Style Roman.

HAUTEUR.	LARGEUR du pied.	VERNIS.	ARGENTÉS.	DORÉS or moulu.	POIDS de LA PIÈCE.
0m 40c	0m 165mm				1k 90d
0, 54	0, 205				3, 90
0, 68	0, 240				5, 85

OBSERVATIONS

S'APPLIQUANT A TOUS LES CHANDELIERS D'AUTEL.

Les Chandeliers d'Autel sont tous dessinés avec pointes pour recevoir des souches ; ces pointes peuvent être remplacées par des bobèches, pour les contrées où il est d'usage d'employer de vrais cierges.

Ce changement ne modifie pas les prix.

———

Les Croix d'Autel assorties aux chandeliers sont tarifées aux planches 20 & suivantes. Leurs numéros de référence sont les mêmes que ceux des chandeliers, plus 100. Ainsi, pour les chandeliers n° 1, la Croix est tarifée au n° 101 ; pour ceux n° 2, la Croix est celle n° 102, & ainsi de suite.

———

Les souches, ou faux-cierges, sont tarifées à la planche 79.

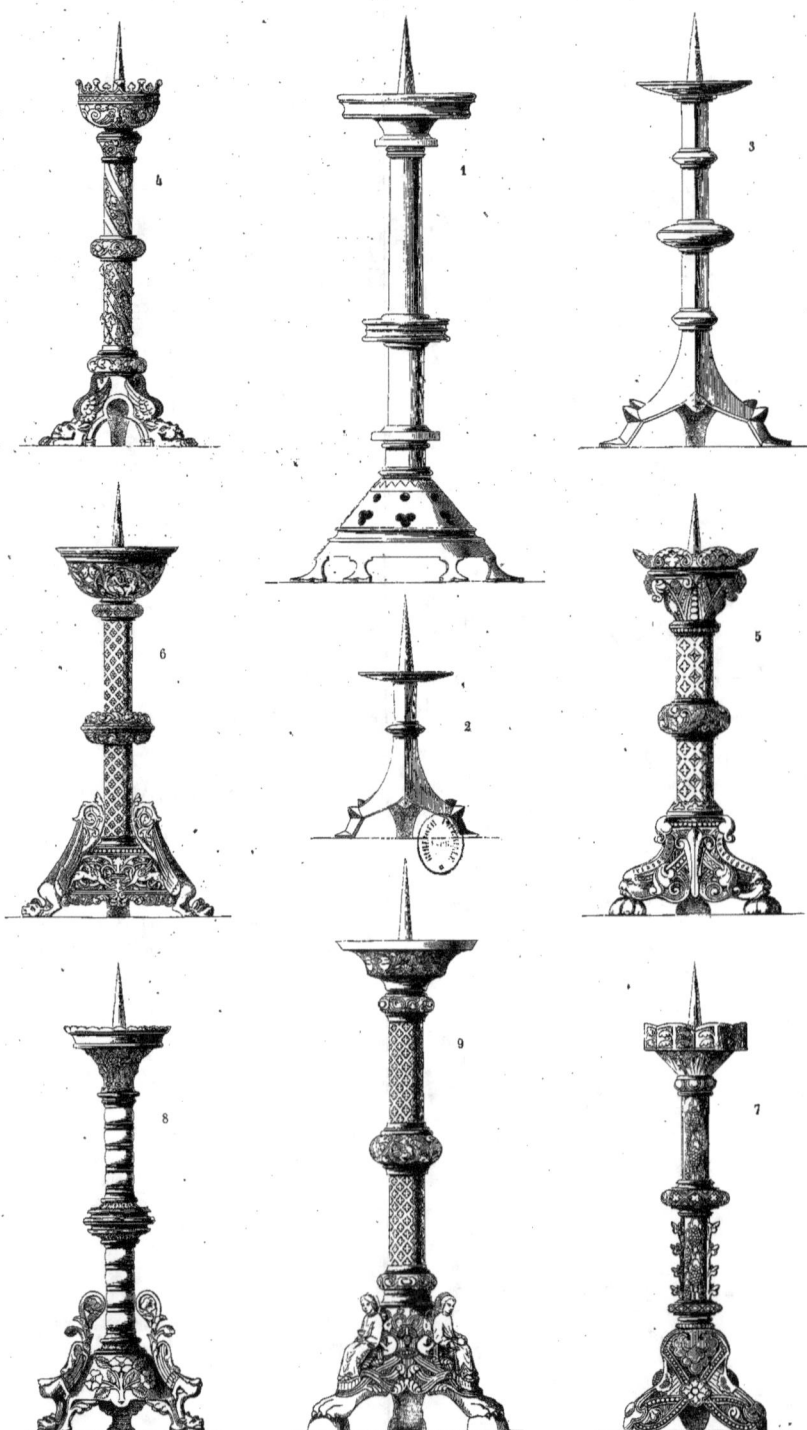

N° 10. — CHANDELIERS D'AUTEL

Style du xiie siècle.

DIMENSIONS.		PRIX DE LA PAIRE.			POIDS de LA PIÈCE.
HAUTEUR.	LARGEUR du pied.	VERNIS.	ARGENTÉS.	DORÉS or moulu.	
0ᵐ40ᶜ	0ᵐ160ᵐᵐ				1ᵏ35ᵈ
0,50	0,190				2,05
0,55	0,210				2,55
0,65	0,250				3,85
0,80	0,300				5,80
1,00	0,360				9,75
1,15	0,450				16,80

N° 11. — CHANDELIERS D'AUTEL

Style du xiiie siècle.

HAUTEUR.	LARGEUR du pied.	VERNIS.	ARGENTÉS.	DORÉS or moulu.	POIDS de LA PIÈCE.
0ᵐ50ᶜ	0ᵐ170ᵐᵐ				1ᵏ90ᵈ
0,60	0,210				3,40
0,75	0,250				5,50
0,95	0,320				9,90
1,20	0,400				16,80

N° 12. — CHANDELIERS D'AUTEL

Style du xiiie siècle.

HAUTEUR.	LARGEUR du pied.	VERNIS.	ARGENTÉS.	DORÉS or moulu.	POIDS de LA PIÈCE.
0ᵐ40ᶜ	0ᵐ160ᵐᵐ				1ᵏ70ᵈ
0,50	0,200				2,75
0,65	0,250				3,90

N° 13. — CHANDELIERS D'AUTEL

Style Roman.

COMPOSITION DE M. ALFRED DARCEL.

DIMENSIONS.		PRIX DE LA PAIRE.			POIDS de LA PIÈCE.
HAUTEUR.	LARGEUR du pied.	VERNIS.	ARGENTÉS.	DORÉS or moulu.	
0ᵐ35ᶜ	0ᵐ150ᵐᵐ				1ᵏ25ᵈ
0,45	0,150				1,55
0,55	0,180				2,80
0,65	0,220				4,10
0,80	0,270				6,50
0,95	0,310				8,75
1,15	0,360				14,20

N° 14. — CHANDELIERS D'AUTEL

Style du xiiie siècle.

COMPOSITION DE M. ALFRED DARCEL.

HAUTEUR.	LARGEUR du pied.	VERNIS.	ARGENTÉS.	DORÉS or moulu.	POIDS de LA PIÈCE.
0ᵐ35ᶜ	0ᵐ140ᵐᵐ				1ᵏ00ᵈ
0,45	0,190				1,70
0,55	0,220				2,60
0,65	0,270				3,80
0,80	0,310				5,90

N° 15. — CHANDELIERS D'AUTEL

Style du xive siècle.

COMPOSITION DE M. ALFRED DARCEL.

HAUTEUR.	LARGEUR du pied.	VERNIS.	ARGENTÉS.	DORÉS or moulu.	POIDS de LA PIÈCE.
0ᵐ45ᶜ	0ᵐ180ᵐᵐ				1ᵏ40ᵈ
0,50	0,190				1,75
0,55	0,220				2,60
0,62	0,250				3,10
0,70	0,270				4,00
0,85	0,290				6,85
1,00	0,360				9,10

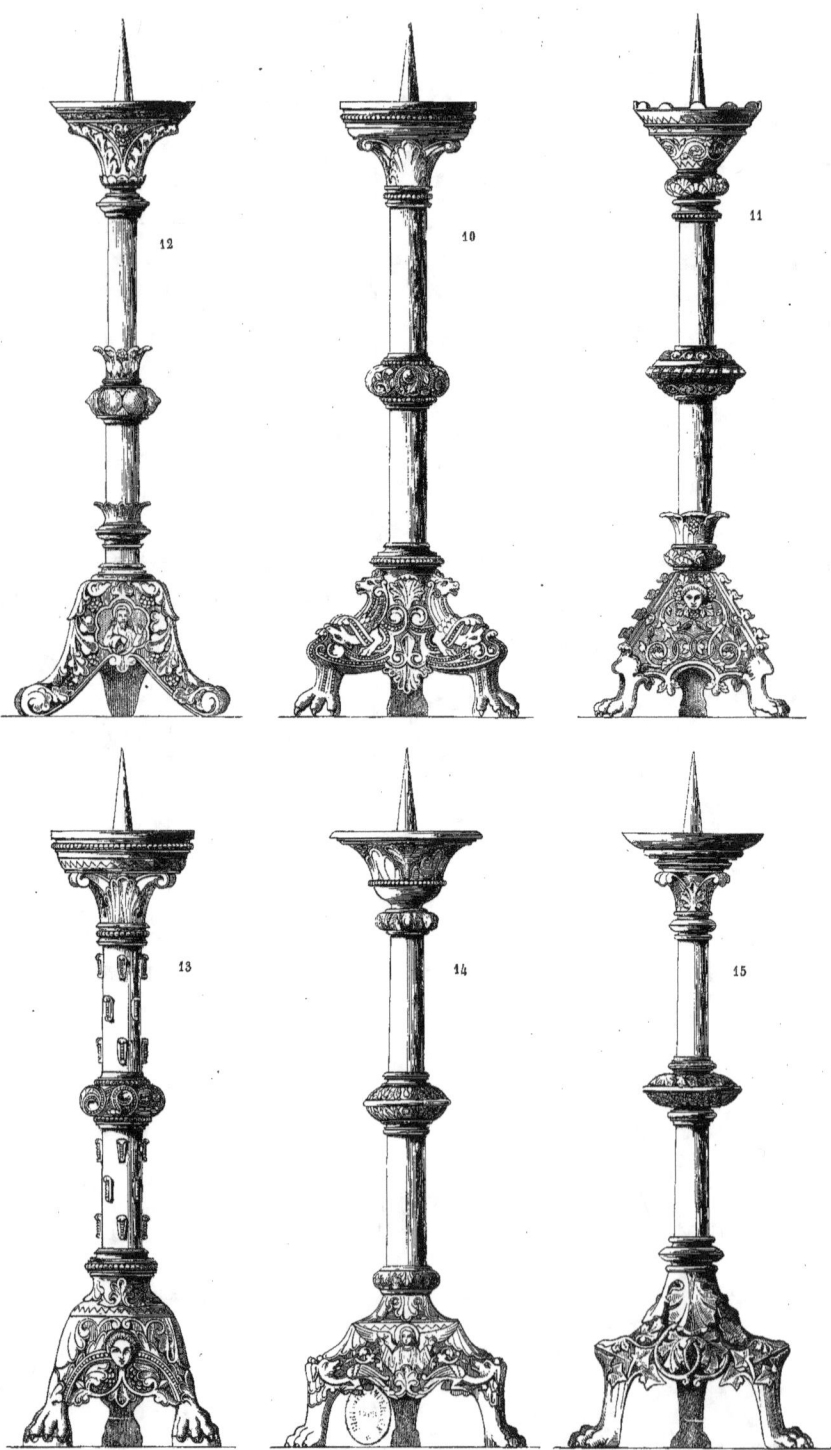

N° 16. — CHANDELIERS D'AUTEL

Style Roman.

DIMENSIONS.		PRIX DE LA PAIRE.			POIDS de LA PIÈCE.
HAUTEUR.	LARGEUR du pied.	VERNIS.	ARGENTÉS.	DORÉS or moulu.	
0m 50c	0m 210mm				1k 054
0, 60	0, 250				3, 10
0, 70	0, 290				4, 00

N° 19. — CHANDELIERS D'AUTEL

Style du XIIIe siècle.

DIMENSIONS.		PRIX DE LA PAIRE.			POIDS de LA PIÈCE.
HAUTEUR.	LARGEUR du pied.	VERNIS.	ARGENTÉS.	DORÉS or moulu.	
0m 50c	0m 170mm				2k 204
0, 65	0, 210				4, 20
0, 75	0, 250				6, 05
1, 00	0, 320				13, 90
1, 20	0, 400				20, 90

N° 17. — CHANDELIERS D'AUTEL

Style Roman.

HAUTEUR.	LARGEUR du pied.	VERNIS.	ARGENTÉS.	DORÉS or moulu.	POIDS de LA PIÈCE.
0m 72c	0m 270mm				5k 804

N° 20. — CHANDELIERS D'AUTEL

DESSINÉS PAR M. ALFRED DARCEL.
D'après un Chandelier du XIIe siècle.

HAUTEUR.	LARGEUR du pied.	VERNIS.	ARGENTÉS.	DORÉS or moulu.	POIDS de LA PIÈCE.
0m 40c	0m 180mm				1k 75d
0, 45	0, 210				2, 20
0, 50	0, 230				2, 80
0, 60	0, 250				4, 40
0, 70	0, 280				6, 10
0, 85	0, 320				8, 35

N° 18. — CHANDELIERS D'AUTEL

Style Roman.
D'APRÈS M. ALFRED DARCEL.

HAUTEUR.	LARGEUR du pied.	VERNIS.	ARGENTÉS.	DORÉS or moulu.	POIDS de LA PIÈCE.
0m 40c	0m 130mm				1k 40d
0, 50	0, 150				2, 05
0, 60	0, 180				3, 00
0, 70	0, 220				4, 23
0, 85	0, 270				6, 90
1, 00	0, 310				9, 80
1, 20	0, 360				15, 40

N° 21. — CHANDELIERS D'AUTEL

Style Roman.

HAUTEUR.	LARGEUR du pied.	VERNIS.	ARGENTÉS.	DORÉS or moulu.	POIDS de LA PIÈCE.
0m 61c	0m 210mm				4k 054

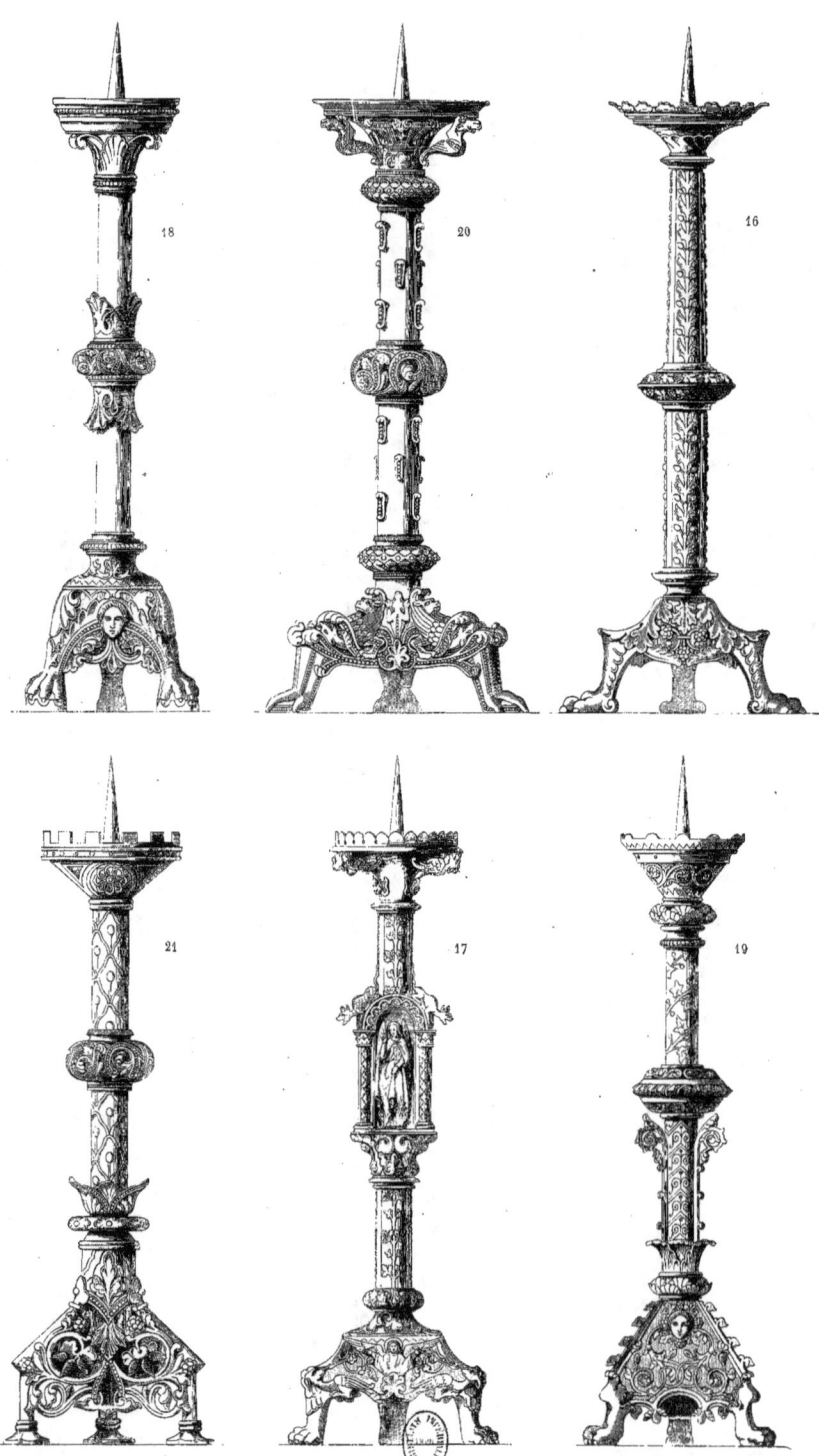

N° 22. — CHANDELIERS D'AUTEL

Style Roman.

DIMENSIONS.		PRIX DE LA PAIRE.			POIDS de LA PIÈCE.
HAUTEUR.	LARGEUR du pied.	VERNIS.	ARGENTÉS.	DORÉS or moulu.	
0ᵐ 40ᶜ	0ᵐ 140ᵐᵐ				1ᵏ 934
0, 50	0, 170				2, 95
0, 60	0, 220				4, 50

N° 25. — CHANDELIERS D'AUTEL

Style Roman.

DIMENSIONS.		PRIX DE LA PAIRE.			POIDS de LA PIÈCE.
HAUTEUR.	LARGEUR du pied.	VERNIS.	ARGENTÉS.	DORÉS or moulu.	
0ᵐ 45ᶜ	0ᵐ 200ᵐᵐ				2ᵏ 554
0, 55	0, 240				3, 65
0, 65	0, 290				6, 20

N° 23. — CHANDELIERS D'AUTEL

Style du XIIIᵉ siècle.

0ᵐ 40ᶜ	0ᵐ 190ᵐᵐ				2ᵏ 704
0, 50	0, 220				3, 70
0, 65	0, 250				5, 15

N° 26. — CHANDELIERS D'AUTEL

Style du XIIIᵉ siècle.
D'APRÈS M. ALFRED DARCEL.

0ᵐ 50ᶜ	0ᵐ 190ᵐᵐ				2ᵏ 154
0, 60	0, 220				3, 10
0, 70	0, 270				4, 50
0, 85	0, 310				7, 05

N° 24. — CHANDELIERS D'AUTEL

Style Roman.

0ᵐ 90ᶜ	0ᵐ 300ᵐᵐ				11ᵏ 204

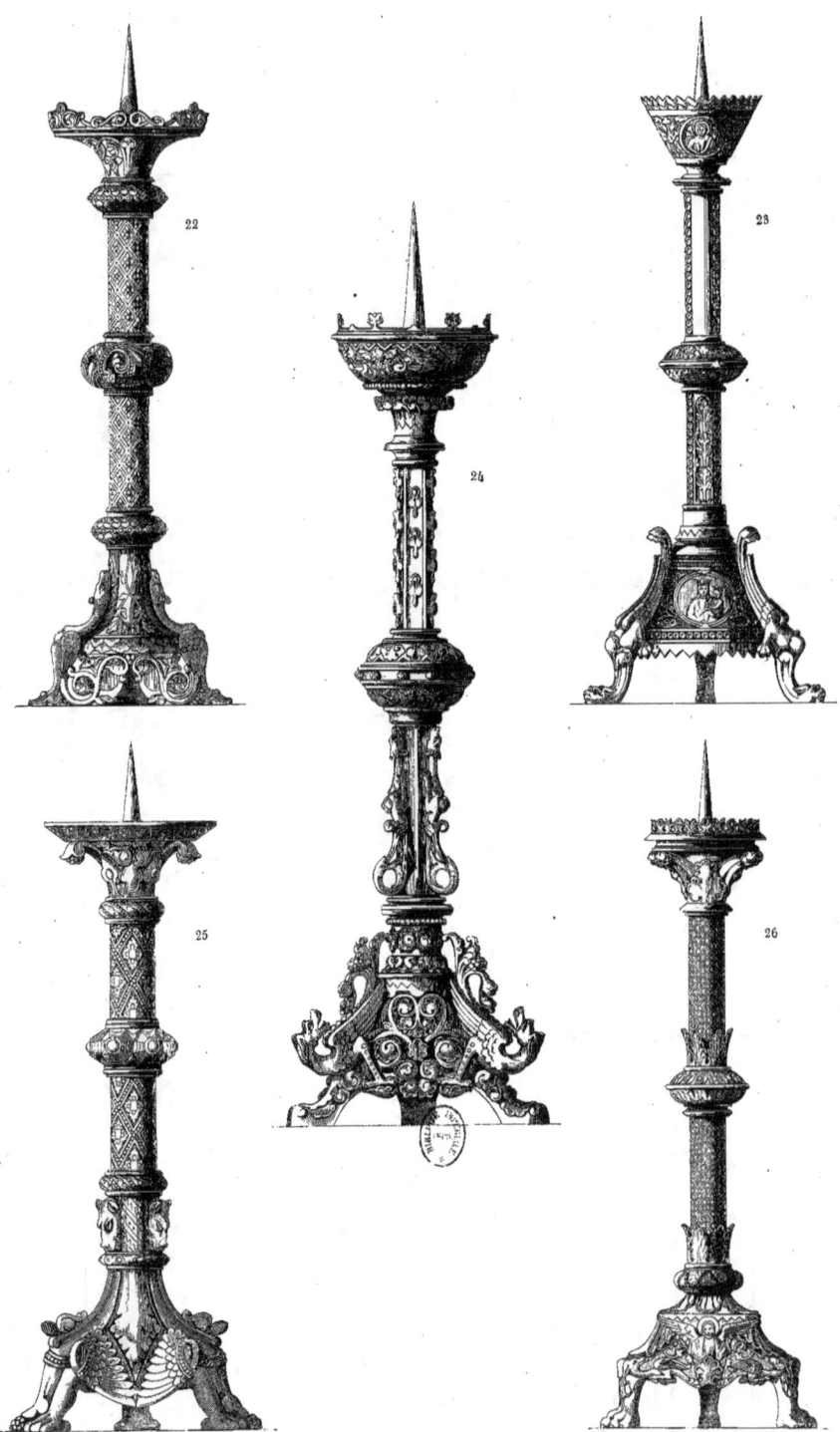

22

23

24

25

26

N° 27. — CHANDELIERS D'AUTEL

Style du XIIIe siècle.

COMPOSITION DE M. ALFRED DARCEL.

DIMENSIONS.		PRIX DE LA PAIRE.			POIDS de LA PIÈCE.
HAUTEUR.	LARGEUR du pied.	VERNIS.	ARGENTÉS.	DORÉS or moulu.	
0^m 50^c	0^m 210^{mm}				2^k 60^d
0, 60	0, 230				3, 40
0, 70	0, 260				5, 25

N° 28. — CHANDELIERS D'AUTEL

Style du XII siècle.

D'APRÈS UN CHANDELIER DE L'ÉPOQUE TROUVÉ PAR DIDRON AÎNÉ.

HAUTEUR.	LARGEUR du pied.	VERNIS.	ARGENTÉS.	DORÉS or moulu.	POIDS de LA PIÈCE.
0^m 35^c	0^m 160^{mm}				1^k 70^d
0, 45	0, 190				2, 50
0, 55	0, 210				2, 90
0, 65	0, 250				5, 60
0, 80	0, 310				8, 95
0, 95	0, 370				14, 80
1, 20	0, 460				24, 50

N° 29. — CHANDELIERS D'AUTEL

Style Roman.

DIMENSIONS.		PRIX DE LA PAIRE.			POIDS de LA PIÈCE.
HAUTEUR.	LARGEUR du pied.	VERNIS.	ARGENTÉS.	DORÉS or moulu.	
0^m 88^c	0^m 210^{mm}				10^k 10^d

N° 30. — CHANDELIERS D'AUTEL

Style Roman.

HAUTEUR.	LARGEUR du pied.	VERNIS.	ARGENTÉS.	DORÉS or moulu.	POIDS de LA PIÈCE.
0^m 50^c	0^m 210^{mm}				3^k 00^d
0, 60	0, 255				4, 65
0, 70	0, 290				6, 40

N° 31. — CHANDELIERS D'AUTEL

Style Roman.

COMPOSITION DE M. QUESTEL.

HAUTEUR.	LARGEUR du pied.	VERNIS.	ARGENTÉS.	DORÉS or moulu.	POIDS de LA PIÈCE.
0^m 70^d	0^m 350^{mm}				8^k 90^d

Ce modèle se prête parfaitement à une décoration d'émaux à froid, moyennant une augmentation de   fr. par paire.

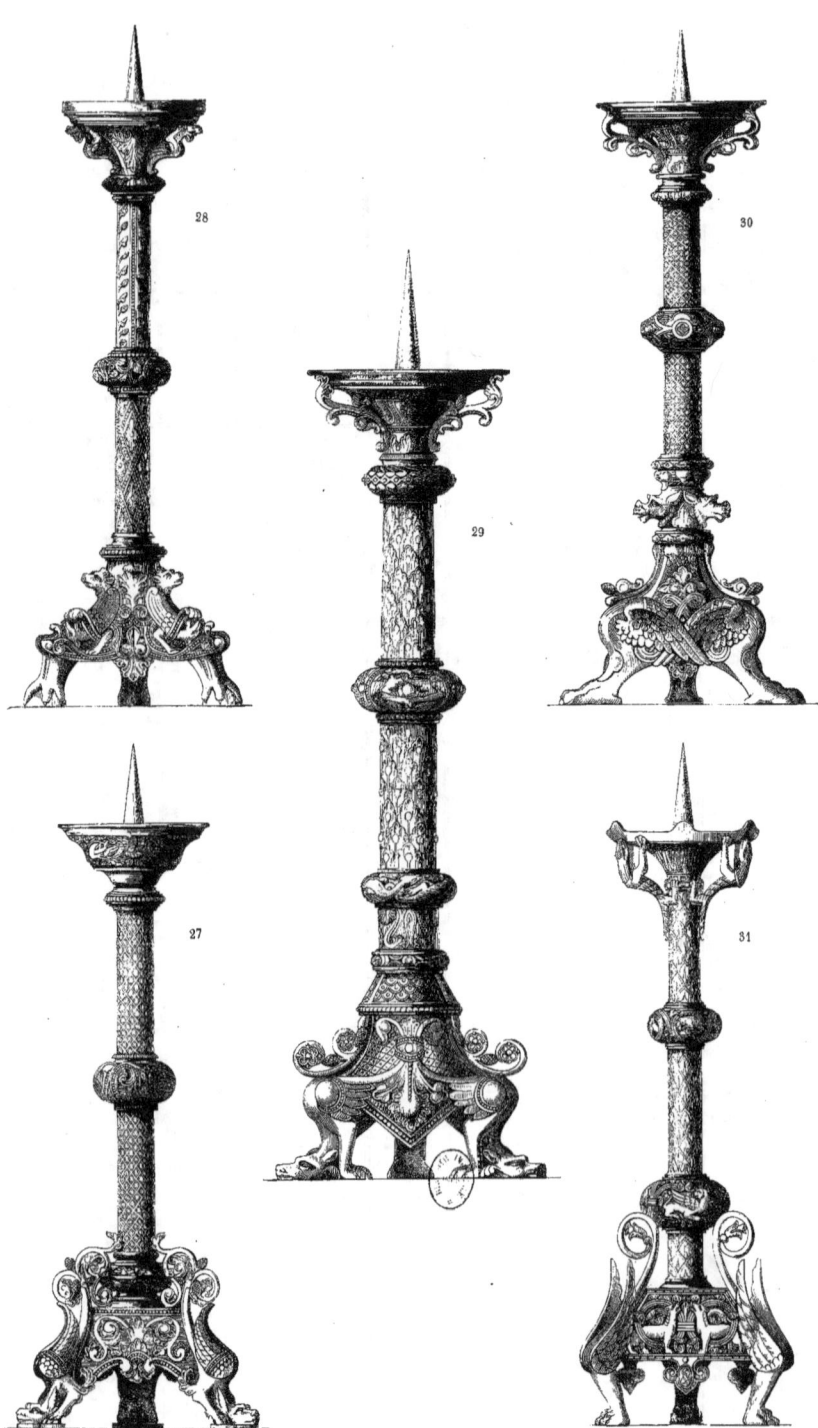

N° 32. — CHANDELIERS D'AUTEL

Style du XIIe siècle.

D'APRÈS UN CHANDELIER DE L'ÉPOQUE TROUVÉ PAR DIDRON AÎNÉ.

DIMENSIONS		PRIX DE LA PAIRE			POIDS de
HAUTEUR.	LARGEUR du pied.	VERNIS.	ARGENTÉS.	DORÉS or moulu.	LA PIÈCE.
0^m60^c	0^m250^{mm}				6^k55^d
0, 74	0, 310				10, 80

N° 33. — CHANDELIERS D'AUTEL

Style du XIIe siècle.

COMPOSITION DE M. ALFRED DARCEL.

HAUTEUR	LARGEUR				POIDS
0^m69^c	0^m285^{mm}				6^k50^d

N° 34. — CHANDELIERS D'AUTEL

Style du XIIIe siècle.

COMPOSITION DE M. ALFRED DARCEL.

HAUTEUR	LARGEUR				POIDS
0^m50^c	0^m210^{mm}				3^k30^d
0, 60	0, 230				4, 80
0, 70	0, 260				6, 80

N° 35. — CHANDELIERS D'AUTEL

Style du XIIe siècle.

COMPOSITION DE LASSUS. — SCULPTURE DE M. GEOFFROY-DECHAUSME.

DIMENSIONS		PRIX DE LA PAIRE			POIDS de
HAUTEUR.	LARGEUR du pied.	VERNIS.	ARGENTÉS.	DORÉS or moulu.	LA PIÈCE.
0^m40^c	0^m185^{mm}				8^k30^d
0, 55	0, 245				5, 60
0, 60	0, 275				10, 95

Lorsque ces chandeliers sont dorés, ils peuvent être émaillés au feu, moyennant par paire :

pour ceux de. . . . . 0^m40^a

pour ceux de. 0, 55

pour ceux de. 0, 60

N° 36. — CHANDELIERS D'AUTEL

(NON DESSINÉS.)

De même aspect que ceux n° 35, mais d'une exécution plus courante.

HAUTEUR	LARGEUR				POIDS
0^m45^c	0^m210^{mm}				2^k70^d
0, 55	0, 245				5, 60
0, 70	0, 300				7, 00

N° 37. — CHANDELIERS D'AUTEL

Style du XIVe siècle.

COMPOSITION DE M. VICTOR GAY.

HAUTEUR	LARGEUR				POIDS
0^m55^c	0^m210^{mm}				3^k90^d

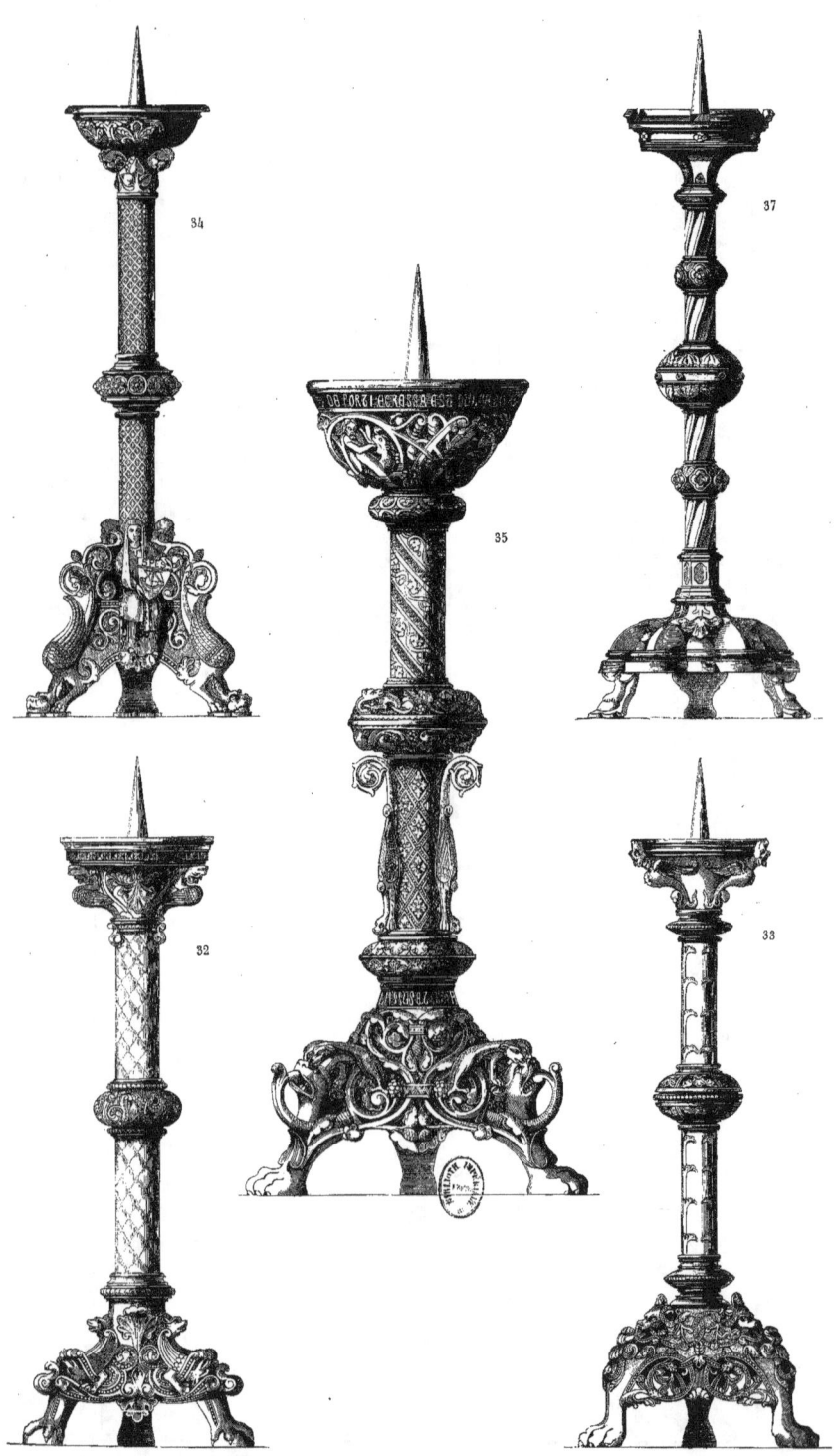

N° 38. — CHANDELIERS D'AUTEL

Style du XIIIe siècle.

COMPOSITION DE LASSUS.

DIMENSIONS.		PRIX DE LA PAIRE.			POIDS de
HAUTEUR.	LARGEUR du pied.	VERNIS.	ARGENTÉS.	DORÉS or moulu.	LA PIÈCE.
0^m60^c	0^m255^{mm}				6^k90^d
0, 74	0, 300				8, 85
1, 00	0, 370				19, 00

N° 39. — CHANDELIERS D'AUTEL

Style du XIV, siècle.

D'APRÈS M. VICTOR GUY.

0^m48^c	0^m210^{mm}				2^k35^d

N° 40. — CHANDELIERS D'AUTEL

Style du XIVe siècle.

0^m45^c	0^m200^{mm}				2^k65^d
0, 55	0, 220				3, 80
0, 65	0, 260				6, 00

N° 41. — CHANDELIERS D'AUTEL

Style du XIVe siècle.

COMPOSITION DE M. ALFRED DARCEL.

0^m60^c	0^m210^{mm}				4^k19^d

N° 42. — CHANDELIERS D'AUTEL

Style du XIIIe siècle.

0^m57^c	0^m230^{mm}				5^k00^d
0, 62	0, 260				5, 90

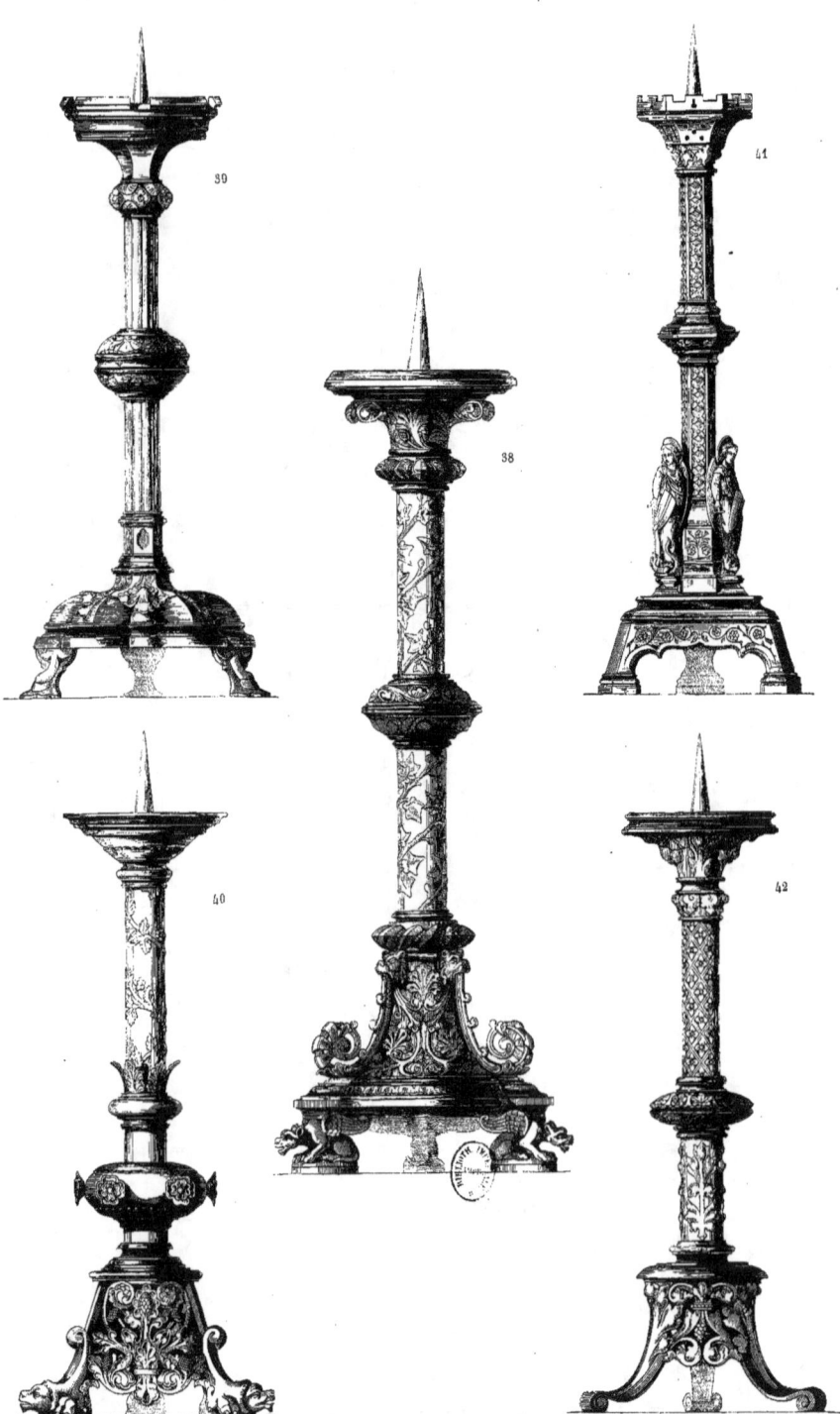

39

38

41

40

42

N° 43. — CHANDELIERS D'AUTEL

Style du xvᵉ siècle.

DIMENSIONS.		PRIX DE LA PAIRE.			POIDS de LA PIÈCE.
HAUTEUR.	LARGEUR du pied.	VERNIS.	ARGENTÉS.	DORÉS or moulu.	
0ᵐ 40ᶜ	0ᵐ 140ᵈᵐ				1ᵏ 65ᵈ
0, 50	0, 170				2, 95
0, 60	0, 210				4, 50
0, 70	0, 260				7, 60

N° 44. — CHANDELIERS D'AUTEL

Style du xvᵉ siècle.

0ᵐ 60ᶜ	0ᵐ 210ᵐᵐ				4ᵏ 60ᵈ

N° 45. — CHANDELIERS D'AUTEL

Style du xvᵉ siècle.

0ᵐ 50ᶜ	0ᵐ 140ᵐᵐ				2ᵏ 55ᵈ
0, 55	0, 140				2, 75
0, 65	0, 160				4, 03
0, 85	0, 200				7, 40
1, 00	0, 230				11, 05
1, 20	0, 290				17, 00
1, 45	0, 330				31, 00

N° 46. — CHANDELIERS D'AUTEL

Style du xvᵉ siècle.

DIMENSIONS.		PRIX DE LA PAIRE.			POIDS de LA PIÈCE.
HAUTEUR.	LARGEUR du pied.	VERNIS.	ARGENTÉS.	DORÉS or moulu.	
0ᵐ 50ᶜ	0ᵐ 120ᵐᵐ				2ᵏ 10ᵈ
0, 55	0, 130				2, 32
0, 65	0, 140				3, 30
0, 75	0, 160				4, 85
0, 85	0, 190				6, 45
0, 92	0, 210				8, 60
1, 00	0, 230				10, 25
1, 15	0, 270				14, 50
1, 25	0, 290				18, 40
1, 45	0, 330				23, 90

N° 47. — CHANDELIERS D'AUTEL

Style du xvᵉ siècle.

1ᵐ 00	0ᵐ 270ᵐᵐ				12ᵏ 80ᵈ

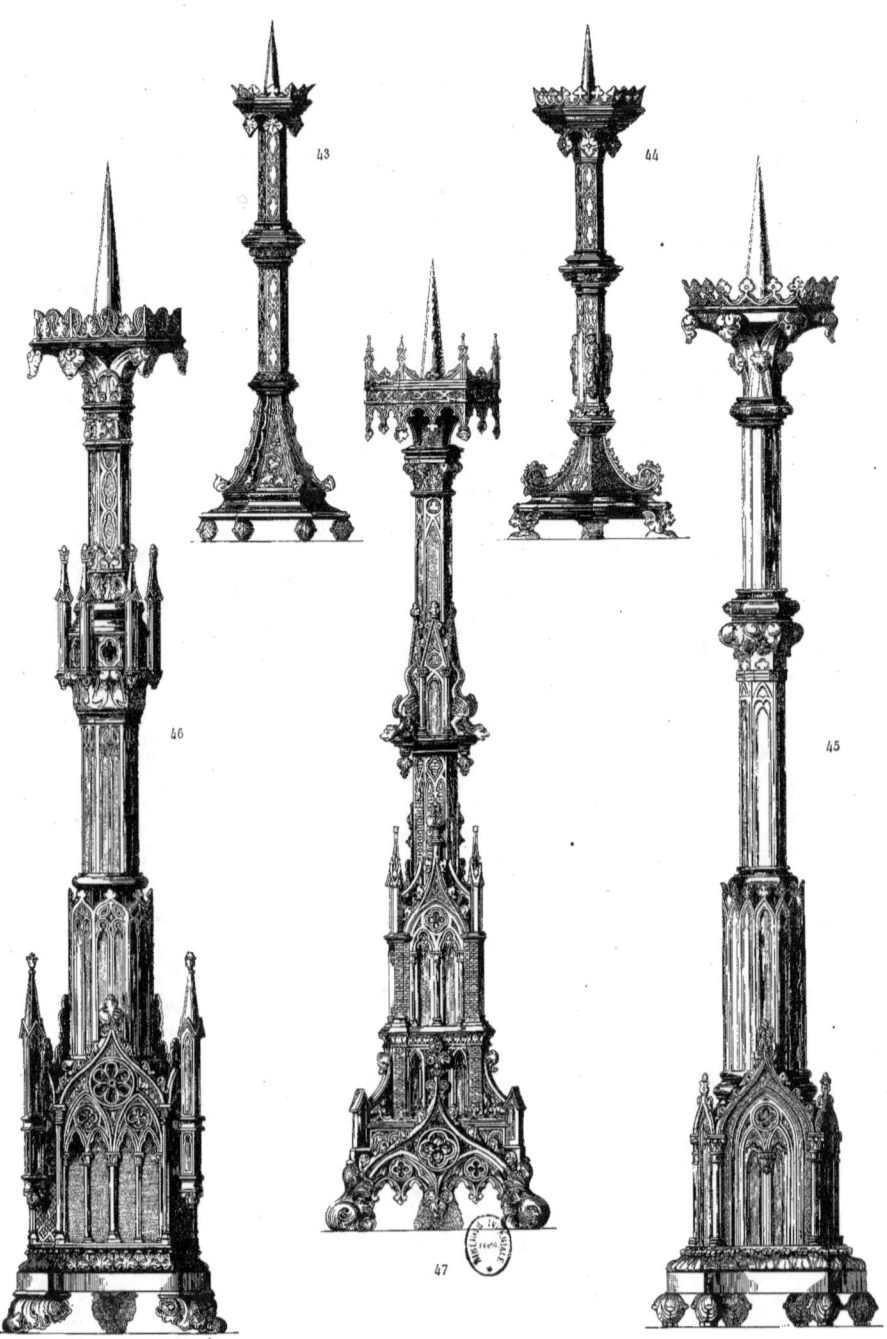

43

44

46

45

47

N° 48. — CHANDELIERS D'AUTEL

Style du xve siècle.

DIMENSIONS.		PRIX DE LA PAIRE.			POIDS de
HAUTEUR.	LARGEUR du pied.	VERNIS.	ARGENTÉS.	DORÉS or moulu.	LA PIÈCE.
0ᵐ62ᶜ	0ᵐ150ᵐᵐ				3ᵏ60ᵈ
0, 75	0, 160				5, 75
0, 90	0, 210				8, 65
1, 05	0, 240				13, 90
1, 30	0, 310				22, 00
1, 55	0, 360				38, 00
1, 60	0, 390				42, 00

N° 49. — CHANDELIERS D'AUTEL

Style du xve siècle.

0ᵐ40ᶜ	0ᵐ140ᵐᵐ				1ᵏ90ᵈ
0, 50	0, 170				3, 10
0, 65	0, 210				4, 60
0, 75	0, 260				7, 55

N° 50. — CHANDELIERS D'AUTEL

Style du xve siècle.

DIMENSIONS.		PRIX DE LA PAIRE.			POIDS de
HAUTEUR.	LARGEUR du pied.	VERNIS.	ARGENTÉS.	DORÉS or moulu.	LA PIÈCE.
0ᵐ50ᶜ	0ᵐ210ᵐᵐ				3ᵏ00

N° 51. — CHANDELIERS D'AUTEL

Style du xve siècle.

0ᵐ80ᶜ	0ᵐ350ᵐᵐ				9ᵏ10ᵈ

N° 52. — CHANDELIERS D'AUTEL

Style du xve siècle.

1ᵐ30ᶜ	0ᵐ380ᵐᵐ				28ᵏ00ᵈ

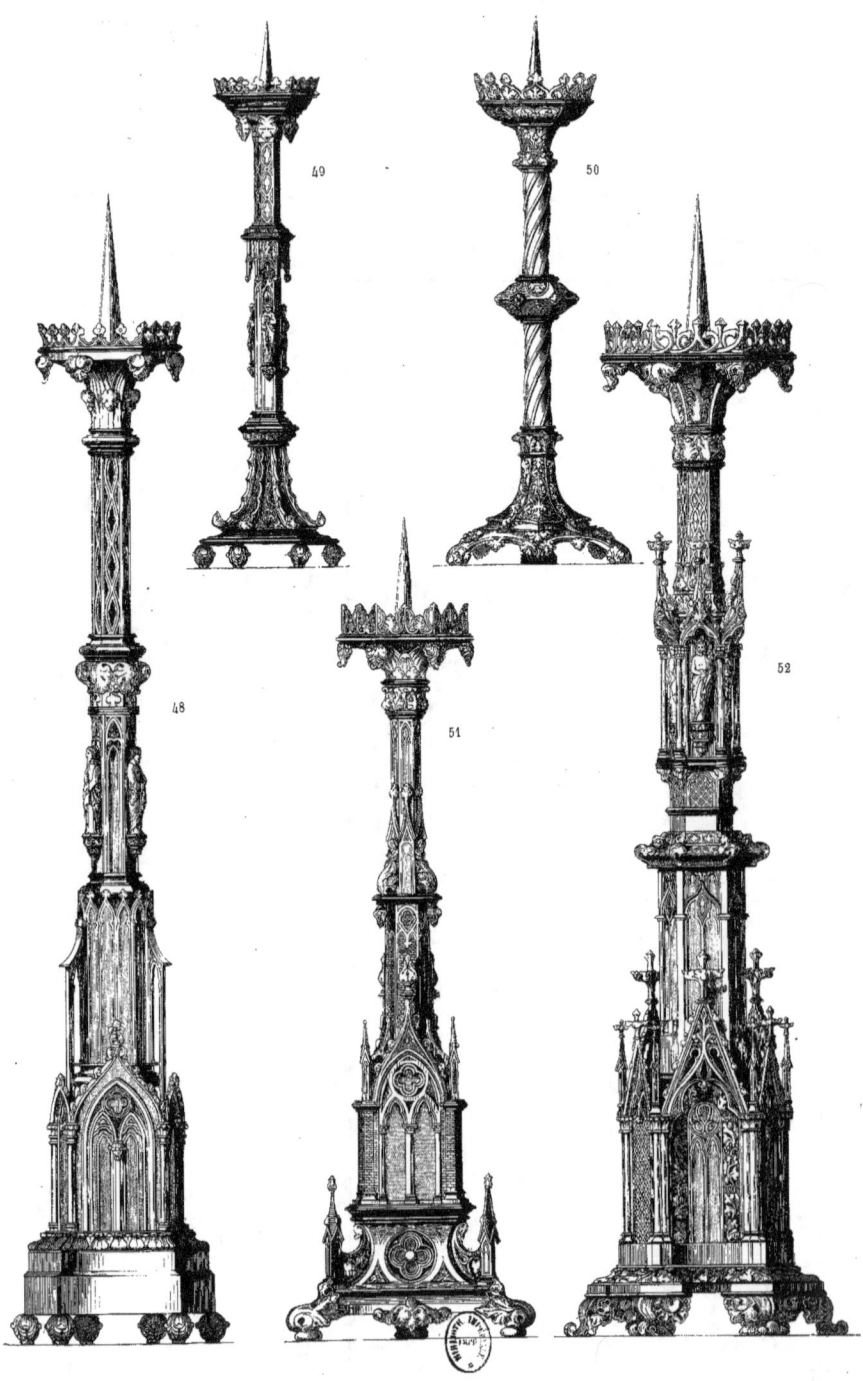

49

50

48

51

52

N° 53. — CHANDELIERS D'AUTEL

Style du xv° siècle.

DIMENSIONS.		PRIX DE LA PAIRE.			POIDS de LA PIÈCE.
HAUTEUR.	LARGEUR du pied.	VERNIS.	ARGENTÉS.	DORÉS or moulu.	
1ᵐ 10ᶜ	0ᵐ 300ᵐᵐ				13ᵏ 90ᵈ

N° 54. — CHANDELIERS D'AUTEL

Style du xv° siècle.

D'APRÈS LA COMPOSITION DE LASSUS.

0ᵐ 68ᶜ	0ᵐ 210ᵐᵐ				4ᵏ 80ᵈ
0, 80	0, 285				6, 80
1, 00	0, 330				12, 20

N° 55. — CHANDELIERS D'AUTEL

Style du xv° siècle.

COMPOSITION DE LASSUS.

1ᵐ 05ᶜ	0ᵐ 260ᵐᵐ				12ᵏ 90ᵈ
1, 25	0, 310				20, 60
1, 30	0, 340				22, 00

Les chandeliers de 1ᵐ 25ᶜ & de 1ᵐ 30ᶜ sont les mêmes; la bobèche supérieure seulement est supprimée à celui de 1ᵐ 25ᶜ.

Le chandelier de 1ᵐ 05ᶜ n'a que trois lions pour patins, & que trois contre-forts, au lieu de six qui sont figurés au dessin, & qui existent aux grands modèles.

Pour les croix assorties aux chandeliers d'autel, voir la note de la planche 1ʳᵉ.

Pas de planche 11.

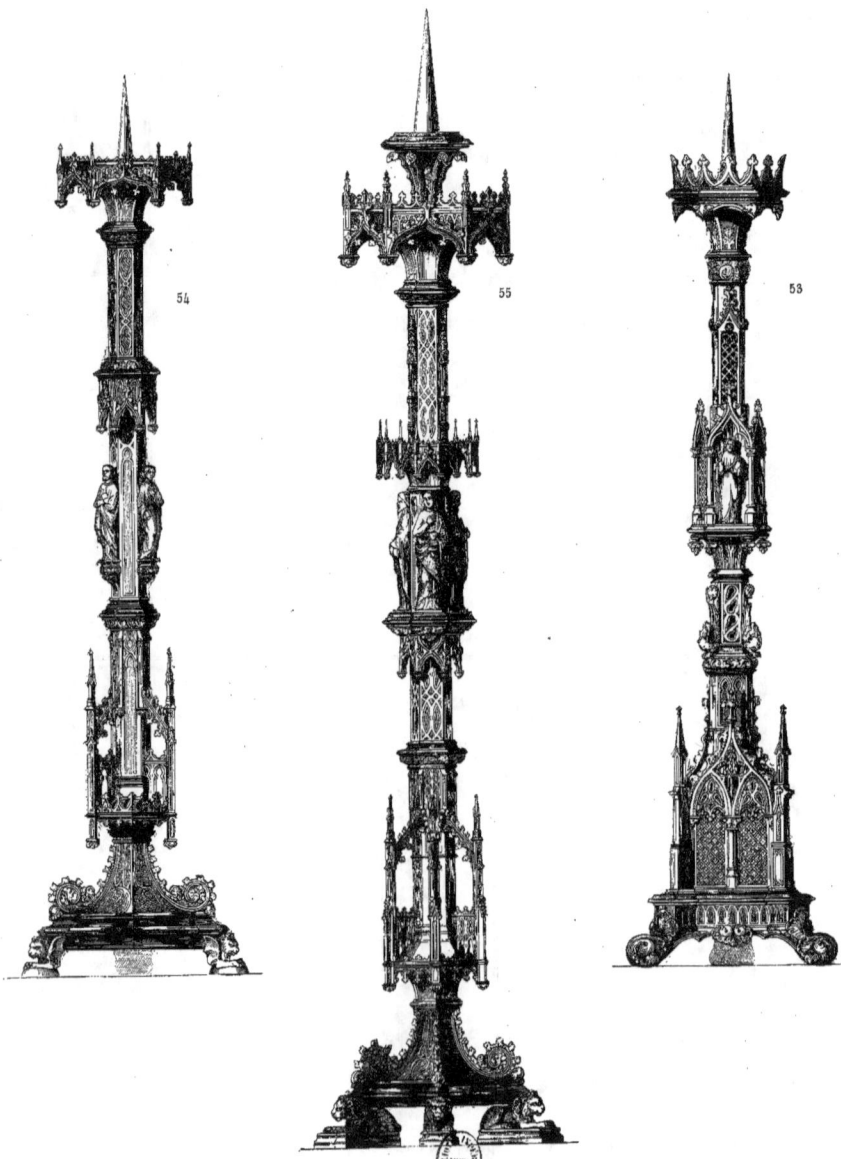

54

55

53

N° 60. — CHANDELIERS D'AUTEL
Modèle ordinaire, dit SAINTE-TRINITÉ.

DIMENSIONS.		PRIX DE LA PAIRE.			POIDS de
HAUTEUR.	LARGEUR du pied.	VERNIS.	ARGENTÉS.	DORÉS or moulu.	LA PIÈCE.
0m38c	0m183mm				0k99d
0,45	0,152				1,26
0,50	0,165				1,50
0,55	0,183				1,80
0,60	0,200				2,20
0,65	0,215				2,65
0,75	0,230				3,58
0,82	0,252				4,58
0,90	0,263				5,55
1,00	0,315				6,60

N° 63. — CHANDELIERS D'AUTEL
Modèle ordinaire, dit SAINTE-FAMILLE.

DIMENSIONS.		PRIX DE LA PAIRE.			POIDS de
HAUTEUR.	LARGEUR du pied.	VERNIS.	ARGENTÉS.	DORÉS or moulu.	LA PIÈCE.
0m45c	0m138mm				1k20d
0,50	0,155				1,85
0,55	0,172				1,80
0,60	0,190				2,20
0,65	0,215				3,05
0,75	0,230				3,95
0,82	0,248				4,90
0,90	0,275				5,65
1,00	0,300				6,70
1,20	0,355				12,50

N° 61. — CHANDELIERS D'AUTEL
Modèle ordinaire, dit A BALUSTRE.

HAUTEUR.	LARGEUR du pied.	VERNIS.	ARGENTÉS.	DORÉS or moulu.	POIDS de LA PIÈCE.
0m32	0m105mm				0k69d
0,38	0,128				0,86
0,43	0,143				1,19
0,48	0,160				1,51
0,54	0,178				1,86
0,60	0,195				2,28
0,65	0,210				2,57
0,73	0,230				3,53
0,81	0,255				4,20
0,89	0,270				5,70
1,00	0,290				7,15
1,15	0,355				10,90
1,30	0,410				16,00

N° 64. — CHANDELIERS D'AUTEL
Modèle ordinaire, style Louis XV.

HAUTEUR.	LARGEUR du pied.	VERNIS.	ARGENTÉS.	DORÉS or moulu.	POIDS de LA PIÈCE.
0m32c	0m122mm				0k85d
0,38	0,143				1,05
0,44	0,155				1,20
0,48	0,170				1,50
0,54	0,193				1,90
0,60	0,220				2,60
0,65	0,230				2,85
0,71	0,250				3,70
0,76	0,263				4,00
0,82	0,265				5,18
0,89	0,285				5,70
1,00	0,330				7,70

N° 62. — CHANDELIERS D'AUTEL
Modèle ordinaire, dit SAINT-LÉON.

HAUTEUR.	LARGEUR du pied.	VERNIS.	ARGENTÉS.	DORÉS or moulu.	POIDS de LA PIÈCE.
0m38c	0m125mm				0k87d
0,43	0,142				1,11
0,48	0,160				1,39
0,54	0,178				1,06
0,60	0,200				2,10
0,65	0,210				2,50
0,70	0,230				3,00
0,76	0,245				3,85
0,84	0,270				4,70
0,89	0,310				6,50
1,00	0,335				7,65
1,40	0,398				16,10
1,60	0,465				24,00

N° 65. — CHANDELIERS D'AUTEL
Modèle mi-riche, dit SAINTE-FAMILLE.

HAUTEUR.	LARGEUR du pied.	VERNIS.	ARGENTÉS.	DORÉS or moulu.	POIDS de LA PIÈCE.
0m50c	0m165mm				1k70d
0,65	0,215				3,40
0,70	0,215				3,50
0,82	0,248				5,10
1,00	0,300				8,10

Pour les croix assorties aux chandeliers d'autel, voir la note de la planche 1re.

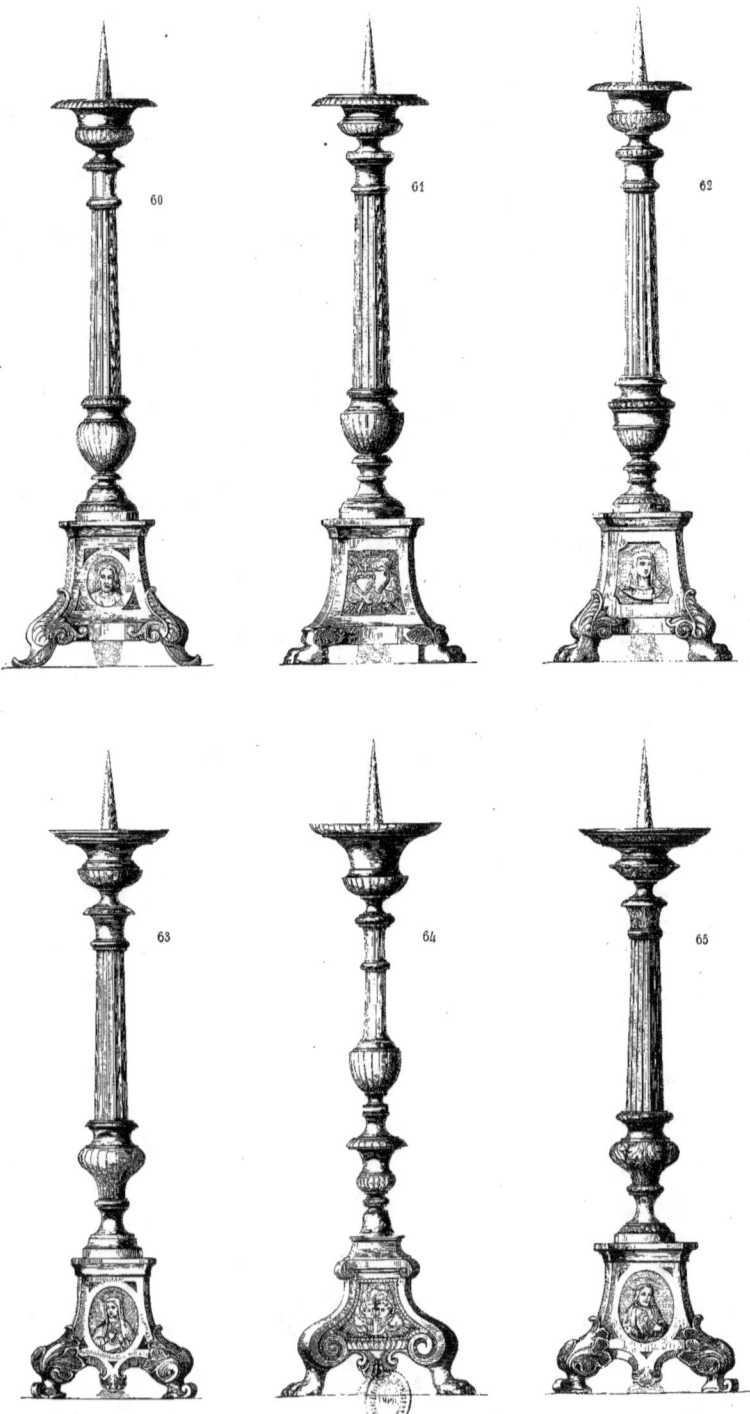

N° 66. — CHANDELIERS D'AUTEL

Modèle ordinaire.

DIMENSIONS.		PRIX DE LA PAIRE.			POIDS de
HAUTEUR.	LARGEUR du pied.	VERNIS.	ARGENTÉS.	DORÉS or moulu.	LA PIÈCE.
1ᵐ 70ᶜ	0ᵐ 540ᵐᵐ				32ᵏ 50ᵈ

Ce chandelier peut être monté sur un socle en menuiserie peint en marbre, & former ainsi un CHAN-DELIER PASCAL.

Le socle, de 0ᵐ 30ᶜ à 0ᵐ 40ᶜ de hauteur, vaut de   à   francs.

N° 67. — CHANDELIERS D'AUTEL

Modèle mi-riche.

HAUTEUR.	LARGEUR du pied.	VERNIS.	ARGENTÉS.	DORÉS or moulu.	LA PIÈCE.
0ᵐ 40ᶜ	0ᵐ 125ᵐᵐ				1ᵏ 10ᵈ
0, 45	0, 142				1, 25
0, 50	0, 160				1, 60
0, 55	0, 178				2, 10
0, 60	0, 200				2, 40
0, 65	0, 210				2, 90
0, 75	0, 245				3, 00
0, 80	0, 270				4, 60
0, 90	0, 304				7, 00
1, 05	0, 380				8, 20

N° 68. — CHANDELIERS D'AUTEL

Modèle mi-riche, dit SAINT-DENIS.

DIMENSIONS.		PRIX DE LA PAIRE.			POIDS de
HAUTEUR.	LARGEUR du pied.	VERNIS.	ARGENTÉS.	DORÉS or moulu.	LA PIÈCE.
0ᵐ 45ᶜ	0ᵐ 149ᵐᵐ				1ᵏ 40ᵈ
0, 50	0, 160				1, 75
0, 55	0, 178				2, 20
0, 60	0, 200				3, 20
0, 65	0, 210				3, 45
0, 75	0, 245				4, 55

N° 69. — CHANDELIERS D'AUTEL

Modèle riche, dit SAINTE-ADÉLAÏDE.

HAUTEUR.	LARGEUR du pied.	VERNIS.	ARGENTÉS.	DORÉS or moulu.	LA PIÈCE.
0ᵐ 75ᶜ	0ᵐ 235ᵐᵐ				4ᵏ 60ᵈ
0, 83	0, 270				6, 15
0, 90	0, 300				7, 80
1, 00	0, 335				10, 00
1, 15	0, 351				12, 55
1, 35	0, 410				17, 00
1, 60	0, 520				31, 30

N° 70. — CHANDELIERS D'AUTEL

Modèle riche, dit des INVALIDES.

HAUTEUR.	LARGEUR du pied.	VERNIS.	ARGENTÉS.	DORÉS or moulu.	LA PIÈCE.
0ᵐ 50ᶜ	0ᵐ 150ᵐᵐ				2ᵏ 20ᵈ
0, 55	0, 177				2, 55
0, 65	0, 196				4, 10
0, 75	0, 280				5, 90
0, 85	0, 250				7, 50
0, 95	0, 260				10, 50
1, 10	0, 290				14, 30
1, 30	0, 380				20, 00
1, 45	0, 425				28, 00

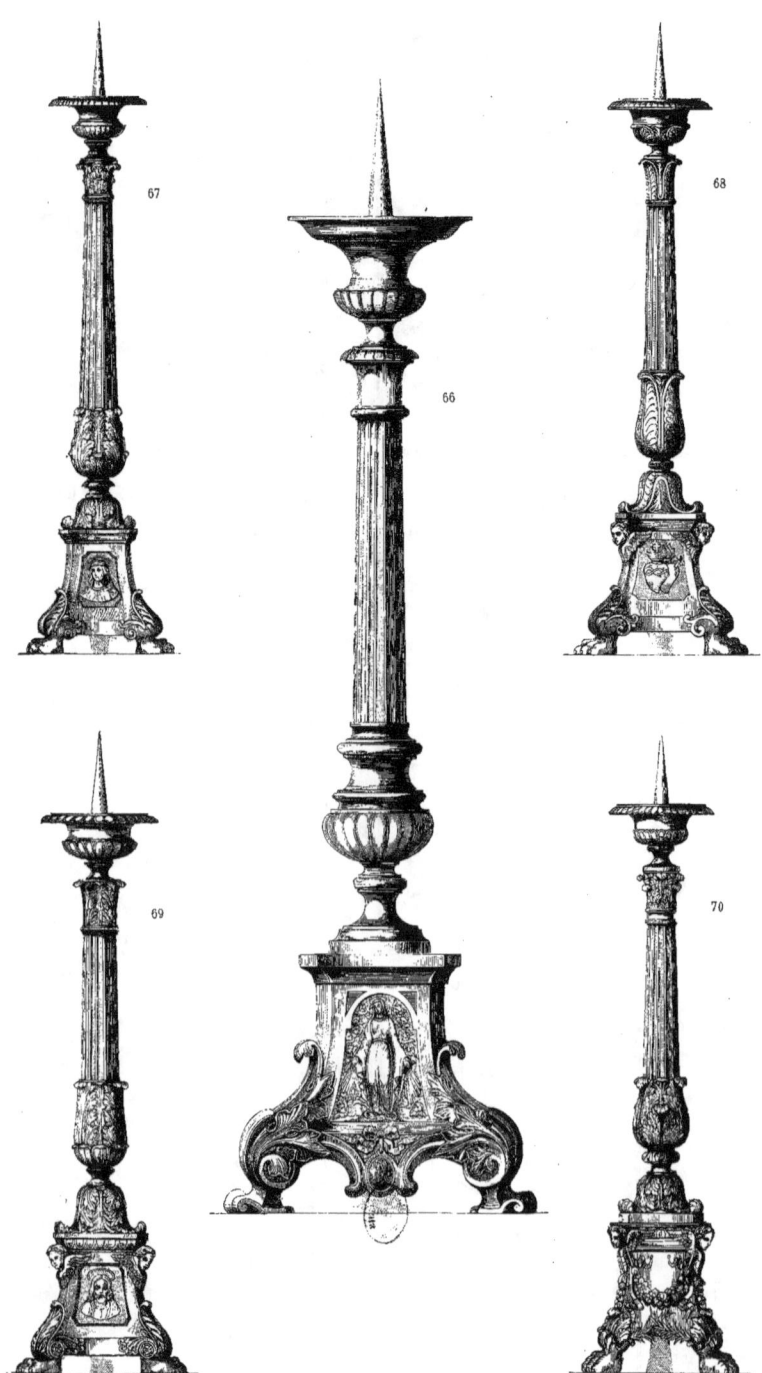

N° 71. — CHANDELIERS D'AUTEL

Modèle riche.

DIMENSIONS.		PRIX DE LA PAIRE.			POIDS de LA PIÈCE.
HAUTEUR.	LARGEUR du pied.	VERNIS.	ARGENTÉS.	DORÉS or moulu.	
1ᵐ 75ᶜ	0ᵐ 540ᵐᵐ				27ᵏ 004

Ce chandelier peut être monté sur un socle en menuiserie peint en marbre, & former ainsi un *chandelier pascal.*

Le socle, de 0ᵐ 30ᶜ à 0ᵐ 40ᶜ de hauteur, vaut de   à   francs.

N° 72. — CHANDELIERS D'AUTEL

Modèle riche.

0ᵐ 50ᶜ	0ᵐ 155ᵐᵐ				2ᵏ 004
0, 55	0, 172				2, 95
0, 60	0, 190				3, 30
0, 68	0, 210				4, 25

N° 73. — CHANDELIERS D'AUTEL

Modèle riche.

DIMENSIONS.		PRIX DE LA PAIRE.			POIDS de LA PIÈCE.
HAUTEUR.	LARGEUR du pied.	VERNIS.	ARGENTÉS.	DORÉS or moulu.	
0ᵐ 75ᶜ	0ᵐ 232ᵐᵐ				5ᵏ 104
0, 90	0, 268				7, 75
1, 03	0, 310				11, 65

N° 74. — CHANDELIERS D'AUTEL

Style Louis XVI.

0ᵐ 65ᶜ	0ᵐ 212ᵐᵐ				4ᵏ 704

N° 75. — CHANDELIERS D'AUTEL

Style Louis XV.

0ᵐ 57ᶜ	0ᵐ 180ᵐᵐ				2ᵏ 904
0, 70	0, 218				4, 50
0, 85	0, 270				7, 25
0, 92	0, 290				9, 70
1, 05	0, 336				12, 50

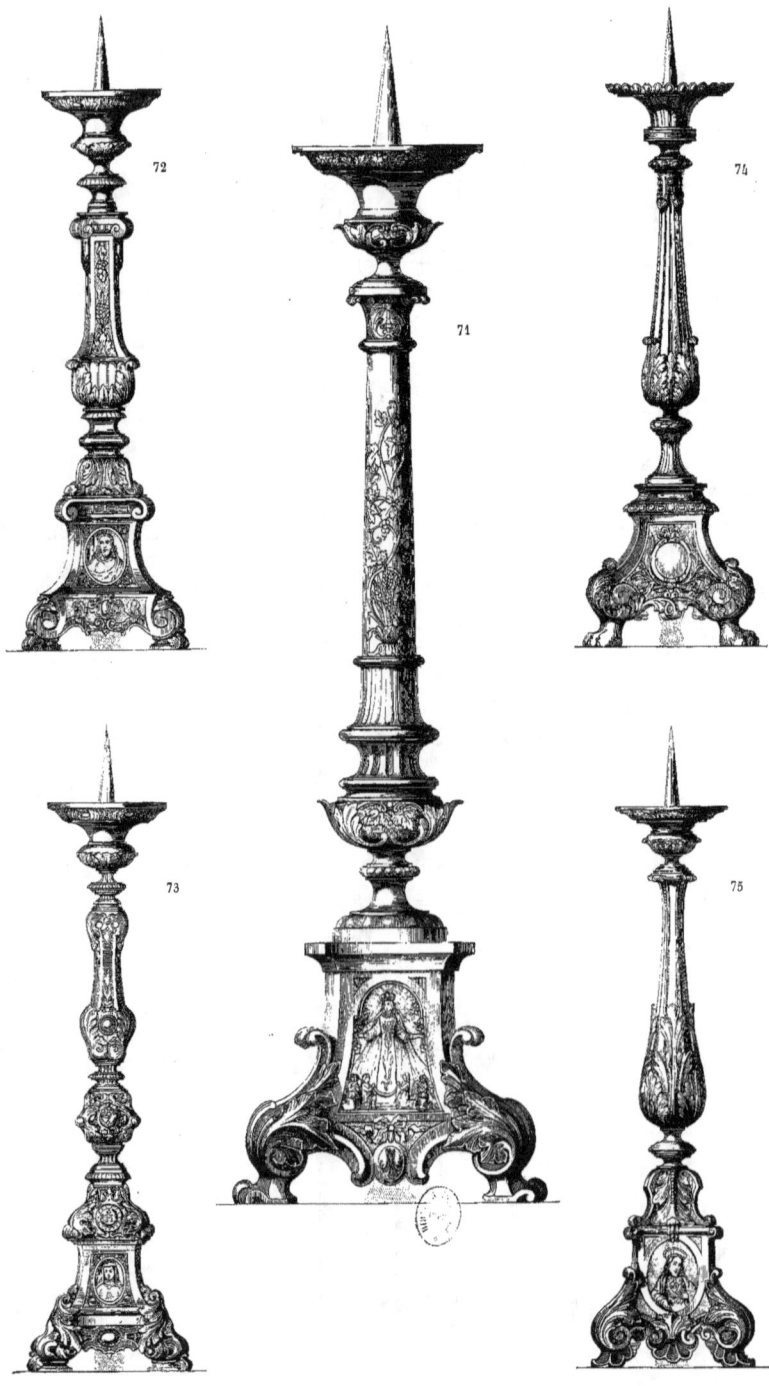

N° 76. — CHANDELIERS D'AUTEL

Style Renaissance.

DIMENSIONS.		PRIX DE LA PAIRE.			POIDS de LA PIÈCE.
HAUTEUR.	LARGEUR du pied.	VERNIS.	ARGENTÉS.	DORÉS or moulu.	
0ᵐ78ᶜ	0ᵐ355ᵐᵐ				0ᵏ804
1, 25	0, 405				23, 50

N° 77. — CHANDELIERS D'AUTEL

Style Louis XIII.

0ᵐ70ᶜ	0ᵐ220ᵐᵐ				5ᵏ004
0, 82	0, 234				6, 25
0, 95	0, 275				9,·20
1, 10	0, 305				13, 00

N° 78. — CHANDELIERS D'AUTEL

Style Louis XIV.

0ᵐ50ᶜ	0ᵐ200ᵐᵐ				2ᵏ75ᵈ
0, 85	0, 295				9, 45
1, 05	0, 340				14, 50
1, 25	0, 400				23, 75

N° 79. — CHANDELIERS D'AUTEL

Style Louis XIV.

DIMENSIONS.		PRIX DE LA PAIRE.			POIDS de LA PIÈCE.
HAUTEUR.	LARGEUR du pied.	VERNIS.	ARGENTÉS.	DORÉS or moulu.	
0ᵐ65ᶜ	0ᵐ240ᵐᵐ				5ᵏ804
0, 73	0, 253				6, 55
0, 80	0, 277				8, 20
0, 90	0, 310				9, 95
0, 98	0, 350				13, 40
1, 12	0, 370				16, 80
1, 45	0, 470				35, 00

N° 80. — CHANDELIERS D'AUTEL

Style Louis XV.

1ᵐ20ᶜ	0ᵐ355ᵐᵐ				20ᵏ804

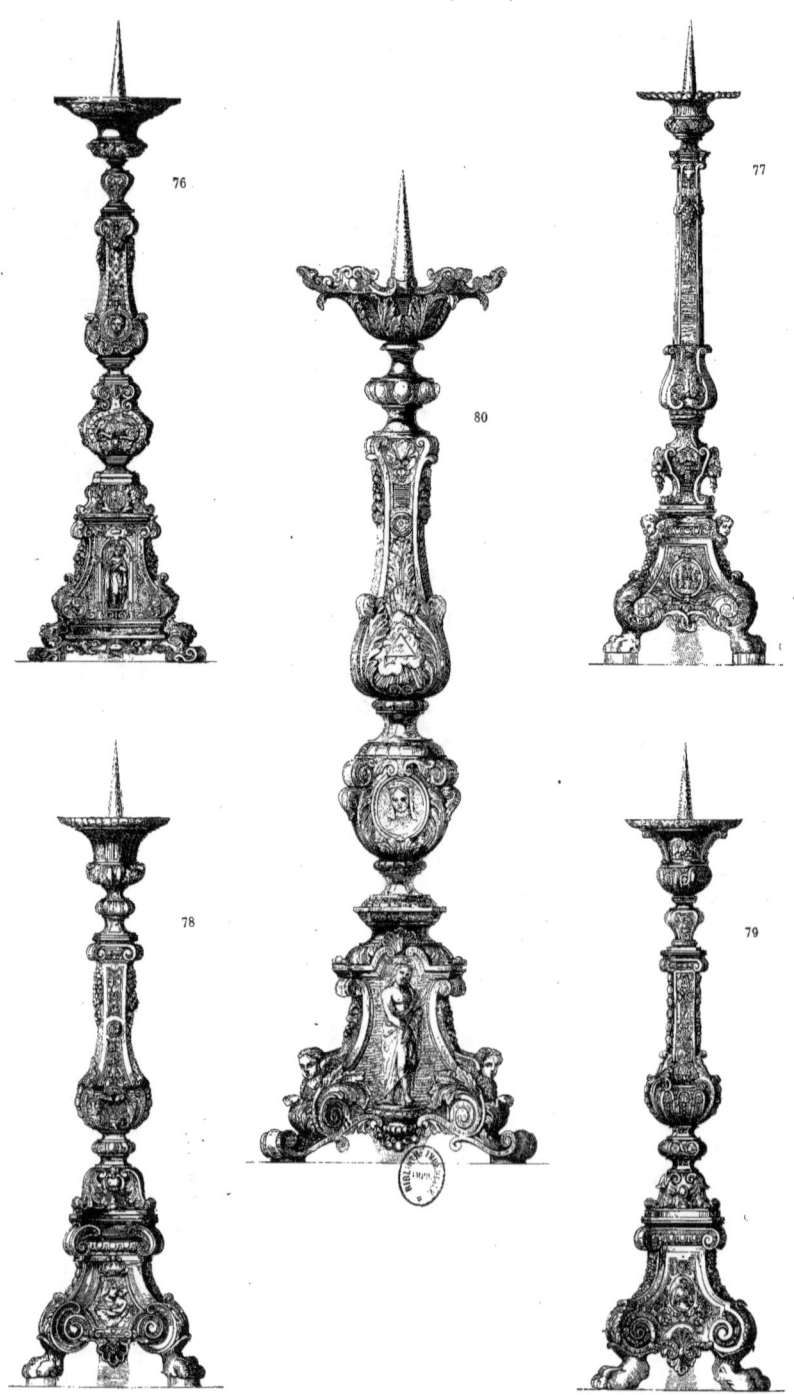

76

77

80

78

79

N° 81. — CHANDELIERS D'AUTEL

Style Renaissance.

DIMENSIONS.		PRIX DE LA PAIRE.			POIDS
HAUTEUR.	LARGEUR du pied.	VERNIS.	ARGENTÉS.	DORÉS or moulu.	de LA PIÈCE.
0m 50c	0m 200mm				2k 80d

N° 82. — CHANDELIERS D'AUTEL

Style Renaissance.

0m 90c	0m 280mm				10k 60d

N° 83. — CHANDELIERS D'AUTEL

Style Louis XIV.

0m 82c	0m 280mm				8k 10d
1, 00	0, 335				12, 00

N° 84. — CHANDELIERS D'AUTEL

Style Louis XV.

1m 40c	0m 510mm				28k 00d
1, 60	0, 510				31, 50

N° 85. — CHANDELIERS D'AUTEL

Genre Rocaille.

0m 44c	0m 175mm				3k 40d

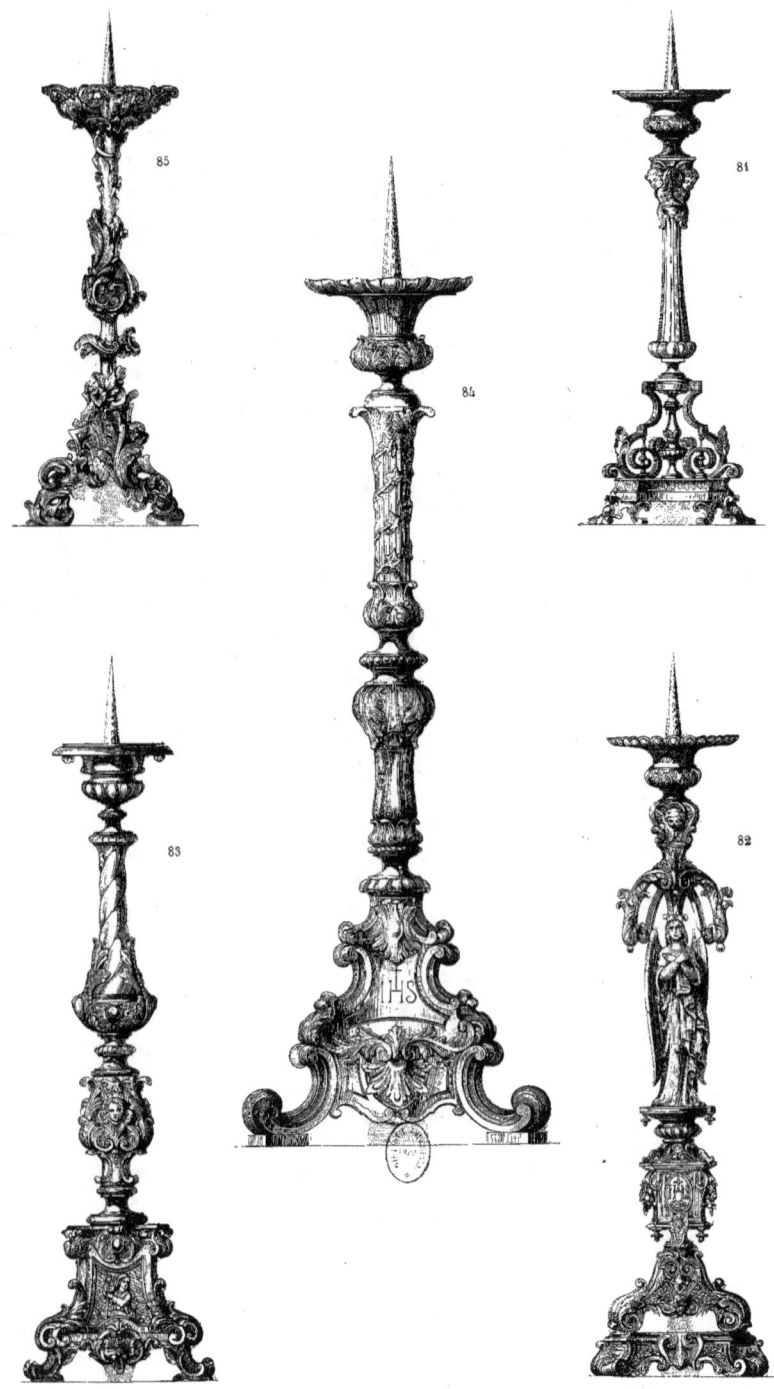

N° 86. — CHANDELIERS D'AUTEL

Style Renaissance.

COMPOSITION DE LIÉNARD.

DIMENSIONS.		PRIX DE LA PAIRE.			POIDS de
HAUTEUR.	LARGEUR du pied.	VERNIS.	ARGENTÉS.	DORÉS or moulu.	LA PIÈCE.
1ᵐ00ᶜ	0ᵐ278ᵐᵐ				13ᵏ25ᵈ
1, 15	0, 340				22, 90
1, 40	0, 905				37, 70

N° 87. — CHANDELIERS D'AUTEL

Modèle riche.

1ᵐ30ᶜ	0ᵐ465ᵐᵐ				30ᵏ50ᵈ

N° 88. — CHANDELIERS D'AUTEL

Modèle riche.

1ᵐ65ᶜ	0ᵐ565ᵐᵐ				45ᵏ00ᵈ

Les chandeliers nᵒˢ 87 & 88 peuvent être montés sur un socle en menuiserie, peint en marbre, & former ainsi des CHANDELIERS PASCALS. Le socle, de 0ᵐ 30ᶜ à 0ᵐ 40ᶜ de hauteur, vaut de   à   francs.

OBSERVATIONS S'APPLIQUANT A TOUS LES CHANDELIERS D'AUTEL

Les chandeliers d'autel sont tous dessinés avec pointes pour recevoir des souches; ces pointes peuvent être remplacées par des bobèches pour les contrées où il est d'usage d'employer de vrais cierges.

Les croix d'autel assorties aux chandeliers sont tarifées aux nᵒˢ 101 & suivants. Leurs numéros de référence sont les mêmes que ceux des chandeliers, plus 100. Ainsi, pour les chandeliers n° 1, la croix est tarifée au n° 101, pour ceux n° 2, la croix est celle n° 102, & ainsi de suite.

Pas de planches 18 et 19

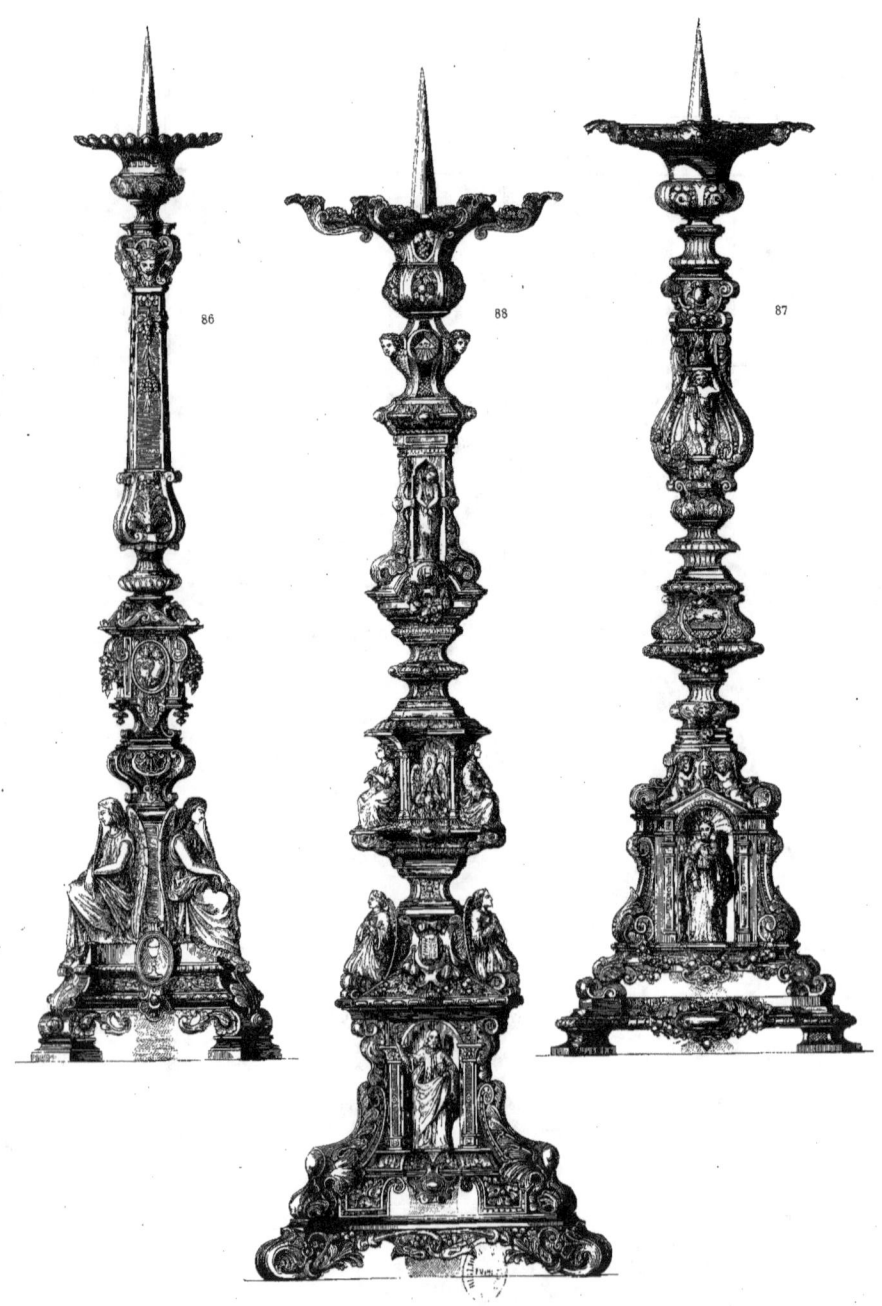

N° 101. — CROIX D'AUTEL

ASSORTIES AUX CHANDELIERS N° 1.

DIMENSIONS.		PRIX DE LA PIÈCE.				POIDS de LA PIÈCE.
HAUTEUR.	LARGEUR du pied.	VERNIES.	ARGENTÉES.	ARGENTÉES CHRIST DORÉ.	DORÉES OR MOULU.	
0m 55c	0m 150mm					2k 30d
0, 70	0, 200					2, 90
0, 85	0, 230					4, 65
1, 00	0, 320					7, 50

N° 102. — CROIX D'AUTEL

ASSORTIES AUX CHANDELIERS N° 2.

HAUTEUR.	LARGEUR du pied.	VERNIES.	ARGENTÉES.	ARGENTÉES CHRIST DORÉ.	DORÉES OR MOULU.	POIDS
0m 32c	0m 120mm					0k 85d
0, 49	0, 190					2, 15

N° 103. — CROIX D'AUTEL

ASSORTIES AUX CHANDELIERS N° 3.

HAUTEUR.	LARGEUR du pied.	VERNIES.	ARGENTÉES.	ARGENTÉES CHRIST DORÉ.	DORÉES OR MOULU.	POIDS
0m 39c	0m 120mm					0k 95d
0, 58	0, 190					2, 50

N° 104. — CROIX D'AUTEL

ASSORTIE AUX CHANDELIERS N° 4.

HAUTEUR.	LARGEUR du pied.	VERNIES.	ARGENTÉES.	ARGENTÉES CHRIST DORÉ.	DORÉES OR MOULU.	POIDS
0m 56c	0m 180mm					1k 75d

N° 105. — CROIX D'AUTEL

ASSORTIE AUX CHANDELIERS N° 5.

HAUTEUR.	LARGEUR du pied.	VERNIES.	ARGENTÉES.	ARGENTÉES CHRIST DORÉ.	DORÉES OR MOULU.	POIDS
0m 57c	0m 180mm					2k 60d

N° 106. — CROIX D'AUTEL

ASSORTIE AUX CHANDELIERS N° 6.

DIMENSIONS.		PRIX DE LA PIÈCE.				POIDS de LA PIÈCE.
HAUTEUR.	LARGEUR du pied.	VERNIES.	ARGENTÉES.	ARGENTÉES CHRIST DORÉ.	DORÉES OR MOULU.	
0m 58c	0m 200mm					2k 60d

N° 107. — CROIX D'AUTEL

ASSORTIE AUX CHANDELIERS N° 7.

HAUTEUR.	LARGEUR du pied.	VERNIES.	ARGENTÉES.	ARGENTÉES CHRIST DORÉ.	DORÉES OR MOULU.	POIDS
0m 60c	0m 150mm				-	2k 50d

N° 108. — CROIX D'AUTEL

ASSORTIE AUX CHANDELIERS N° 8.

HAUTEUR.	LARGEUR du pied.	VERNIES.	ARGENTÉES.	ARGENTÉES CHRIST DORÉ.	DORÉES OR MOULU.	POIDS
0m 55c	0m 170mm					3k 00d

N° 109. — CROIX D'AUTEL

ASSORTIES AUX CHANDELIERS N° 9.

HAUTEUR.	LARGEUR du pied.	VERNIES.	ARGENTÉES.	ARGENTÉES CHRIST DORÉ.	DORÉES OR MOULU.	POIDS
0m 57c	0m 170mm					2k 60d
0, 75	0, 210					4, 25
0, 90	0, 240					6, 90

Il n'y a rien d'absolu dans la proportion qui doit exister entre les croix d'autel & les chandeliers. Néanmoins il est d'usage, lorsque l'emplacement le permet, d'employer une croix dont le pied soit de même largeur que celui des chandeliers.

Voir le n° 159 pour les croix d'autel à pied triangulaire, plus petites que celles assortissant des chandeliers.

Voir les observations de la planche 1re.

Pas de planches 18 & 19.

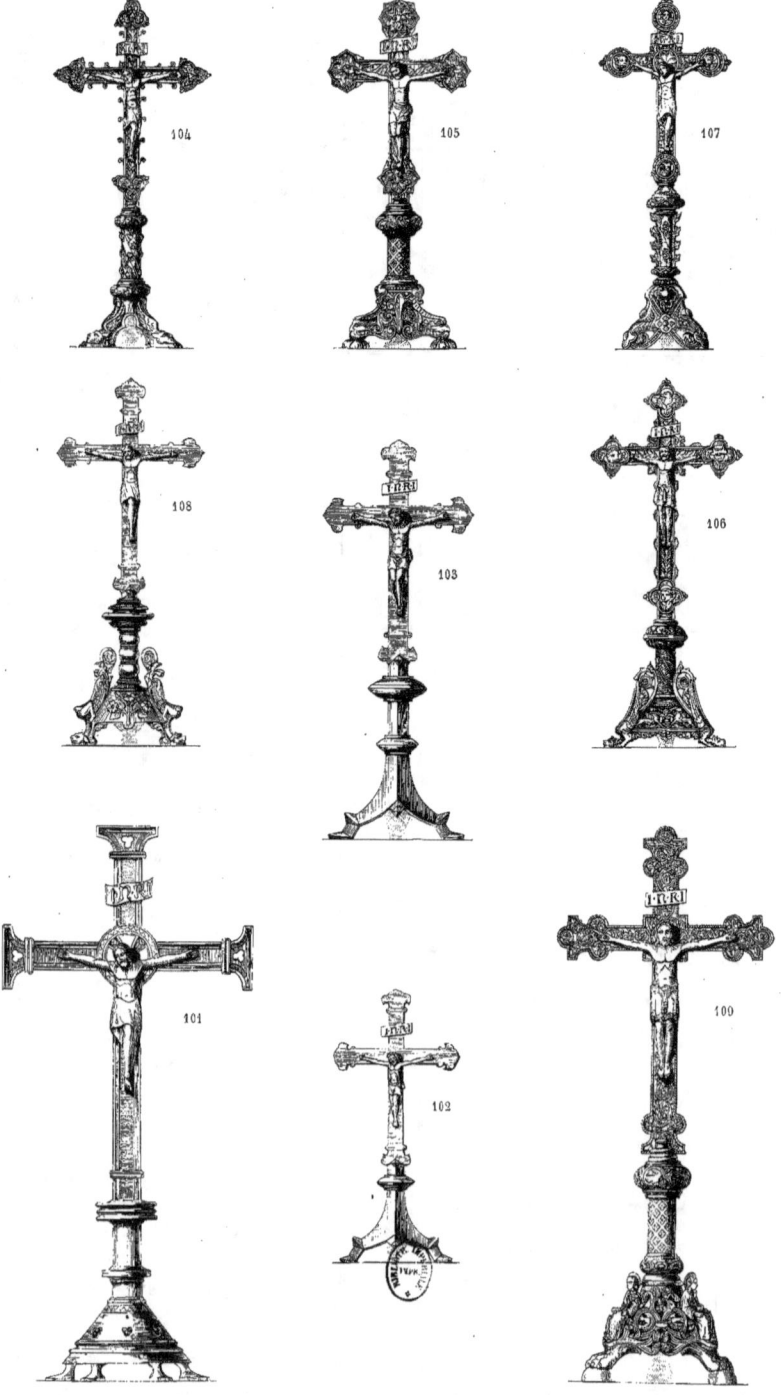

N° 110. — CROIX D'AUTEL

ASSORTIES AUX CHANDELIERS N° 10.

DIMENSIONS.		PRIX DE LA PIÈCE.				POIDS de LA PIÈCE.
HAUTEUR.	LARGEUR du pied.	VERNIES.	ARGENTÉES.	ARGENTÉES CHRIST DORÉ.	DORÉES OR MOULU.	
0m 55c	0m 160mm					1k 90d
0, 65	0, 190					2, 60
0, 75	0, 210					3, 60
0, 95	0, 250					5, 20
1, 15	0, 300					8, 40
1, 40	0, 360					12, 50
1, 70	0, 450					22, 50

N° 113. — CROIX D'AUTEL

ASSORTIES AUX CHANDELIERS N° 13.

DIMENSIONS.		PRIX DE LA PIÈCE.				POIDS de LA PIÈCE.
HAUTEUR.	LARGEUR du pied.	VERNIES.	ARGENTÉES.	ARGENTÉES CHRIST DORÉ.	DORÉES OR MOULU.	
0m 50c	0m 130mm					1k 40d
0, 60	0, 150					2, 10
0, 70	0, 180					3, 20
0, 80	0, 220					4, 10
1, 00	0, 270					7, 60
1, 20	0, 310					10, 25
1, 65	0, 390					20, 60

N° 111. — CROIX D'AUTEL

ASSORTIES AUX CHANDELIERS N° 11.

HAUTEUR.	LARGEUR du pied.	VERNIES.	ARGENTÉES.	ARGENTÉES CHRIST DORÉ.	DORÉES OR MOULU.	POIDS de LA PIÈCE.
0m 70c	0m 170mm					2k 40d
0, 80	0, 210					4, 00
1, 00	0, 250					7, 25
1, 25	0, 320					10, 60
1, 65	0, 400					19, 50

N° 114. — CROIX D'AUTEL

ASSORTIES AUX CHANDELIERS N° 14.

HAUTEUR.	LARGEUR du pied.	VERNIES.	ARGENTÉES.	ARGENTÉES CHRIST DORÉ.	DORÉES OR MOULU.	POIDS de LA PIÈCE.
0m 50c	0m 140mm					1k 90d
0, 60	0, 190					2, 00
0, 70	0, 220					2, 60
0, 80	0, 270					4, 40
1, 00	0, 310					6, 90

N° 112. — CROIX D'AUTEL

ASSORTIES AUX CHANDELIERS N° 12.

HAUTEUR.	LARGEUR du pied.	VERNIES.	ARGENTÉES.	ARGENTÉES CHRIST DORÉ.	DORÉES OR MOULU.	POIDS de LA PIÈCE.
0m 60c	0m 160mm					1k 70d
0, 70	0, 200					2, 40
0, 85	0, 250					4, 00

N° 115. — CROIX D'AUTEL

ASSORTIES AUX CHANDELIERS N° 15.

HAUTEUR.	LARGEUR du pied.	VERNIES.	ARGENTÉES.	ARGENTÉES CHRIST DORÉ.	DORÉES OR MOULU.	POIDS de LA PIÈCE.
0m 62c	0m 180mm					1k 90d
0, 70	0, 190					2, 30
0, 80	0, 220					3, 50
0, 90	0, 250					4, 25
1, 00	0, 270					5, 80
1, 25	0, 320					8, 25
1, 50	0, 360					11, 50

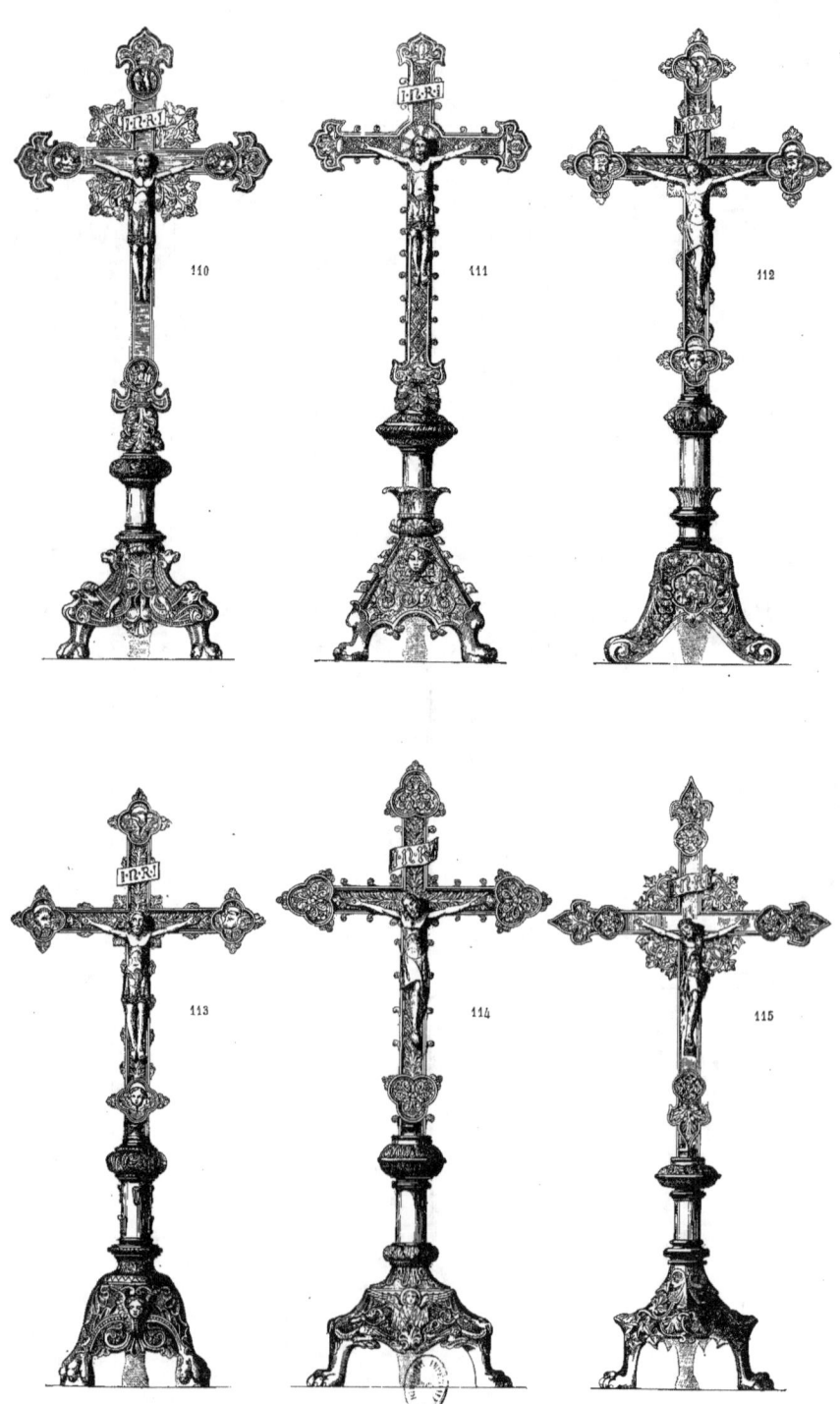

N° 116. — CROIX D'AUTEL

ASSORTIES AUX CHANDELIERS N° 16.

DIMENSIONS.		PRIX DE LA PIÈCE.				POIDS de LA PIÈCE.
HAUTEUR.	LARGEUR du pied.	VERNIES.	ARGENTÉES.	ARGENTÉES CHRIST DORÉ.	DORÉES OR MOULU.	
0ᵐ 65ᶜ	0ᵐ210ᵐᵐ					2ᵏ 80ᵈ
0, 72	0, 250					3 50
0, 90	0, 290					6, 00

N° 117. — CROIX D'AUTEL

ASSORTIE AUX CHANDELIERS N° 17.

1ᵐ 00ᶜ	0ᵐ270ᵐᵐ					6ᵏ 50ᵈ

N° 118. — CROIX D'AUTEL

ASSORTIES AUX CHANDELIERS N° 18.

0ᵐ 55ᶜ	0ᵐ130ᵐᵐ					1ᵏ 40ᵈ
0, 65	0, 150					2, 15
0, 75	0, 180					3, 10
0, 85	0, 220					4, 25
1, 10	0, 270					7, 60
1, 30	0, 310					10, 50
1, 70	0, 360					21, 00

N° 119. — CROIX D'AUTEL

ASSORTIES AUX CHANDELIERS N° 19.

DIMENSIONS.		PRIX DE LA PIÈCE.				POIDS de LA PIÈCE.
HAUTEUR.	LARGEUR du pied.	VERNIES.	ARGENTÉES.	ARGENTÉES CHRIST DORÉ.	DORÉES OR MOULU.	
0ᵐ 75ᶜ	0ᵐ170ᵐᵐ					2ᵏ 70ᵈ
0, 85	0, 210					4, 45
1, 10	0, 250					8, 00
1, 35	0, 320					11, 80
1, 80	0, 400					26, 50

N° 120. — CROIX D'AUTEL

ASSORTIES AUX CHANDELIERS N° 20.

0ᵐ 55ᶜ	0ᵐ180ᵐᵐ					1ᵏ 80ᵈ
0, 60	0, 210					2, 30
0, 70	0, 230					3, 20
0, 80	0, 250					4, 10
1, 00	0, 280					7, 00
1, 15	0, 320					9, 80

N° 121. — CROIX D'AUTEL

ASSORTIE AUX CHANDELIERS N° 21.

0ᵐ 80ᶜ	0ᵐ210ᵐᵐ					5ᵏ 10ᵈ

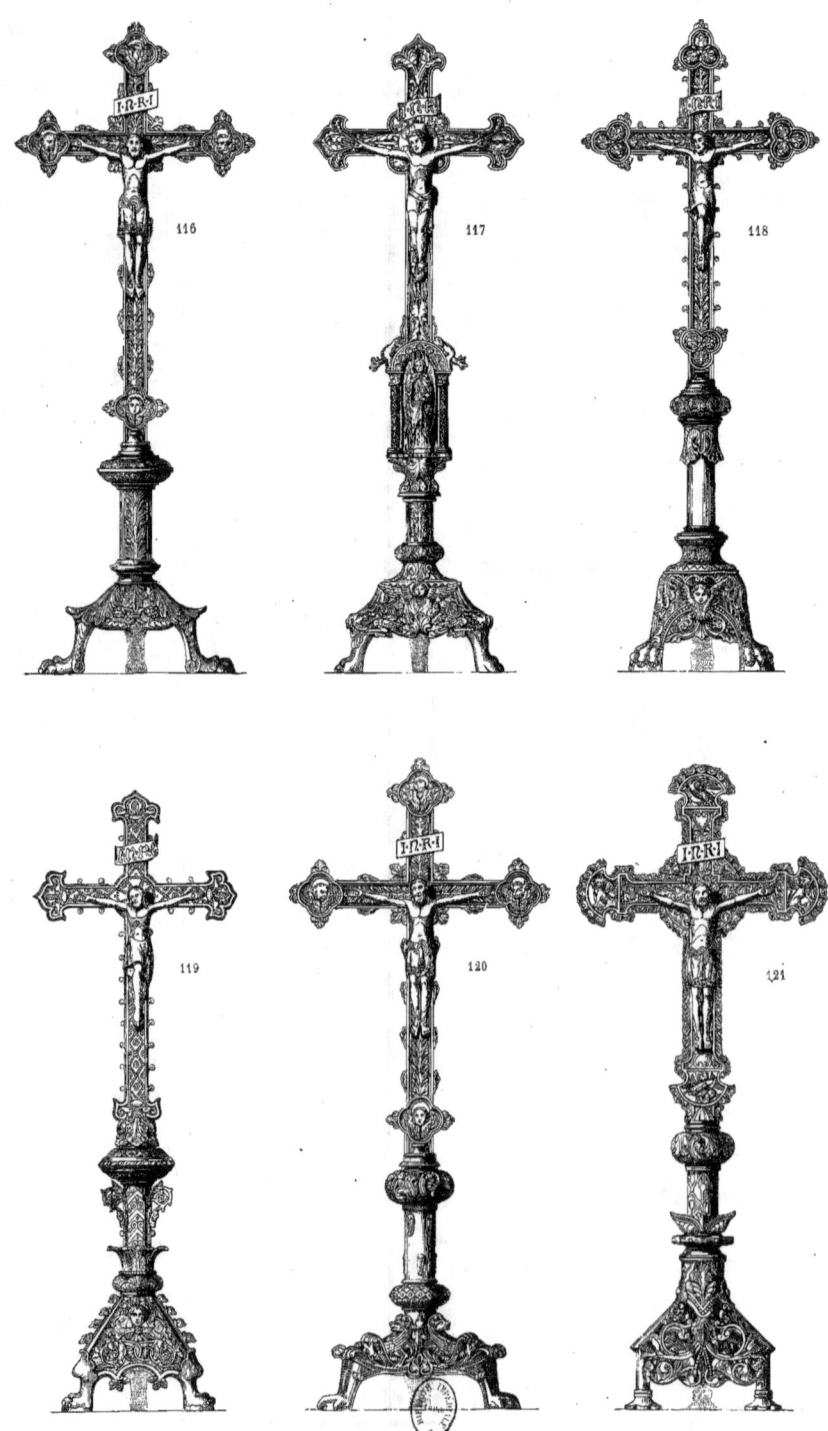

N° 122. — CROIX D'AUTEL

ASSORTIES AUX CHANDELIERS N° 22.

DIMENSIONS.		PRIX DE LA PIÈCE.				POIDS de LA PIÈCE.
HAUTEUR.	LARGEUR du pied.	VERNIES.	ARGENTÉES.	ARGENTÉES CHRIST DORÉ.	DORÉES OR MOULU.	
0ᵐ55ᶜ	0ᵐ140ᵐᵐ					2ᵏ00ᵈ
0,70	0,170					3,70
0,80	0,230					4,80

N° 123. — CROIX D'AUTEL

ASSORTIES AUX CHANDELIERS N° 23.

0ᵐ55ᶜ	0ᵐ190ᵐᵐ					2ᵏ90ᵈ
0,70	0,220					4,00
0,85	0,250					6,50

N° 124. — CROIX D'AUTEL

ASSORTIE AUX CHANDELIERS N° 24.

1ᵐ25ᶜ	0ᵐ300ᵐᵐ					19ᵏ00ᵈ

N° 125. — CROIX D'AUTEL

ASSORTIES AUX CHANDELIERS N° 25.

DIMENSIONS.		PRIX DE LA PIÈCE.				POIDS de LA PIÈCE.
HAUTEUR.	LARGEUR du pied.	VERNIES.	ARGENTÉES.	ARGENTÉES CHRIST DORÉ.	DORÉES OR MOULU.	
0ᵐ65ᶜ	0ᵐ200ᵐᵐ					2ᵏ75ᵈ
0,80	0,240					4,30
1,00	0,290					7,25

N° 126. — CROIX D'AUTEL

ASSORTIES AUX CHANDELIERS N° 26.

0ᵐ65ᶜ	0ᵐ190ᵐᵐ					2ᵏ25ᵈ
0,75	0,220					3,20
0,90	0,270					4,90
1,10	0,310					8,30

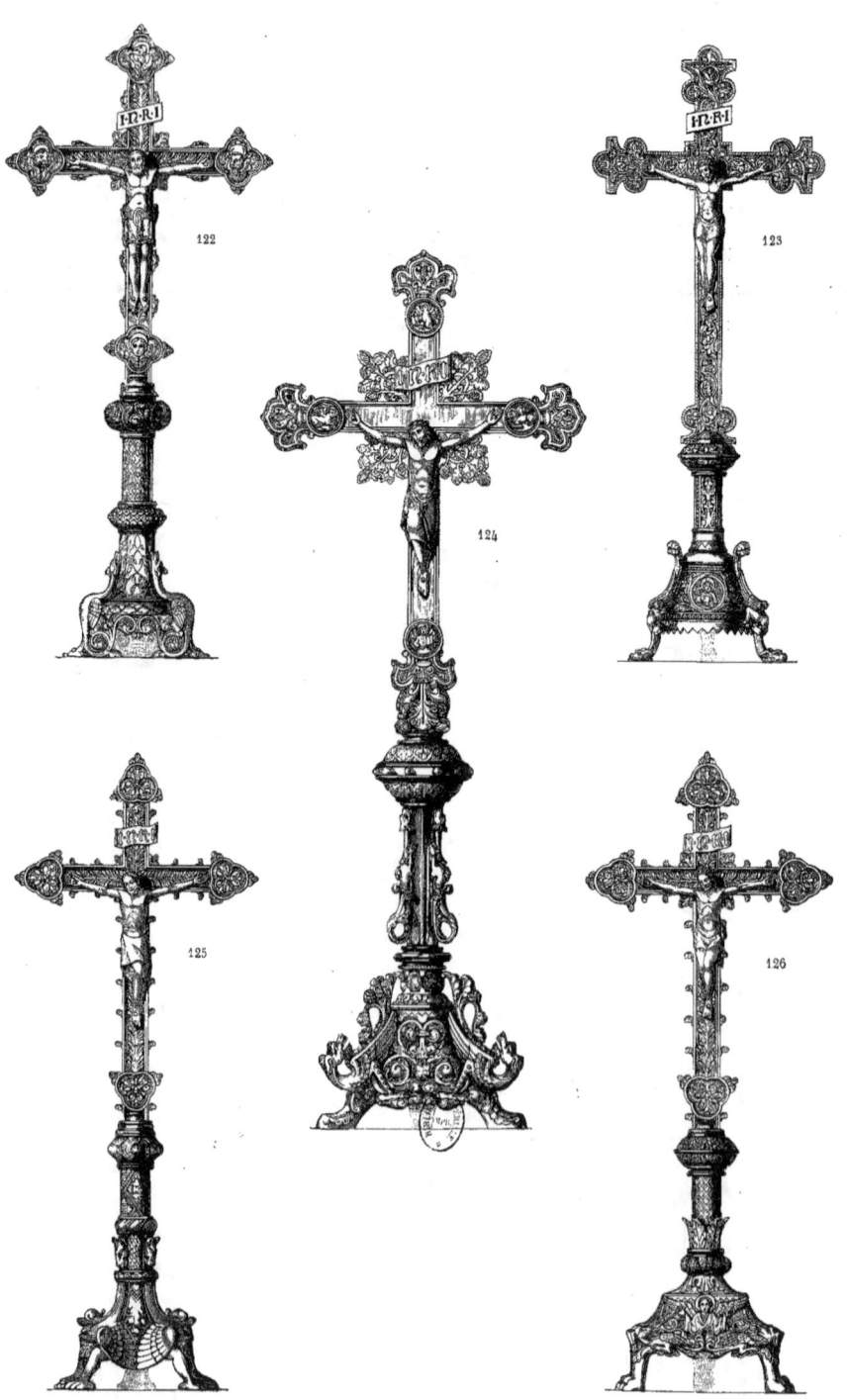

N° 127. — CROIX D'AUTEL

ASSORTIES AUX CHANDELIERS N° 27.

DIMENSIONS.		PRIX DE LA PIÈCE.				POIDS de LA PIÈCE.
HAUTEUR.	LARGEUR du pied.	VERNIES.	ARGENTÉES.	ARGENTÉES CHRIST doré.	DORÉES or moulu.	
0m 70e	0m 210mm					3k 50d
0, 80	0, 230					4, 80
1, 00	0, 260					7, 50

N° 128. — CROIX D'AUTEL

ASSORTIES AUX CHANDELIERS N° 28.

0m 52e	0m 160mm					2k 10d
0, 60	0, 190					2, 75
0, 75	0, 210					3, 80
0, 95	0, 250					5, 60
1, 15	0, 310					9, 20
1, 35	0, 370					13, 50
1, 70	0, 460					24, 50

N° 129. — CROIX D'AUTEL

ASSORTIE AUX CHANDELIERS N° 29.

DIMENSIONS.		PRIX DE LA PIÈCE.				POIDS de LA PIÈCE.
HAUTEUR.	LARGEUR du pied.	VERNIES.	ARGENTÉES.	ARGENTÉES CHRIST doré.	DORÉES or moulu.	
1m 15e	0m 310mm					11k 20d

N° 130. — CROIX D'AUTEL

ASSORTIES AUX CHANDELIERS N° 30.

0m 70e	0m 210mm					2k 60d
0, 80	0, 260					4, 25
1, 00	0, 290					7, 10

N° 131. — CROIX D'AUTEL

ASSORTIE AUX CHANDELIERS N° 31.

0m 90e	0m 350mm					9k 70d

Cette croix peut être décorée d'émaux à froid, pour   francs.

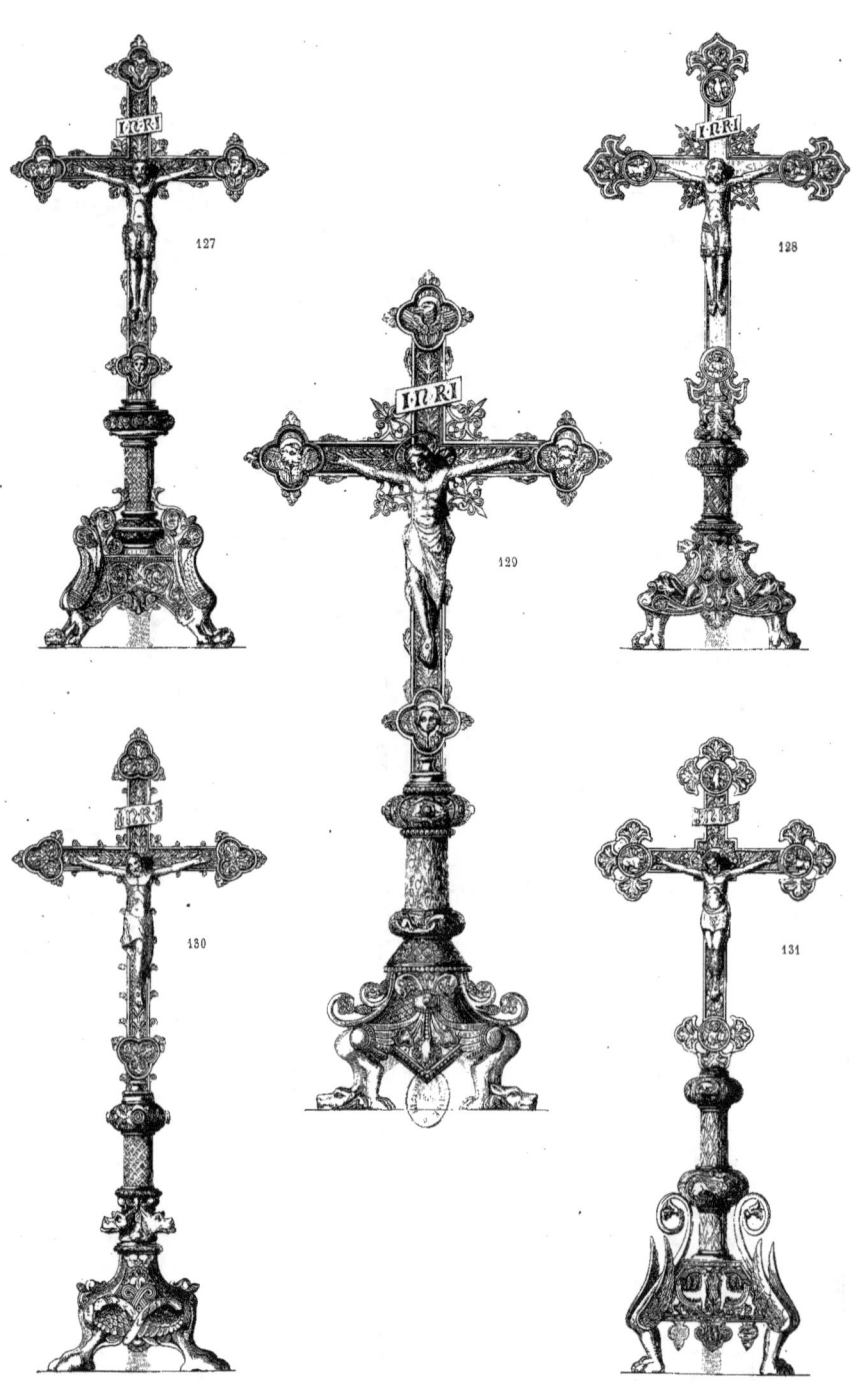

127

128

129

130

131

N° 132. — CROIX D'AUTEL

ASSORTIES AUX CHANDELIERS N° 32.

DIMENSIONS		PRIX DE LA PIÈCE				POIDS de LA PIÈCE.
HAUTEUR.	LARGEUR du pied.	VERNIES.	ARGENTÉES.	ARGENTÉES CHRIST DORÉ.	DORÉES OR MOULU.	
0ᵐ 90ᶜ	0ᵐ 250ᵐᵐ					7ᵏ 50ᵈ
1, 15	0, 310					13, 50

N° 133. — CROIX D'AUTEL

ASSORTIE AUX CHANDELIERS N° 33.

0ᵐ 95ᶜ	0ᵐ 285ᵐᵐ					7ᵏ 90ᵈ

N° 134. — CROIX D'AUTEL

ASSORTIES AUX CHANDELIERS N° 34.

0ᵐ 70ᶜ	0ᵐ 210ᵐᵐ					4ᵏ 25ᵈ
0, 80	0, 250					5, 50
1, 00	0, 260					8, 20

N° 135. — CROIX D'AUTEL

ASSORTIES AUX CHANDELIERS N° 35.

DIMENSIONS		PRIX DE LA PIÈCE				POIDS de LA PIÈCE.
HAUTEUR.	LARGEUR du pied.	VERNIES.	ARGENTÉES.	ARGENTÉES CHRIST DORÉ.	DORÉES OR MOULU.	
0ᵐ 55ᶜ	0ᵐ 185ᵐᵐ					3ᵏ 60ᵈ
0, 80	0, 245					7, 60
0, 95	0, 275					11, 50

Lorsque ces croix sont dorées, elles peuvent être émaillées au feu, moyennant, la pièce :

francs pour celle de. 0ᵐ 55ᶜ
francs pour celle de. 0ᵐ 80ᶜ
francs pour celle de. 0ᵐ 95ᶜ

N° 136. — CROIX D'AUTEL

(NON DESSINÉES)

ASSORTIES AUX CHANDELIERS N° 36.

0ᵐ 60ᶜ	0ᵐ 210ᵐᵐ					3ᵏ 00ᵈ
0, 80	0, 245					4, 60
0, 95	0, 300					6, 25

Ces croix ont le même aspect que celles n° 135, mais elles sont d'une exécution plus courante.

N° 137. — CROIX D'AUTEL

ASSORTIE AUX CHANDELIERS N° 37.

0ᵐ 72ᶜ	0ᵐ 210ᵐᵐ					5ᵏ 25ᵈ

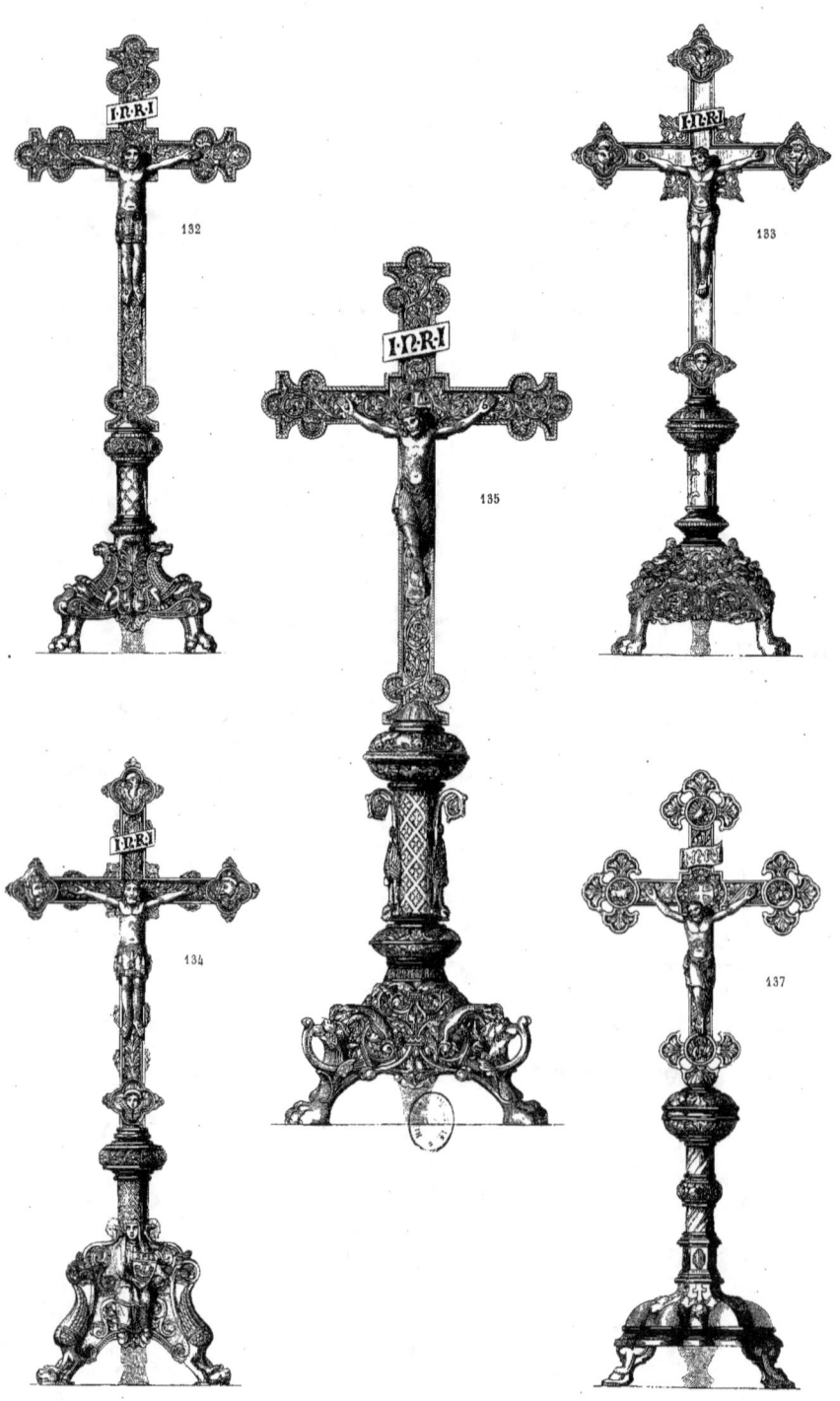

N° 138. — CROIX D'AUTEL

ASSORTIES AUX CHANDELIERS N° 38.

| DIMENSIONS. | | PRIX DE LA PIÈCE. | | | | POIDS |
HAUTEUR.	LARGEUR du pied.	VERNIES.	ARGENTÉES.	ARGENTÉES CHRIST DORÉ.	DORÉES or moulu.	de LA PIÈCE.
0ᵐ95ᶜ	0ᵐ253ᵐᵐ					9ᵏ00ᵈ
1, 15	0, 300					18, 00
1, 40	0, 370					27, 00

N° 139. — CROIX D'AUTEL

ASSORTIE AUX CHANDELIERS N° 39.

| 0ᵐ75ᶜ | 0ᵐ210ᵐᵐ | | | | | 4ᵏ70ᵈ |

N° 140. — CROIX D'AUTEL

ASSORTIES AUX CHANDELIERS N° 40.

0ᵐ65ᶜ	0ᵐ200ᵐᵐ					2ᵏ70ᵈ
0, 80	0, 220					3ᵏ90ᵈ
0, 95	0, 260					6, 20

N° 141. — CROIX D'AUTEL

ASSORTIE AUX CHANDELIERS N° 41.

| 0ᵐ85ᶜ | 0ᵐ210ᵐᵐ | | | | | 5ᵏ00ᵈ |

N° 142. — CROIX D'AUTEL

ASSORTIES AUX CHANDELIERS N° 42.

| 0ᵐ85ᶜ | 0ᵐ230ᵐᵐ | | | | | 5ᵏ80ᵈ |
| 0, 92 | 0, 260 | | | | | 7, 00 |

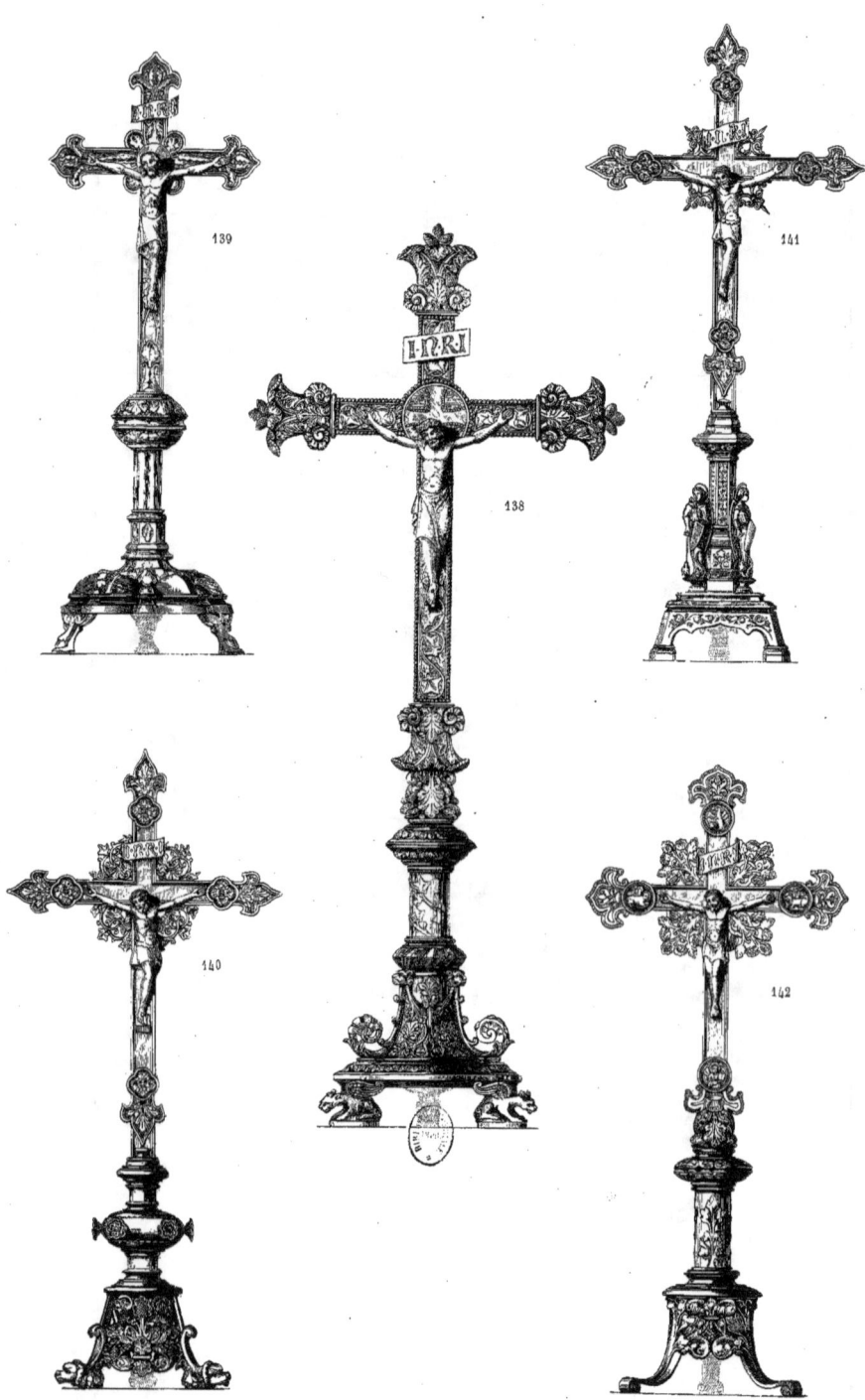

N° 143. — CROIX D'AUTEL
(NON DESSINÉES)
ASSORTIES AUX CHANDELIERS N° 43.

DIMENSIONS.		PRIX DE LA PIÈCE.				POIDS
HAUTEUR.	LARGEUR du pied.	VERNIES.	ARGENTÉES.	ARGENTÉES CHRIST DORÉ.	DORÉES OR MOULU.	de LA PIÈCE.
0m 60c	0m140mm					2k 204
0, 65	0, 170					3, 00
0, 85	0, 210					5, 25
1, 00	0, 260					12, 75

N° 144. — CROIX D'AUTEL
ASSORTIE AUX CHANDELIERS N° 44.

HAUTEUR.	LARGEUR du pied.	VERNIES.	ARGENTÉES.	ARGENTÉES CHRIST DORÉ.	DORÉES OR MOULU.	POIDS de LA PIÈCE.
0m 85c	0m210mm					5k 354

N° 145. — CROIX D'AUTEL
ASSORTIES AUX CHANDELIERS N° 45.

HAUTEUR.	LARGEUR du pied.	VERNIES.	ARGENTÉES.	ARGENTÉES CHRIST DORÉ.	DORÉES OR MOULU.	POIDS de LA PIÈCE.
0m 65c	0m140mm					2k 904
0, 70	0, 140					3, 05
0, 85	0, 160					4, 60
1, 05	0, 200					7, 50
1, 25	0, 230					11, 50
1, 50	0, 290					20, 00
1, 75	0, 330					31, 00

N° 146. — CROIX D'AUTEL
ASSORTIES AUX CHANDELIERS N° 46.

HAUTEUR.	LARGEUR du pied.	VERNIES.	ARGENTÉES.	ARGENTÉES CHRIST DORÉ.	DORÉES OR MOULU.	POIDS de LA PIÈCE.
0m 65c	0m120mm					2k 604
0, 70	0, 120					2, 70
0, 85	0, 140					3, 70
0, 95	0, 160					5, 25
1, 05	0, 190					7, 30
1, 15	0, 210					9, 00
1, 30	0, 230					11, 00
1, 50	0, 270					17, 00
1, 70	0, 290					24, 00
1, 90	0, 330					29, 00

N° 147. — CROIX D'AUTEL
(NON DESSINÉE)
ASSORTIE AUX CHANDELIERS N° 47.

HAUTEUR.	LARGEUR du pied.	VERNIES.	ARGENTÉES.	ARGENTÉES CHRIST DORÉ.	DORÉES OR MOULU.	POIDS de LA PIÈCE.
1m 25c	0m270mm					11k 004

N° 148. — CROIX D'AUTEL
(NON DESSINÉES)
ASSORTIES AUX CHANDELIERS N° 48.

HAUTEUR.	LARGEUR du pied.	VERNIES.	ARGENTÉES.	ARGENTÉES CHRIST DORÉ.	DORÉES OR MOULU.	POIDS de LA PIÈCE.
0m 75c	0m150mm					3k 804
0, 90	0, 180					5, 70
1, 15	0, 210					9, 60
1, 35	0, 240					13, 00
1, 55	0, 310					25, 00
1, 80	0, 360					39, 00
2, 10	0, 390					55, 00

N° 149. — CROIX D'AUTEL
ASSORTIES AUX CHANDELIERS N° 49.

HAUTEUR.	LARGEUR du pied.	VERNIES.	ARGENTÉES.	ARGENTÉES CHRIST DORÉ.	DORÉES OR MOULU.	POIDS de LA PIÈCE.
0m 60c	0m140mm					2k 204
0, 70	0, 170					3, 25
0, 90	0, 210					5, 50
1, 05	0, 260					13, 50

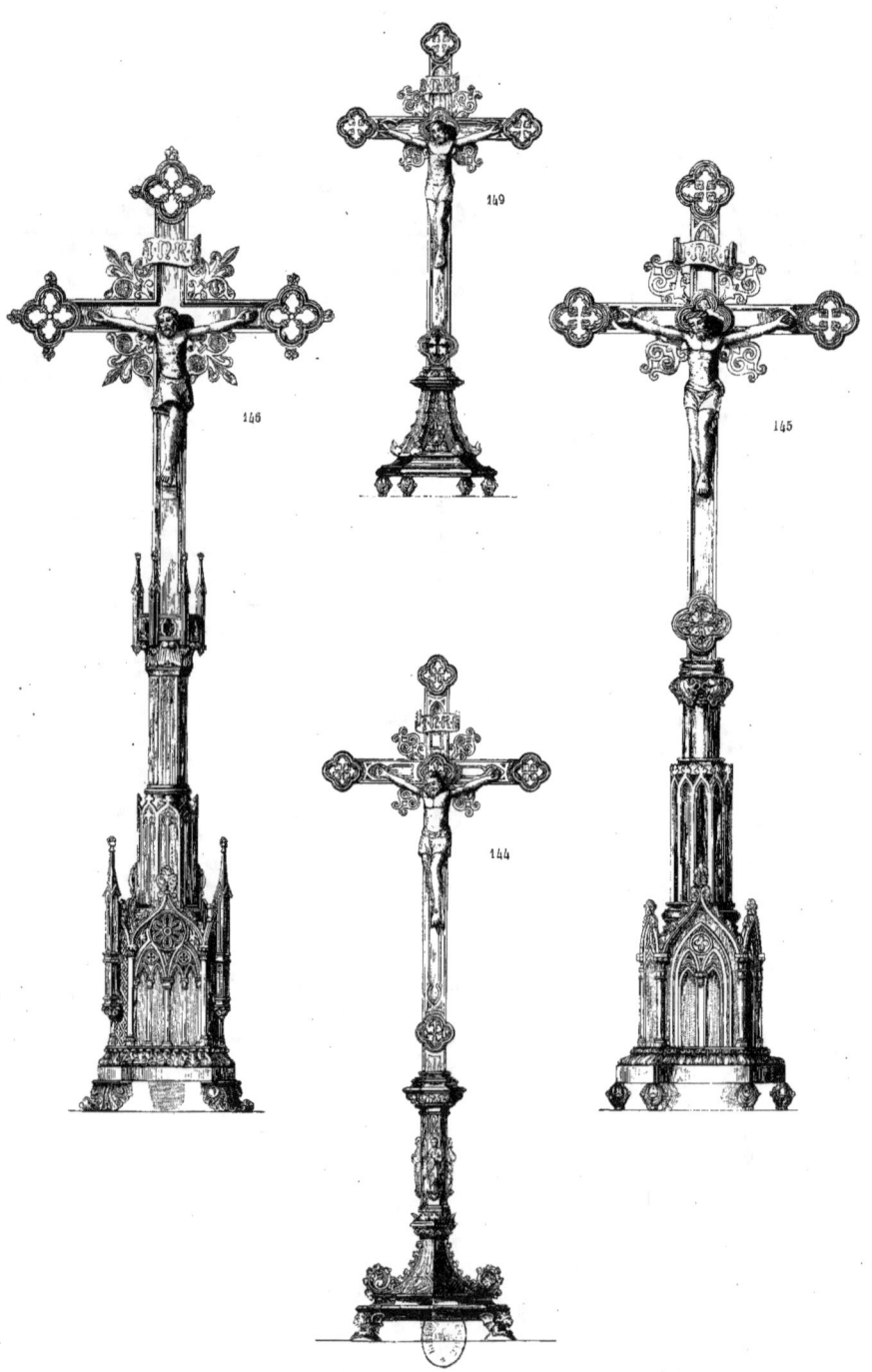

N° 150. — CROIX D'AUTEL

ASSORTIE AUX CHANDELIERS N° 50.

DIMENSIONS.		PRIX DE LA PIÈCE.				POIDS
HAUTEUR.	LARGEUR du pied.	VERNIES.	ARGENTÉES.	ARGENTÉES CHRIST DORÉ.	DORÉES or moulu.	de LA PIÈCE.
0ᵐ70ᶜ	0ᵐ210ᵐᵐ					3ᵏ 25ᵈ

N° 151. — CROIX D'AUTEL

ASSORTIE AUX CHANDELIERS N° 51
(NON DESSINÉE).

1ᵐ 05ᶜ	0ᵐ 250ᵐᵐ					10ᵏ 50ᵈ

N° 152. — CROIX D'AUTEL

ASSORTIE AUX CHANDELIERS N° 52
(NON DESSINÉE).

1ᵐ 75ᶜ	0ᵐ 380ᵐᵐ					30ᵏ 00ᵈ

N° 153. — CROIX D'AUTEL

ASSORTIE AUX CHANDELIERS N° 53.

1ᵐ 50ᶜ	0ᵐ 300ᵐᵐ					10ᵏ 00ᵈ

N° 154. — CROIX D'AUTEL

ASSORTIES AUX CHANDELIERS N° 54
(NON DESSINÉES).

0ᵐ85ᶜ	0ᵐ210ᵐᵐ					5ᵏ 00ᵈ
1, 05	0, 225					7, 25
1, 25	0, 280					11, 50

N° 155. — CROIX D'AUTEL

ASSORTIES AUX CHANDELIERS N° 55.

1ᵐ40ᶜ	0ᵐ260ᵐᵐ					13ᵏ 00ᵈ
1, 70	0, 310					25, 00

Pas de planche 29.

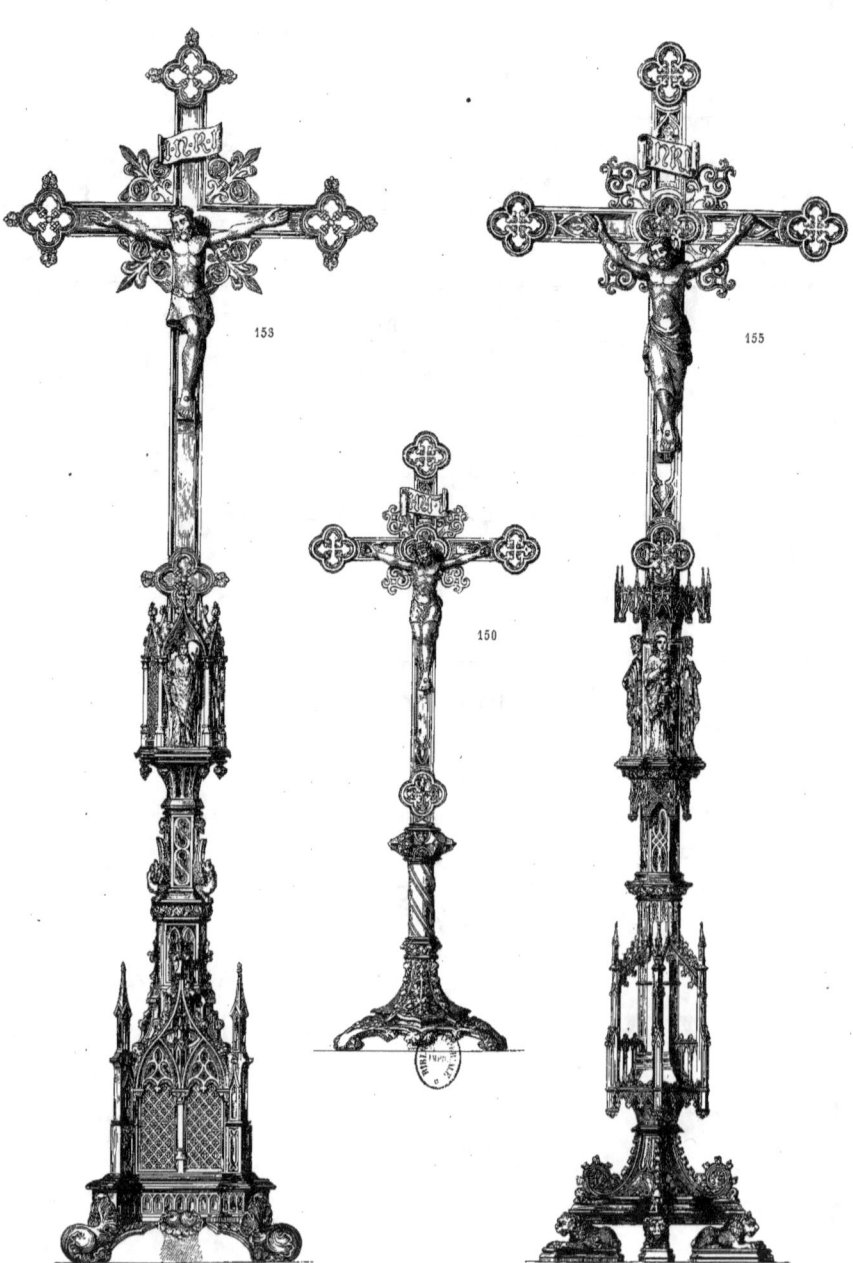

153

150

155

N° 159. — PETITES CROIX D'AUTEL

PIED TRIANGULAIRE DU CHANDELIER N° 61.

DIMENSIONS		PRIX DE LA PIÈCE						POIDS
		VERNIES		ARGENTÉES			DORÉES or moulu à rayons.	de
HAUTEUR.	LARG' du pied.	Sans rayons.	A rayons.	Sans rayons.	Rayons dorés.	Rayons & christ dorés.		LA PIÈCE.
0m40c	0m105mm							k 70c
0, 45	0, 105							0, 75
0, 50	0, 122							1, 05

N° 160. — CROIX D'AUTEL

ASSORTIES AUX CHANDELIERS Nos 60, 61, 62, 63 ET 64.

0m55c	0m133mm							1k 30c
0, 60	0, 133							1, 35
0, 65	0, 152							1, 80
0, 70	0, 165							2, 10
0, 80	0, 183							2, 70
0, 90	0, 200							3, 30
1, 00	0, 215							4, 30
1, 10	0, 230							5, 15
1, 20	0, 252							6, 85
1, 35	0, 283							9, 10
1, 50	0, 315							11, 05
1, 65	0, 355							13, 50
1, 80	0, 410							16, 00
2, 00	0, 394							18, 00
2, 25	0, 465							40, 00

Lorsque ces croix seront commandées isolément, elles seront livrées avec le pied des chandeliers n° 60, à moins de recommandation spéciale.

N° 165. — CROIX D'AUTEL

ASSORTIES AUX CHANDELIERS N° 65.

0m70c	0m155mm							2k 55c
1, 00	0, 215							5, 25
1, 05	0, 215							5, 50
1, 20	0, 248							7, 50
1, 50	0, 300							12, 80

N° 166. — CROIX D'AUTEL

ASSORTIE AUX CHANDELIERS N° 66.

2m15c	0m540mm							46k 00c

N° 167. — CROIX D'AUTEL

(NON DESSINÉES)

ASSORTIES AUX CHANDELIERS N° 67.

DIMENSIONS		PRIX DE LA PIÈCE					POIDS
		VERNIES A RAYONS.	ARGENTÉES A RAYONS DORÉS.	ARGENTÉES RAYONS ET CHRIST DORÉS.	DORÉES OR MOULU.		de
HAUTEUR.	LARGEUR du pied.						LA PIÈCE.
0m 55c	0m125mm						1k 40c
0, 60	0,142						1, 62
0, 65	0, 160						2, 00
0, 70	0, 178						2, 60
0, 80	0, 200						3, 10
0, 95	0, 210						5, 00
1, 05	0, 245						6, 90
1, 15	0, 270						8, 20
1, 25	0, 304						12, 50
1, 40	0, 355						16, 50

N° 168. — CROIX D'AUTEL

ASSORTIES AUX CHANDELIERS N° 68.

0m 55c	0m142mm						1k 85c
0, 63	0, 160						2, 30
0, 72	0, 178						3, 30
0, 83	0, 200						5, 00
0, 95	0, 210						6, 70
1, 05	0, 245						

N° 169. — CROIX D'AUTEL

(NON DESSINÉES)

ASSORTIES AUX CHANDELIERS N° 69.

1m 05c	0m285mm						6k 20c
1, 12	0, 270						7, 70
1, 25	0, 300						10, 75
1, 40	0, 355						11, 25
1, 70	0, 352						15, 45
1, 90	0, 410						20, 40
2, 25	0, 580						45, 00

N° 170. — CROIX D'AUTEL

ASSORTIES AUX CHANDELIERS N° 70.

0m 65c	0m150mm						2k 20c
0, 75	0, 177						3, 00
0, 85	0, 196						4, 65
1, 00	0, 230						5, 20
1, 10	0, 250						9, 00
1, 20	0, 260						12, 00
1, 30	0, 320						16, 00
1, 50	0, 380						25, 00
1, 80	0, 425						36, 00

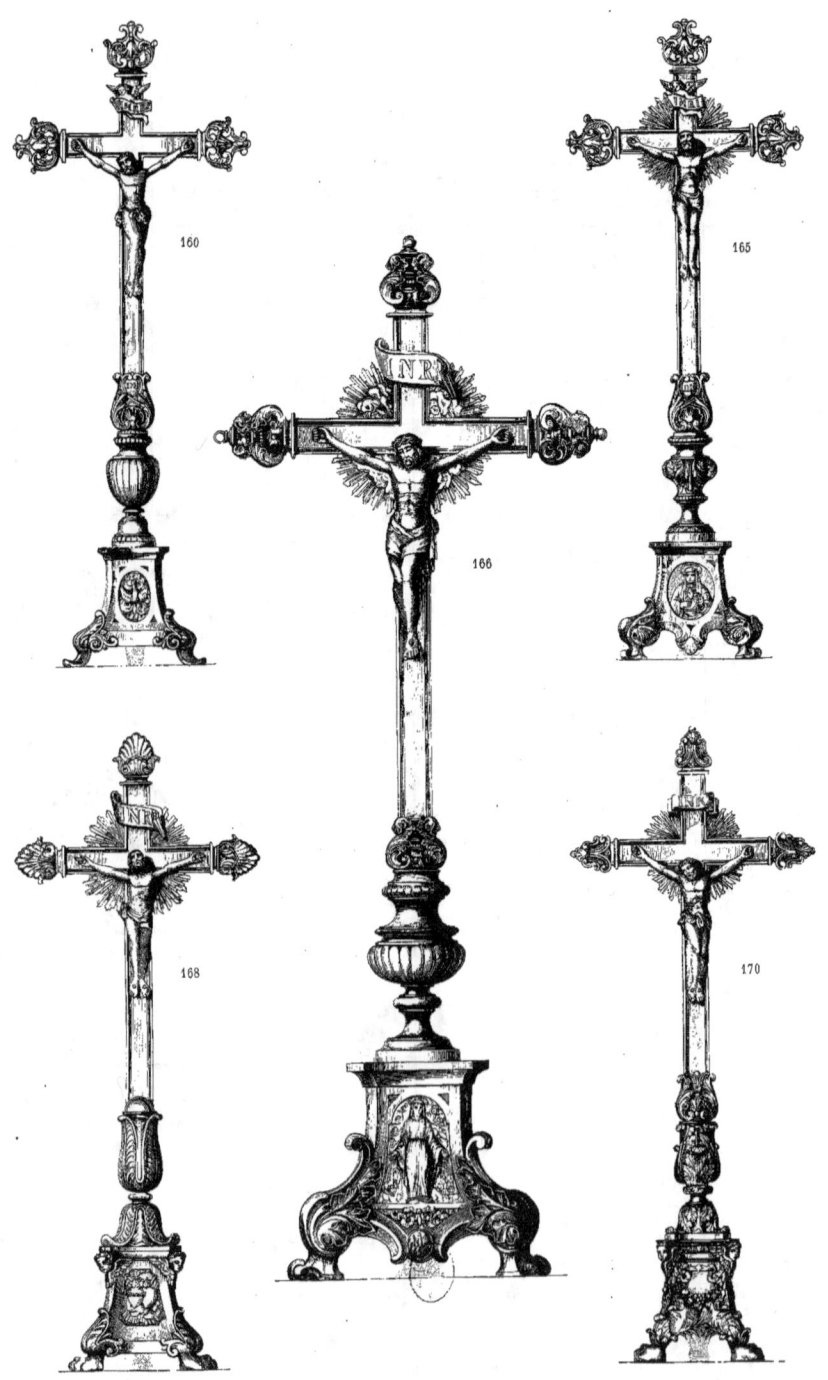

N° 171. — CROIX D'AUTEL

(NON DESSINÉE)

ASSORTIE AUX CHANDELIERS N° 71.

DIMENSIONS		PRIX DE LA PIÈCE.				POIDS de LA PIÈCE.
HAUTEUR.	LARGEUR du pied.	VERNIES.	ARGENTÉES.	ARGENTÉES CHRIST DORÉ.	DORÉES OR MOULU.	
2m 25c	0m 340mm					30k 00d

N° 172. — CROIX D'AUTEL

ASSORTIES AUX CHANDELIERS N° 72.

0m 75c	0m 155mm					2k 50d
0, 85	0, 178					3, 10
0, 95	0, 190					4, 25
1, 10	0, 210					5, 50

N° 173. — CROIX D'AUTEL

ASSORTIES AUX CHANDELIERS N° 73.

1m 00c	0m 282mm					6k 25d
1, 20	0, 288					8, 75
1, 45	0, 816					12, 25

N° 174. — CROIX D'AUTEL

(NON DESSINÉE)

ASSORTIE AUX CHANDELIERS N° 74.

| 0m 90c | 0m 219mm | | | | | 5k 40d |

N° 175. — CROIX D'AUTEL

ASSORTIES AUX CHANDELIERS N° 75.

0m 80c	0m 180mm					3k 55d
0, 95	0, 218					4, 90
1, 10	0, 270					7, 40
1, 25	0, 290					10, 95
1, 45	0, 336					15, 50

N° 176. — CROIX D'AUTEL

(NON DESSINÉES)

ASSORTIES AUX CHANDELIERS N° 76.

DIMENSIONS		PRIX DE LA PIÈCE.				POIDS de LA PIÈCE.
HAUTEUR.	LARGEUR du pied.	VERNIES.	ARGENTÉES.	ARGENTÉES CHRIST DORÉ.	DORÉES OR MOULU.	
1m 15c	0m 255mm					8k 50d
1, 75	0, 405					23, 00

N° 177. — CROIX D'AUTEL

ASSORTIES AUX CHANDELIERS N° 77.

0m 95c	0m 220mm					5k 80d
1, 10	0, 234					6, 30
1, 30	0, 275					11, 55
1, 45	0, 305					15, 00

N° 178. — CROIX D'AUTEL

(NON DESSINÉES)

ASSORTIES AUX CHANDELIERS N° 78.

0m 75c	0m 200mm					2k 90d
1, 20	0, 295					10, 90
1, 45	0, 340					19, 40
1, 90	0, 400					28, 00

N° 179. — CROIX D'AUTEL

ASSORTIES AUX CHANDELIERS N° 79.

1m 05c	0m 240mm					7k 20d
1, 15	0, 258					8, 50
1, 25	0, 277					10, 90
1, 40	0, 310					12, 50
1, 55	0, 350					16, 50
1, 70	0, 370					22, 00
2, 15	0, 470					40, 00

N° 180. — CROIX D'AUTEL

(NON DESSINÉE)

ASSORTIE AUX CHANDELIERS N° 80.

| 1m 75c | 0m 385mm | | | | | 24k 00d |

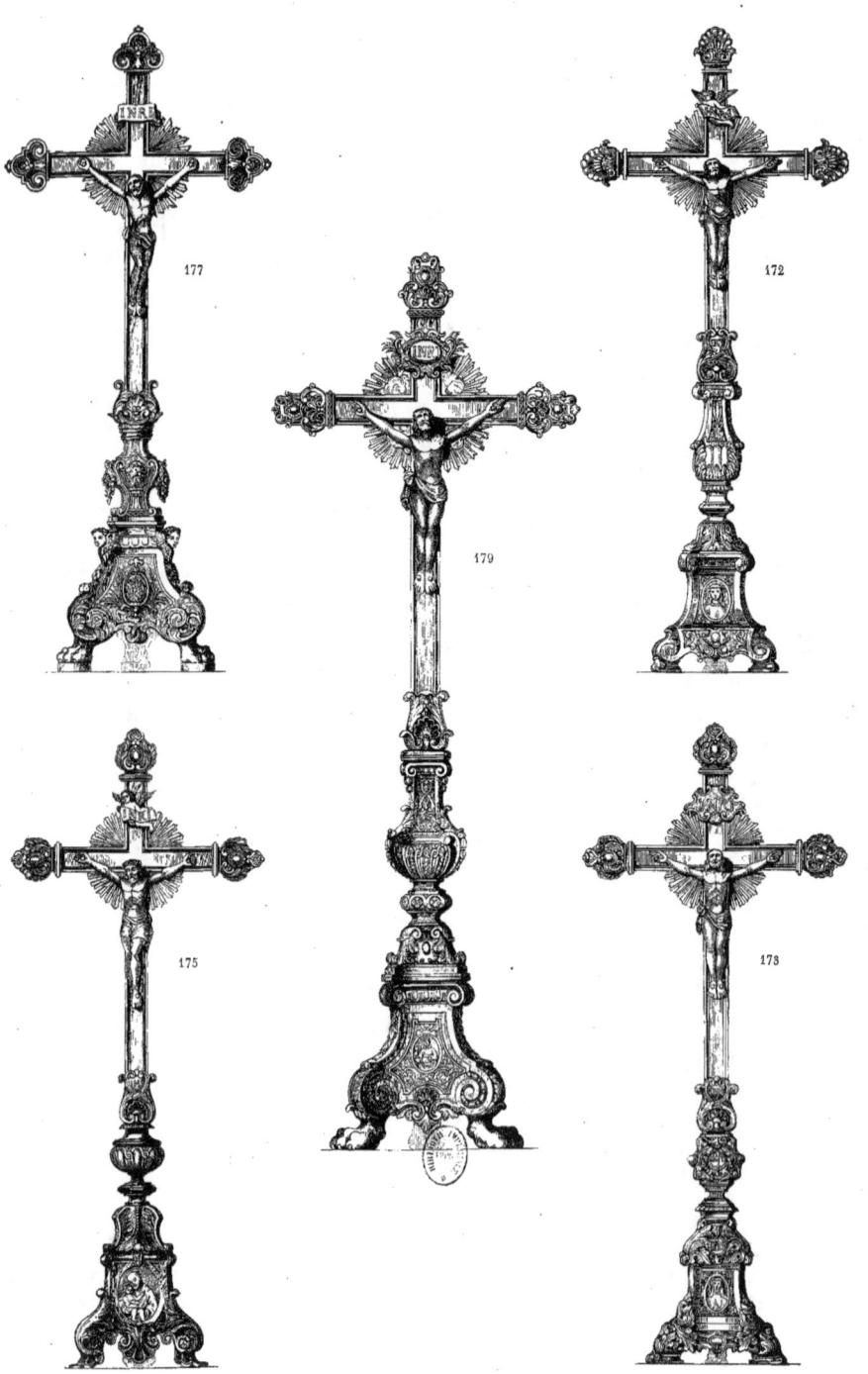

N° 181. — CROIX D'AUTEL

(NON DESSINÉE)

ASSORTIE AUX CHANDELIERS N° 81.

DIMENSIONS.		PRIX DE LA PIÈCE.				POIDS
HAUTEUR.	LARGEUR du pied.	VERNIES.	ARGENTÉES.	ARGENTÉES CHRIST DORÉ.	DORÉES OR MOULU.	de LA PIÈCE.
0ᵐ 65ᶜ	0ᵐ200ᵐᵐ					2ᵏ 70ᵈ

N° 185. — CROIX D'AUTEL

(NON DESSINÉE)

ASSORTIE AUX CHANDELIERS N° 85.

DIMENSIONS.		PRIX DE LA PIÈCE.				POIDS
HAUTEUR.	LARGEUR du pied.	VERNIES.	ARGENTÉES.	ARGENTÉES CHRIST DORÉ.	DORÉES OR MOULU.	de LA PIÈCE.
0ᵐ 60ᶜ	0ᵐ175ᵐᵐ					3ᵏ 00ᵈ

N° 182. — CROIX D'AUTEL

ASSORTIE AUX CHANDELIERS N° 82.

1ᵐ25ᶜ	0ᵐ280ᵐᵐ					11ᵏ80ᵈ

N° 186. — CROIX D'AUTEL

ASSORTIES AUX CHANDELIERS N° 86.

1ᵐ20ᶜ	0ᵐ275ᵐᵐ					15ᵏ00ᵈ
1, 45	0, 340					18, 00
1, 75	0, 395					25, 00

N° 183. — CROIX D'AUTEL

ASSORTIES AUX CHANDELIERS N° 83.

1ᵐ15ᶜ	0ᵐ280ᵐᵐ					9ᵏ00ᵈ
1, 40	0, 325					13, 50

N° 187. — CROIX D'AUTEL

(NON DESSINÉE)

ASSORTIE AUX CHANDELIERS N° 87.

1ᵐ80ᶜ	0ᵐ405ᵐᵐ					39ᵏ50ᵈ.

N° 184. — CROIX D'AUTEL

(NON DESSINÉES)

ASSORTIES AUX CHANDELIERS N° 84.

2ᵐ00ᶜ	0ᵐ510ᵐᵐ					36ᵏ00ᵈ
2, 10	0, 510					40, 00

N° 188. — CROIX D'AUTEL

(NON DESSINÉE)

ASSORTIE AUX CHANDELIERS N° 88.

2ᵐ25ᶜ	0ᵐ565ᵐᵐ					55ᵏ00ᵈ

Pas de planches 33 & 34.

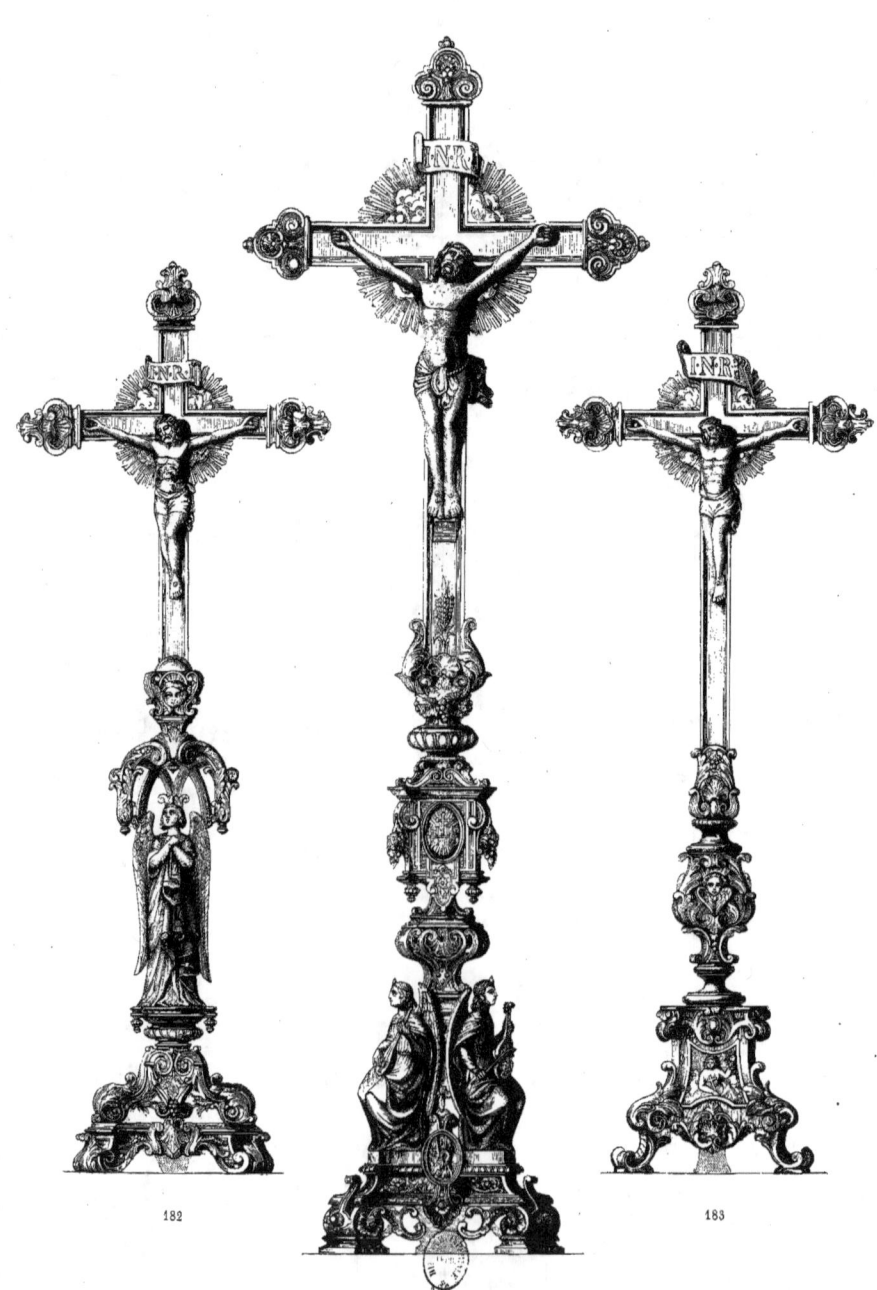

182

183

VASES POUR PLACER SUR LES GRADINS DES AUTELS

POUR RECEVOIR DES FLEURS ARTIFICIELLES.

NUMÉROS des DESSINS.	DÉSIGNATION.	DIMENSIONS.		PRIX DE LA PIÈCE.			POIDS de LA PIÈCE.
		HAUTEUR.	PLUS GRAND DIAMÈTRE.	VERNIS.	ARGENTÉS.	DORÉS or moulu.	
200	Style Grec, uni.	0ᵐ 30ᶜ	0ᵐ 135ᵐᵐ				3ᵏ 80ᵈ
201	Style Grec, pied carré.	0, 26 / 0, 31	0, 095 / 0, 108				2, 10 / 2, 90
202	Style Roman, pied carré.	0, 30	0, 115				3, 60
203	Style Roman, sans anses.	0, 28	0, 121				1, 90
204	Style du XIIIᵉ siècle.	0, 21 / 0, 25 ·	0, 113 / 0, 135				1, 80 / 2, 80
205	Style du XIIIᵉ siècle.	0, 37	0, 165				4, 60
206	Style du XVᵉ siècle.	0, 25 / 0, 35	0, 130 / 0, 155				2, 25 / 3, 70
207	Style Renaissance.	0, 43	0, 175				8, 00
208	Style Renaissance.	0, 65	0, 375				25, 00
209	Style Louis XVI.	0, 28	0, 117				2, 50
210	Corbeille ronde, style Roman.	0, 24	0, 370				4, 40
211	Corbeille ovale, pied carré.	0, 15 / 0, 20 / 0, 23	0, 240 / 0, 275 / 0, 290				1, 90 / 3, 10 / 4, 00

Le vase n° 202 peut être décoré d'émaux à froid, moyennant   francs.

Les vases nᵒˢ 207 & 208 sont assez grands pour être employés comme bouts d'autel.

Les corbeilles nᵒˢ 210 & 211 se placent ordinairement sur la table de l'autel.

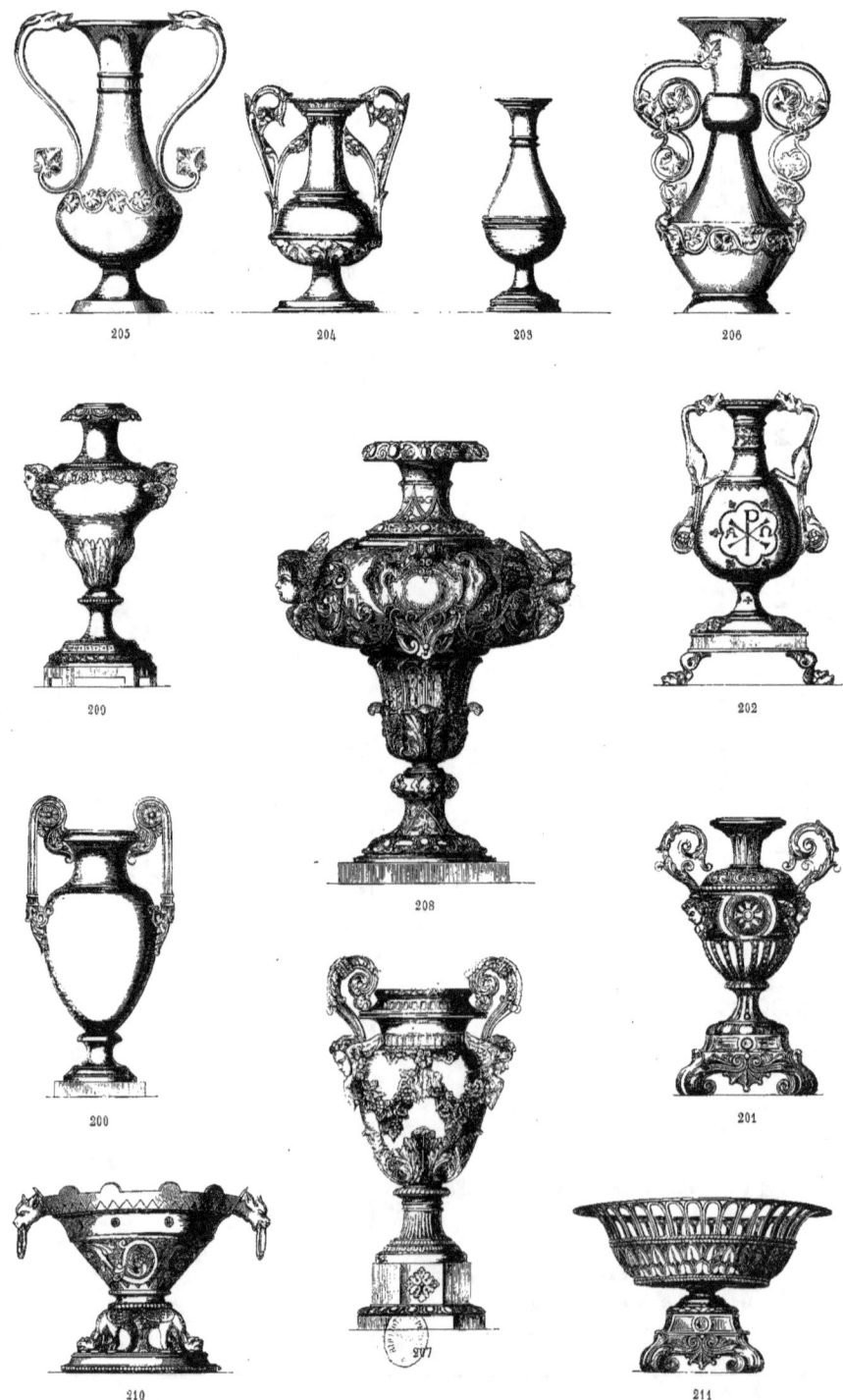

205   204   203   206

209   208   202

200   208   201

210   211

N° 212. — CANDÉLABRES		N° 213. — CANDÉLABRES	
Style du xiie siècle.		*Style du xive siècle.*	
Bouquets se posant à contre-douille sur la tige.		Bouquets se posant à contre-douille sur la tige.	

<!-- Table N° 212 -->

DIMENSIONS.		NOMBRE de LUMIÈRES.	PRIX DE LA PAIRE.			POIDS de LA PIÈCE.
HAUTEUR.	DIAMÈTRE du BOUQUET.		VERNIS.	ARGENTÉS.	DORÉS or moulu.	
0ᵐ 60ᶜ	0ᵐ 30ᶜ	7				3ᵏ 85ᵈ
0, 65	0, 35	7				5, 10
0, 75	0, 40	7				7, 65
0, 85	0, 48	11				8, 70
0, 85	0, 48	13				9, 50
1, 00	0, 55	13				13, 50
1, 20	0, 68	13				19, 90
1, 30	0, 65	19				22, 50

<!-- Table N° 213 -->

DIMENSIONS.		NOMBRE de LUMIÈRES.	PRIX DE LA PAIRE.			POIDS de LA PIÈCE.
HAUTEUR.	DIAMÈTRE du BOUQUET.		VERNIS.	ARGENTÉS.	DORÉS or moulu	
0ᵐ 60ᶜ	0ᵐ 28ᶜ	7				3ᵏ 75ᵈ
0, 65	0, 31	7				5, 10
0, 70	0, 35	7				6, 85
0, 80	0, 40	11				7, 00
0, 80	0, 40	13				7, 70
0, 80	0, 49	7				9, 90
0, 92	0, 49	13				18, 00
1, 50	0, 85	19				28, 00

Les Candélabres n°s 212 & 213 sont dessinés deux fois : le petit dessin représente les candélabres à 7 lumières, le grand dessin, ceux à 11 ou 13 lumières. Les candélabres à 19 lumières ont 3 rangs de branches.

Si un autel était garni de chandeliers des n°s 9, 10, 11, 13, 22, 28 ou 29, on pourrait assortir les candélabres en employant le bouquet n° 212, placé sur l'un de ces modèles de chandeliers. Dans ce cas, les prix seraient à faire, & ils seraient naturellement d'autant plus élevés que le prix du chandelier employé le serait lui-même davantage.

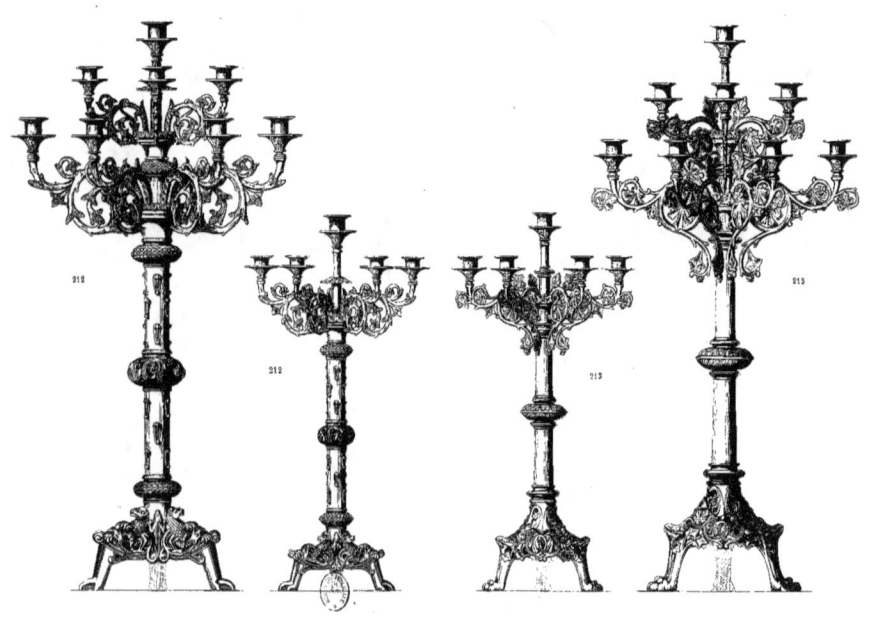

212

212

213

213

N° 214. — CANDÉLABRES POUR BOUT D'AUTEL

Style Roman.

DIMENSIONS.		NOMBRE	PRIX DE LA PAIRE.			POIDS
HAUTEUR.	DIAMÈTRE du bouquet.	de LUMIÈRES.	VERNIS.	ARGENTÉS.	DORÉS or moulu.	de LA PIÈCE.
1m 50e	0m 60e	19				66k 000

Ces candélabres peuvent être décorés d'émaux à froid, moyennant   francs pour la paire.
Ils peuvent aussi être ornés de 132 pierres-cabochons, moyennant   francs pour la paire.

N° 215. — CANDÉLABRES POUR BOUT D'AUTEL

(NON DESSINÉS)

Même modèle que le n° 214, mais avec un fût orné entre le nœud
& la naissance des branches.

1m 80e	0m 66e	19				72k 000

Ces candélabres peuvent être décorés d'émaux à froid, moyennant   francs pour la paire.
Ils peuvent aussi être ornés de 144 pierres-cabochons, moyennant   francs pour la paire.

N° 216. — CANDÉLABRES

Style du XIII° siècle.

BOUQUETS DEMI-CIRCULAIRES.

0m 50e	0m 35e	4				1k 000

N° 217. — CANDÉLABRES

Style du XIII° siècle.

0m 50e	0m 27e	7				4k 750

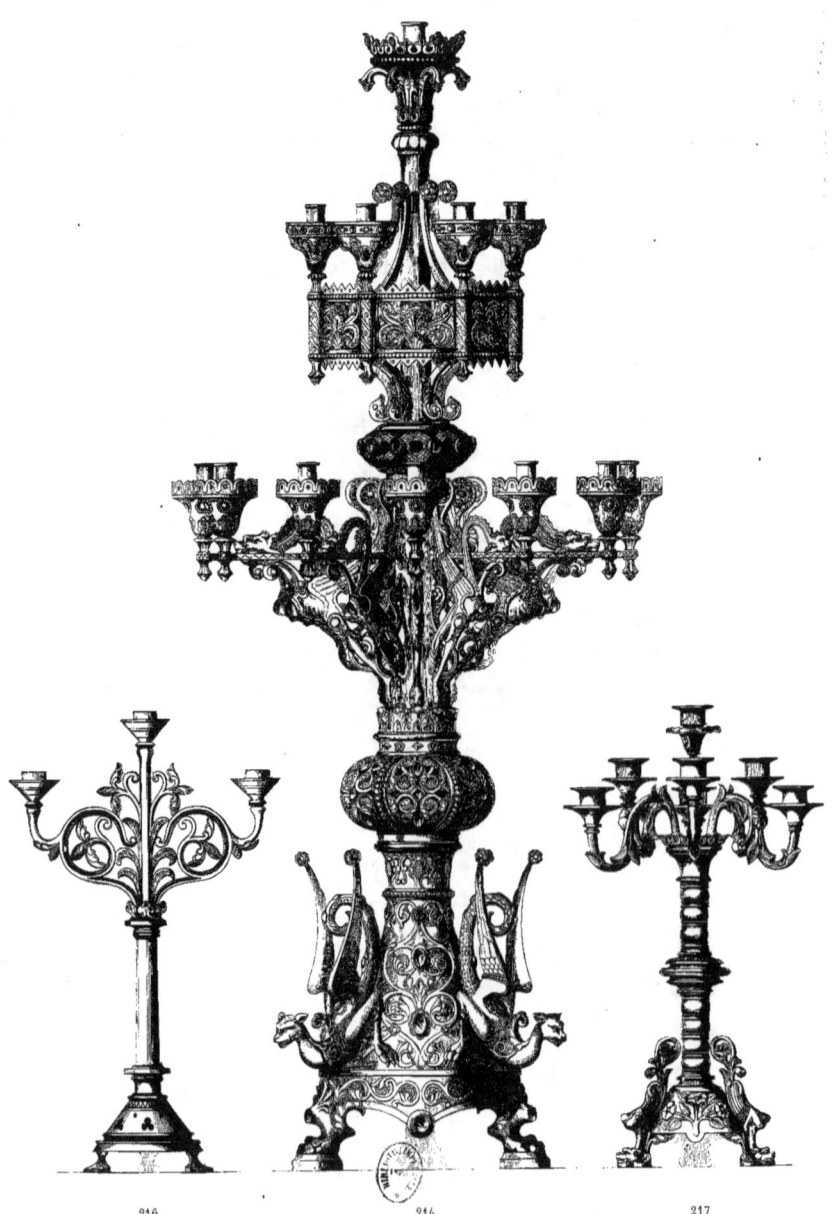

216   214   217

N° 218. — CANDÉLABRES POUR BOUT D'AUTEL

Style Roman.

DIMENSIONS.		NOMBRE	PRIX DE LA PAIRE.			POIDS
HAUTEUR.	DIAMÈTRE du bouquet.	de LUMIÈRES.	VERNIS.	ARGENTÉS.	DORÉS or moulu.	de LA PIÈCE.
2ᵐ70ᶜ	0ᵐ78ᵐ	37				105ᵏ004

N° 219. — CANDÉLABRES

Style du xiiiᵉ siècle.

0ᵐ65ᶜ	0ᵐ305ᵐᵐ	7				6ᵏ304
0, 85	0, 470	13				11, 25

N° 220. — CANDÉLABRES

Style Roman.

0ᵐ75ᶜ	0ᵐ440ᵐᵐ	7				9ᵏ65

Ces candélabres peuvent être décorés d'émaux à froid, moyennant   francs pour la paire.

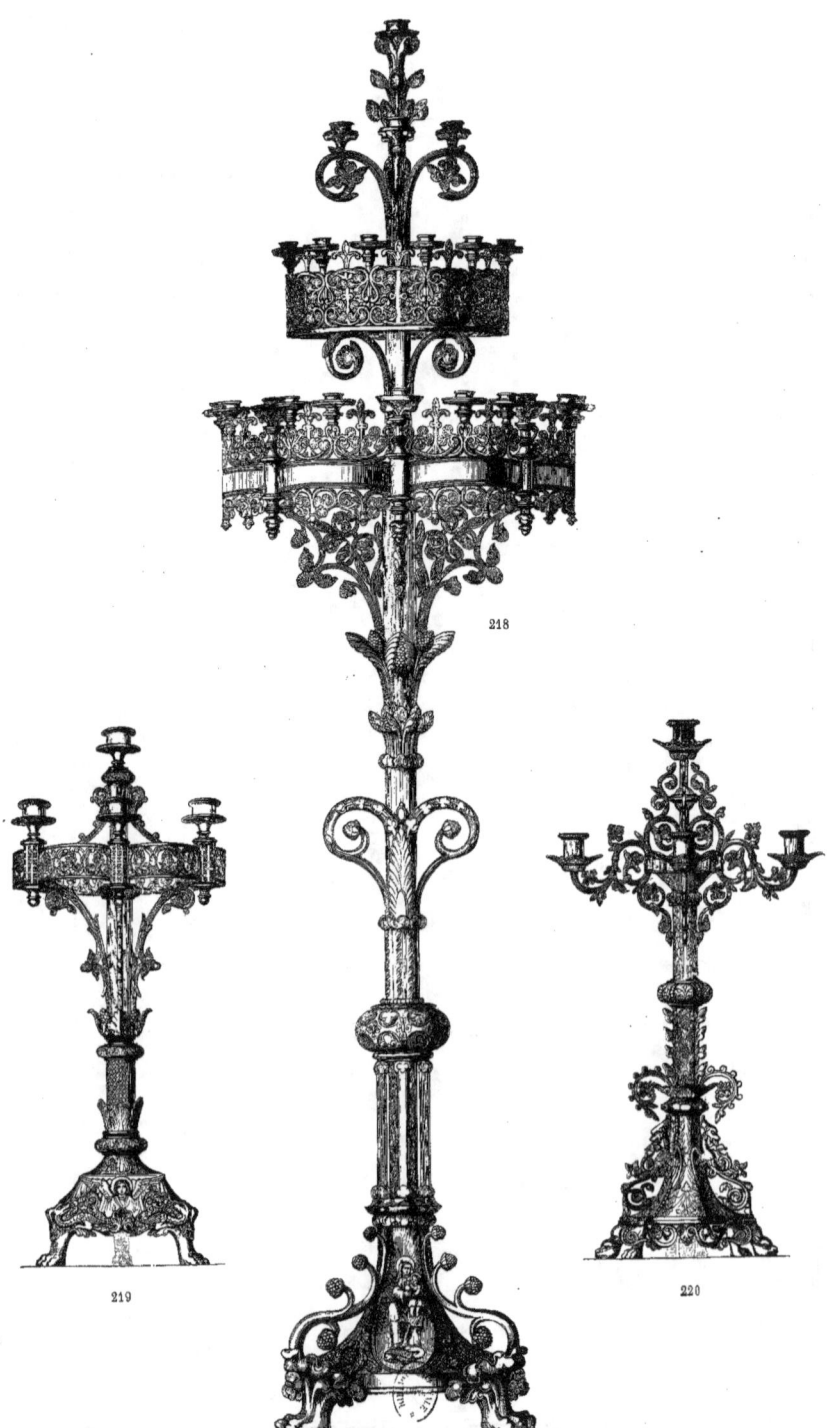

218

219

220

N° 221. — CANDÉLABRES POUR BOUT D'AUTEL

Style du XIII siècle.

DIMENSIONS		NOMBRE de LUMIÈRES.	PRIX DE LA PAIRE.			POIDS de LA PIÈCE.
HAUTEUR.	DIAMÈTRE du bouquet.		VERNIS.	ARGENTÉS.	DORÉS or moulu.	
1ᵐ 55ᶜ	0ᵐ 58ᶜ	19				50ᵏ 00ᵈ

N° 222. — CANDÉLABRES UNIS

Style du XIII siècle.

0ᵐ 26ᶜ	0ᵐ 15ᶜ	4				1ᵏ 25ᵈ

N° 223. — CANDÉLABRES

Style du XIII siècle.

BOUQUETS DEMI-CIRCULAIRES.

0ᵐ 50ᶜ	0ᵐ 26ᶜ	4				3ᵏ 00ᵈ

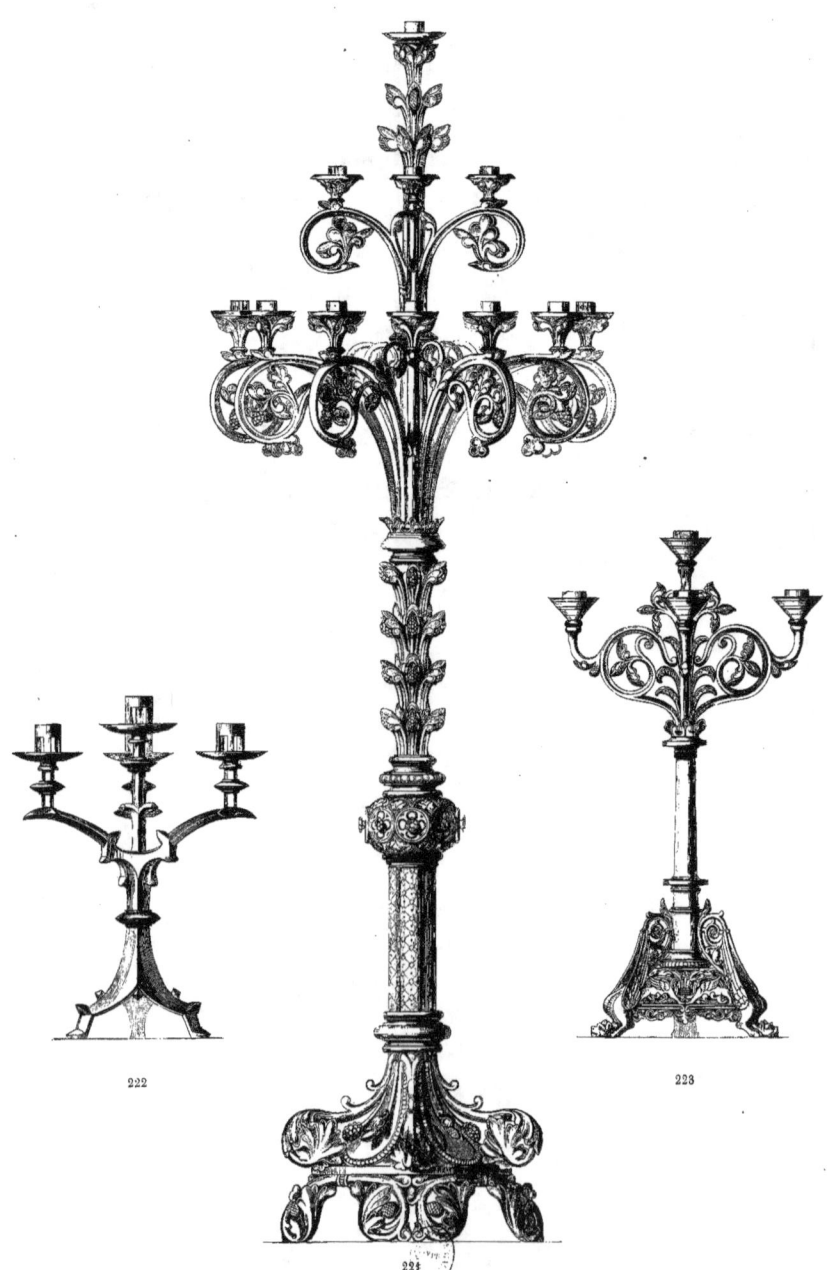

222

224

223

N° 224. — CANDÉLABRES EN ÉVENTAIL

Style du XIII° siècle.

DIMENSIONS.		NOMBRE	PRIX DE LA PAIRE.			POIDS
HAUTEUR.	LARGEUR de l'éventail.	de LUMIÈRES.	VERNIS.	ARGENTÉS.	DORÉS or moulu.	de LA PIÈCE.
0ᵐ75ᶜ	0ᵐ48ᶜ	5				6ᵏ20ᵈ
0, 80	0, 60	7				6, 90

N° 225. — CANDÉLABRES EN ÉVENTAIL

Style Roman.

0ᵐ84ᶜ	0ᵐ59ᶜ	7				10ᵏ00ᵈ

N° 226. — CANDÉLABRES EN ÉVENTAIL

Style du XII° siècle.

0ᵐ75ᶜ	0ᵐ68ᶜ	7				10ᵏ25ᵈ

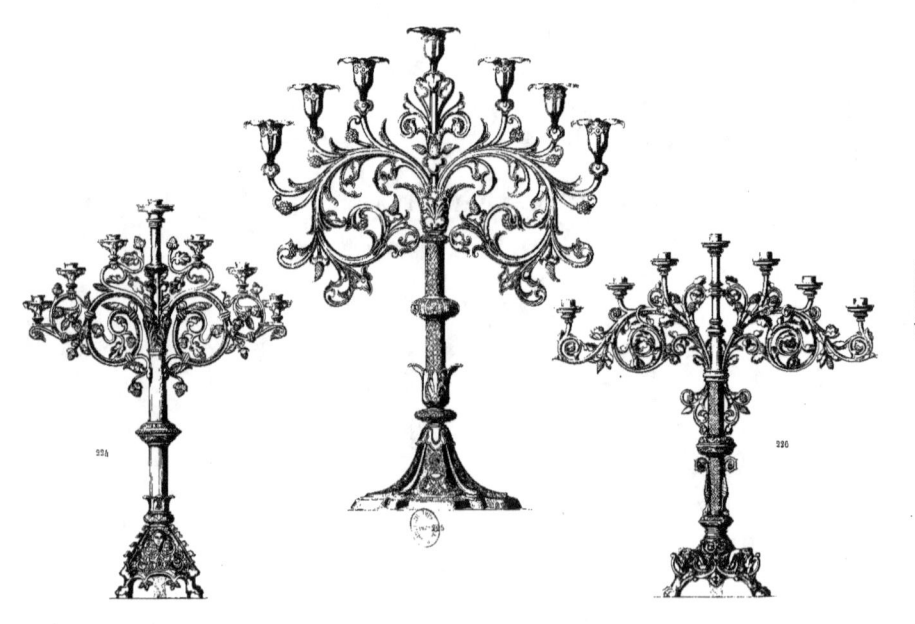

N° 227. — CANDÉLABRES EN ÉVENTAIL

Style du XIII° siècle.

DIMENSIONS.		NOMBRE de LUMIÈRES.	PRIX DE LA PAIRE.			POIDS de LA PIÈCE.
HAUTEUR.	LARGEUR du bouquet.		VERNIS.	ARGENTÉS.	DORÉS or moulu.	
0ᵐ 65ᶜ	0ᵐ 39ᶜ	5				5ᵏ 70ᵈ
0, 75	0, 58	7				7, 10

N° 228. — CANDÉLABRES EN ÉVENTAIL

Style du XIV° siècle.

0ᵐ 70ᶜ	0ᵐ 40ᶜ	5				5ᵏ 80
0, 75	0, 59	7				7, 95

N° 229. — CANDÉLABRES EN COURONNE

Style du XIII° siècle.

0ᵐ 62ᶜ	0ᵐ 30ᶜ	7				8ᵏ 75ᵈ
1, 00	0, 40	13				11, 00
1, 20	0, 52	19				20, 00
1, 45	0, 65	25				30, 00

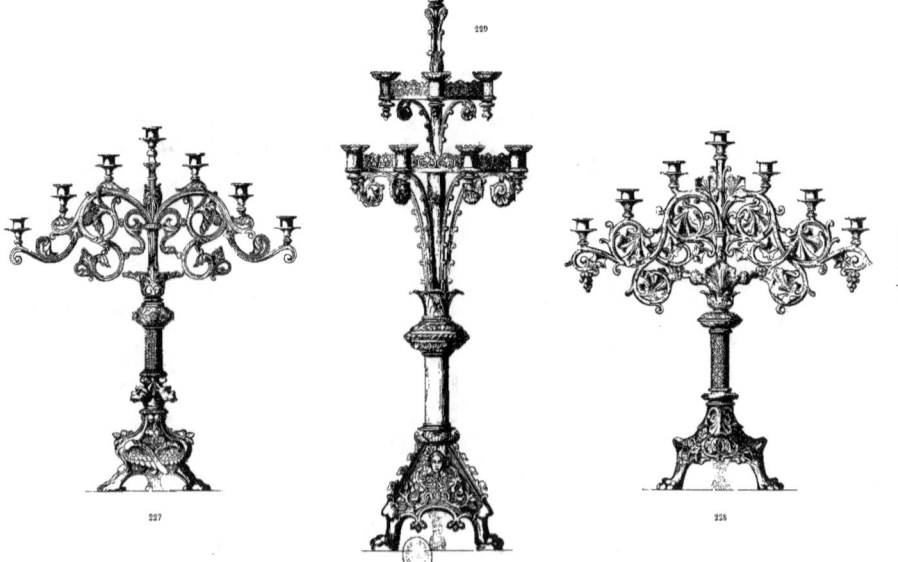

229

227

228

N° 230. — CANDÉLABRES EN ÉVENTAIL

Style du xiiiᵉ siècle.

DIMENSIONS.		NOMBRE de LUMIÈRES.	PRIX DE LA PAIRE.			POIDS de LA PIÈCE.
HAUTEUR.	LARGEUR de l'éventail.		VERNIS.	ARGENTÉS.	DORÉS or moulu.	
0ᵐ 58ᶜ	0ᵐ 32ᶜ	3				2ᵏ 80ᵈ
0, 70	0, 38	5				4, 75
0, 77	0, 52	7				8, 70

N° 231. — CANDÉLABRES EN ÉVENTAIL

Style du xiiᵉ siècle.

COMPOSITION DE M. ALFRED DARCEL.

0ᵐ 72ᶜ	0ᵐ 44ᶜ	5				5, 00

N° 232. — CANDÉLABRES EN ÉVENTAIL

Style du xiᵉ siècle.

0ᵐ 85ᶜ	0ᵐ 56	7				12ᵏ 30ᵈ

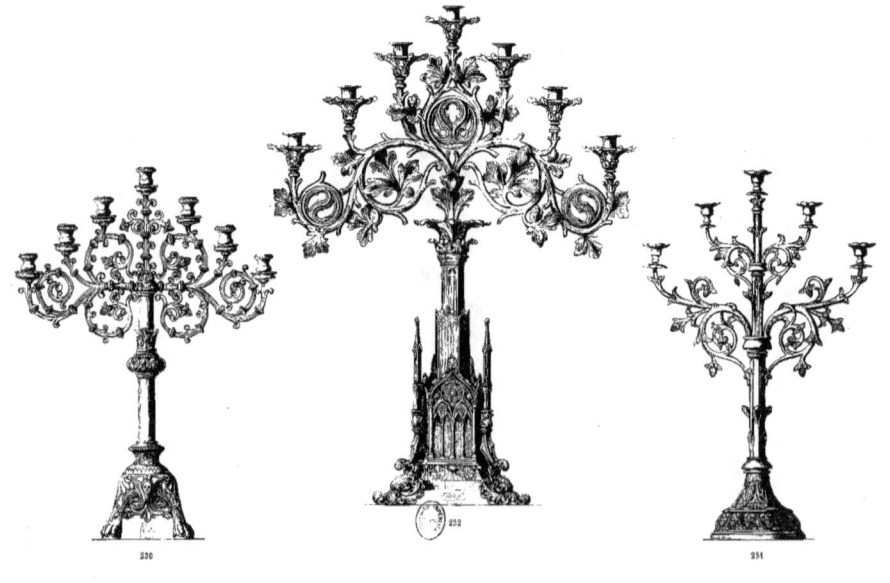

230

252

231

N° 233. — CANDÉLABRES

Style du xv siècle.*

DIMENSIONS.		NOMBRE	PRIX DE LA PAIRE.			POIDS
HAUTEUR.	DIAMÈTRE du bouquet.	de LUMIÈRES.	VERNIS.	ARGENTÉS.	DORÉS or moulu.	de LA PIÈCE.
0ᵐ65ᶜ	0ᵐ33ᶜ	7				6ᵏ00ᵈ
0, 90	0, 39	11				9, 85
0, 90	0, 39	13				10, 55
1, 00	0, 50	13				15, 10
1, 08	0, 50	13				17, 40
1, 18	0, 56	15				23, 80
1, 25	0, 60	19				24, 25
1, 35	0, 65	19				29, 75

N° 234. — CANDÉLABRES EN ÉVENTAIL

Style du xv siècle.*

0ᵐ52ᶜ	0ᵐ39ᶜ	3				3ᵏ10ᵈ

N° 235. — CANDÉLABRES

Style du xv siècle.*

0ᵐ50ᶜ	0ᵐ27ᶜ	4				2ᵏ78ᵈ
0, 57	0, 31	7				4, 90
0, 70	0, 48	10				8, 20

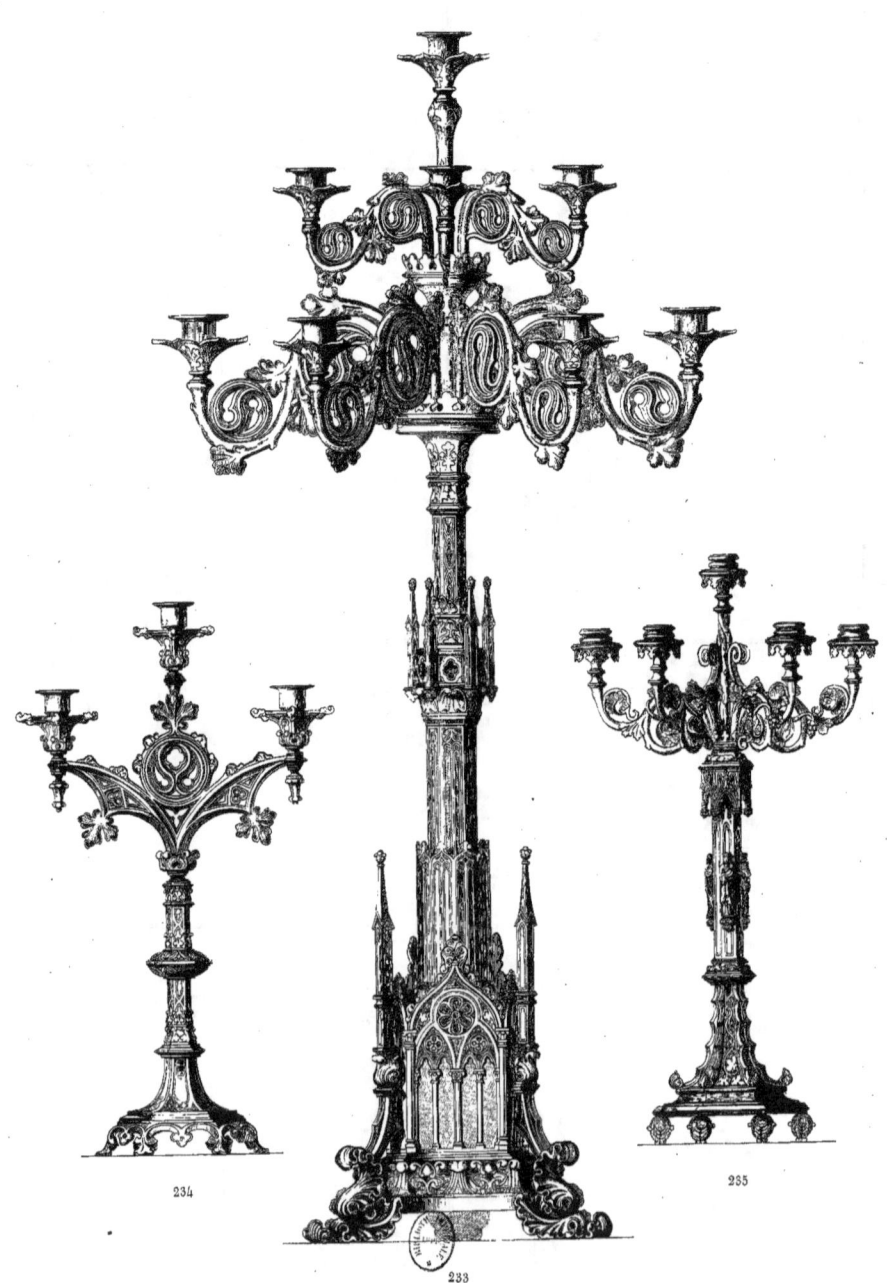

234

233

235

N° 236. — CANDÉLABRES

COMPOSÉS D'UN VASE GOTHIQUE SURMONTÉ D'UN BOUQUET DE FLEURS GOTHIQUES.

DIMENSIONS.		NOMBRE de LUMIÈRES.	PRIX DE LA PAIRE.			POIDS de LA PIÈCE.
HAUTEUR.	LARGEUR du bouquet.		VERNIS.	ARGENTÉS.	DORÉS or moulu.	
0ᵐ60ᶜ	0ᵐ 48ᶜ	5				4ᵏ 50ᵈ
0, 70	0, 45	7				7, 10

N° 237. — CANDÉLABRES

COMPOSÉS D'UN VASE GOTHIQUE SURMONTÉ D'UN BOUQUET DE ROSES.

0ᵐ 70ᶜ	0ᵐ 63ᶜ	9				9ᵏ 55ᵈ

N° 238. — CANDÉLABRES

COMPOSÉS D'UN VASE GOTHIQUE SURMONTÉ D'UN BOUQUET DE LYS.

0ᵐ 80ᶜ	0ᵐ 29ᶜ	7				5ᵏ 60ᵈ
0, 95	0, 39	7				6, 20

N° 239. — CANDÉLABRES

COMPOSÉS D'UN VASE GOTHIQUE SURMONTÉ D'UN BOUQUET DE MARGUERITES.

0ᵐ85ᶜ	0ᵐ30ᶜ	7				5ᵏ 90ᵈ
1, 00	33, 00	7				6, 50

Les candélabres nᵒˢ 238 & 239 sont destinés à être placés sur les gradins de l'autel, entre les chandeliers, ce qui explique leur disposition haute & étroite. Ces deux modèles peuvent être livrés indifféremment en marguerites ou en lys; mais, à moins de demande spéciale, ils seront toujours fournis comme ils sont dessinés.

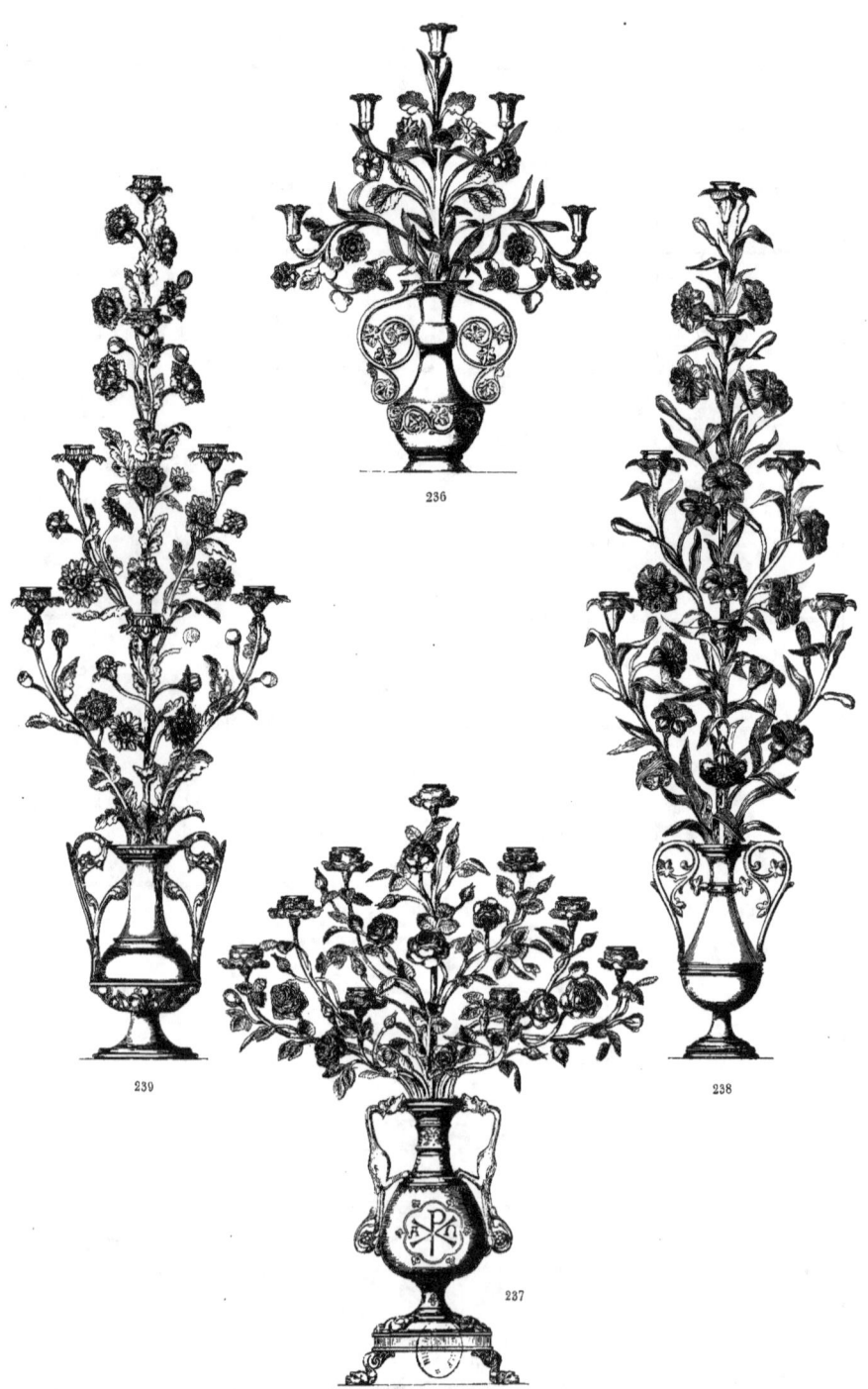

236

239

237

238

N° 240. — PETITS CANDÉLABRES EN LIS

PIEDS RONDS.

DIMENSIONS		NOMBRE de LUMIÈRES.	PRIX DE LA PAIRE.			POIDS de LA PIÈCE.
HAUTEUR.	LARGEUR du BOUQUET.		VERNIS.	ARGENTÉS.	DORÉS.	
0ᵐ38ᶜ	0ᵐ25ᶜ	3				1ᵏ40ᵈ

N° 241. — PETITS CANDÉLABRES EN LIS

PIEDS RONDS.

0ᵐ47ᶜ	0ᵐ39ᶜ	3				1ᵏ95ᵈ

N° 242. — CANDÉLABRES

COMPOSÉS D'UN VASE DE STYLE GREC, SURMONTÉ D'UN BOUQUET DE LIS.

0ᵐ65ᶜ	0ᵐ35ᶜ	5				8ᵏ20ᵈ
0,70	0,38	8				9,00

N° 243. — CANDÉLABRES

COMPOSÉS D'UN VASE DE STYLE RENAISSANCE, SURMONTÉ D'UN BOUQUET DE LIS, ROSES ET MARGUERITES.

1ᵐ00ᶜ	0ᵐ42ᶜ	7				26ᵏ00ᵈ

N° 244. — CANDÉLABRES

COMPOSÉS D'UNE CORBEILLE OVALE SUR SOCLE CARRÉ, SURMONTÉE D'UN BOUQUET DE LIS, ROSES ET MARGUERITES.

DIMENSIONS			NOMBRE de LUMIÈRES.	PRIX DE LA PIÈCE.			POIDS de LA PIÈCE.
HAUTEUR.	LARGEUR.	DIAMÈTRES de la CORBEILLE.		VERNIS.	ARGENTÉS.	DORÉS or moulu.	
0ᵐ50ᶜ	0ᵐ40ᶜ	0ᵐ24ᶜ sur 0ᵐ19ᶜ	6				6ᵏ60ᵈ
0,62	0,50	0,27 sur 0,23	6				9,80
0,75	0,60	0,32 sur 0,26	8				15,50

240

241

244

242

243

N° 245. — CANDÉLABRES ORDINAIRES

DIMENSIONS.		NOMBRE de LUMIÈRES.	PRIX DE LA PAIRE.			POIDS de LA PIÈCE.
HAUTEUR.	DIAMÈTRE du BOUQUET.		VERNIS.	ARGENTÉS.	DORÉS or moulu.	
0ᵐ 52ᵉ	0ᵐ 26ᵉ	4				1ᵏ 80ᵈ
0, 52	0, 29	7				2, 50
0, 58	0, 27	4				2, 20
0, 58	0, 30	7				2, 75
0, 65	0, 35	7				3, 60
0, 73	0, 36	11			·	4, 20
0, 73	0, 36	13				4, 70
0, 72	0, 37	7				3, 80
0, 83	0, 47	11				5, 80
0, 83	0, 47	13				6, 00
0, 74	0, 47	7				5, 90
0, 85	0, 54	11				6, 80
0, 85	0, 54	13				7, 75

Les Candélabres nᵒˢ 245 & 246 de 7 lumières, ou moins, n'ont qu'un seul rang de branches. Ceux de 11 & de 13 lumières ont 2 rangs de branches.

N° 246. — CANDÉLABRES MI-RICHES

DIMENSIONS.		NOMBRE de LUMIÈRES.	PRIX DE LA PAIRE.			POIDS de LA PIÈCE.
HAUTEUR.	DIAMÈTRE du BOUQUET.		VERNIS.	ARGENTÉS.	DORÉS or moulu.	
0ᵐ 58ᵉ	0ᵐ 30ᵈ	7				3ᵏ 20ᵈ
0, 63	0, 35	11				4, 40
0, 65	0, 35	7				4, 20
0, 70	0, 36	11				4, 80
0, 70	0, 36	13				5, 25
0, 72	0, 37	7				5, 05
0, 78	0, 45	11				6, 50
0, 78	0, 45	13				7, 10
0, 76	0, 46	7				6, 30
0, 83	0, 54	11				8, 35
0, 83	0, 54	13				9, 10

N° 247. — PETITS CANDÉLABRES

En éventail.

0ᵐ 46ᵉ	0ᵐ 31ᵉ	3				2ᵏ 10ᵈ

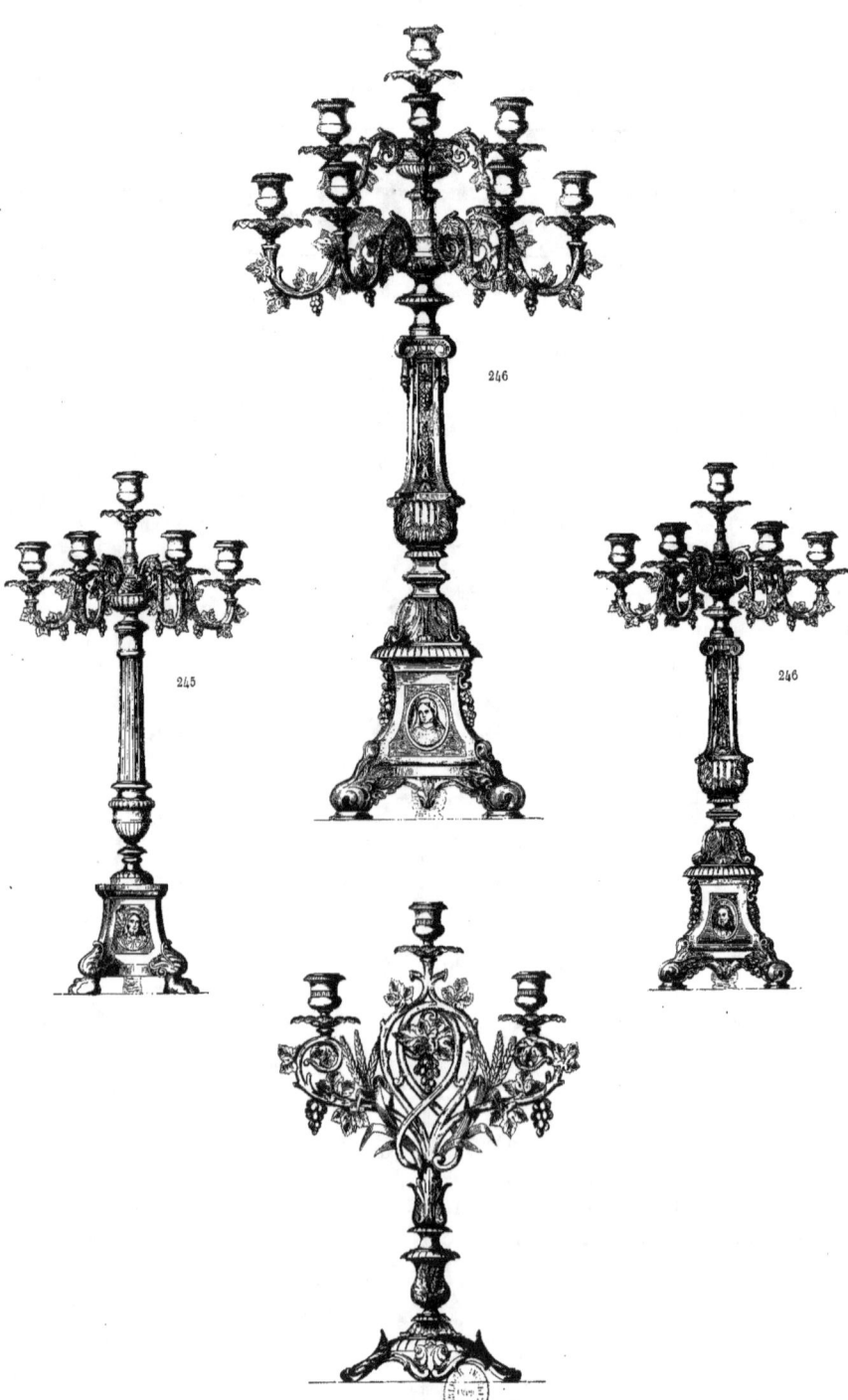

246

245

246

247

Nº 248. — CANDÉLABRES

Style Renaissance.

DIMENSIONS.		NOMBRE	PRIX DE LA PAIRE.			POIDS
HAUTEUR.	DIAMÈTRE du bouquet.	de LUMIÈRES.	VERNIS.	ARGENTÉS.	DORÉS or moulu.	de LA PIÈCE.
0ᵐ 64ᶜ	0ᵐ 28ᶜ	6				4ᵏ 50ᵈ

Nº 249. — CANDÉLABRES

Style grec.

0ᵐ 64ᶜ	0ᵐ 28ᶜ	6				4ᵏ 25ᵈ
0, 68	0, 30	6				5, 25
0, 73	0, 36	7				7, 50

Nº 250. — CANDÉLABRES EN ÉVENTAIL

Style Louis XV.

0ᵐ 52ᶜ	0ᵐ 45ᶜ	7				3ᵏ 55ᵈ

Nº 251. — CANDÉLABRES EN ÉVENTAIL

Style Renaissance.

0ᵐ 95ᶜ	0ᵐ 70ᶜ	7				11ᵏ 30ᵈ

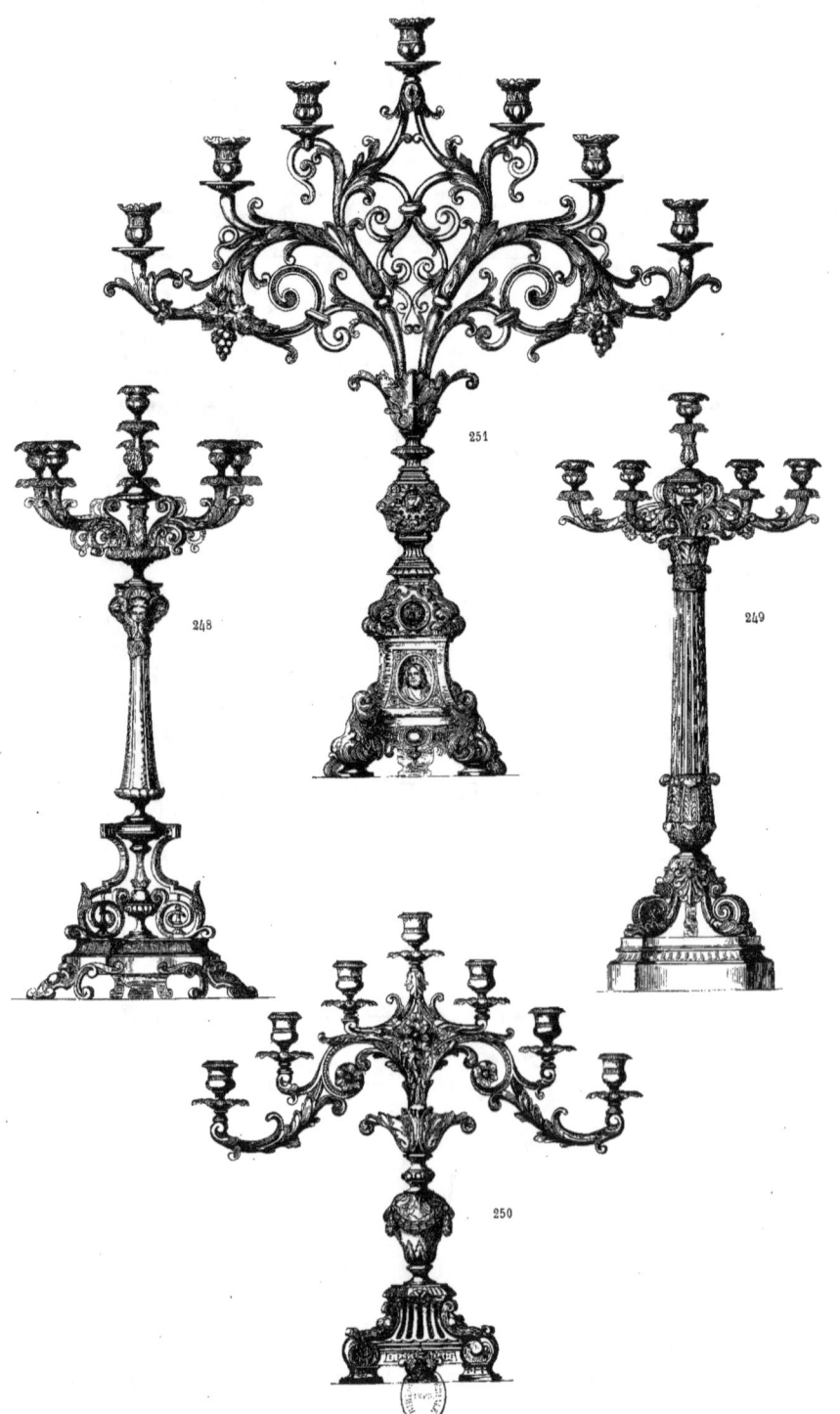

251

248

249

250

N° 252. — CANDÉLABRES

Style Renaissance.

DIMENSIONS.		NOMBRE	PRIX DE LA PAIRE.			POIDS
HAUTEUR.	DIAMÈTRE du bouquet.	de LUMIÈRES.	VERNIS.	ARGENTÉS.	DORÉS or moulu.	de LA PIÈCE.
0ᵐ85ᶜ	0ᵐ32ᶜ	10				13ᵏ80ᵈ
0, 85	0, 34	13				14, 20

N° 253. — CANDÉLABRES

Style Renaissance.

BOUQUETS EN LYS.

0ᵐ85ᶜ	0ᵐ35ᶜ	10				14ᵏ00ᵈ
0, 85	0, 35	13				16, 00
0, 90	0, 40	16				19, 00

N° 254. — CANDÉLABRES EN ÉVENTAIL

Style Renaissance.

0ᵐ75ᶜ	0ᵐ55ᶜ	5				6ᵏ00
0, 82	0, 60	7				7, 00

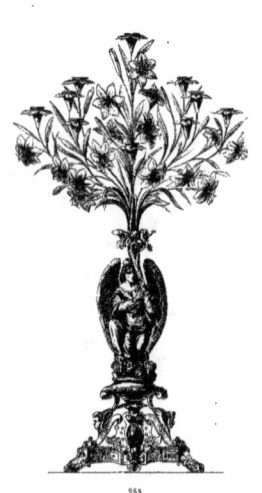

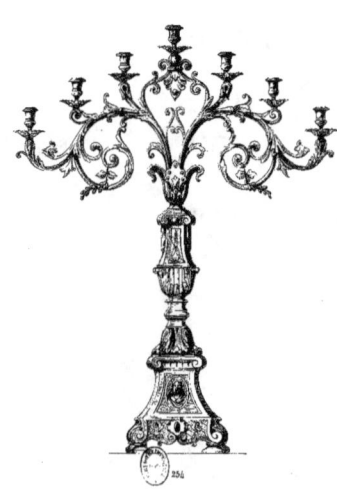

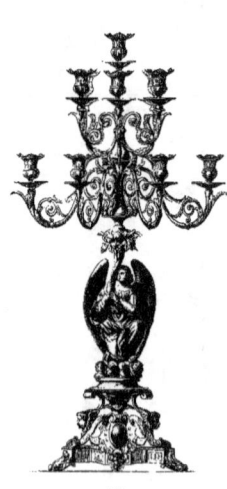

253

254

252

N° 255. — CANDÉLABRES

COMPOSÉS D'UN VASE RENAISSANCE SURMONTÉ D'UN BOUQUET DE LYS.

DIMENSIONS.		NOMBRE de LUMIÈRES.	PRIX DE LA PAIRE.			POIDS de LA PIÈCE.
HAUTEUR.	DIAMÈTRE du bouquet.		VERNIS.	ARGENTÉS.	DORÉS or moulu.	
0ᵐ 30ᵉ	0ᵐ 25ᵉ	3				1ᵏ 65ᵈ
0, 30	0, 27	4				1, 95
0, 30	0, 27	5				2, 05
0, 40	0, 30	3				2, 85
0, 40	0, 30	4				3, 05
0, 40	0, 33	5				3, 40

N° 256. — CANDÉLABRES

COMPOSÉS D'UN VASE RENAISSANCE SURMONTÉ D'UN BOUQUET DE LYS.

0ᵐ 55ᵉ	0ᵐ 37ᵉ	5				4ᵏ 50ᵈ
0, 62	0, 48	7				6, 50

N° 257. — CANDÉLABRES

Style Louis XV.

1ᵐ 70ᵉ	0ᵐ 85ᵉ	19				50ᵏ 00ᵈ

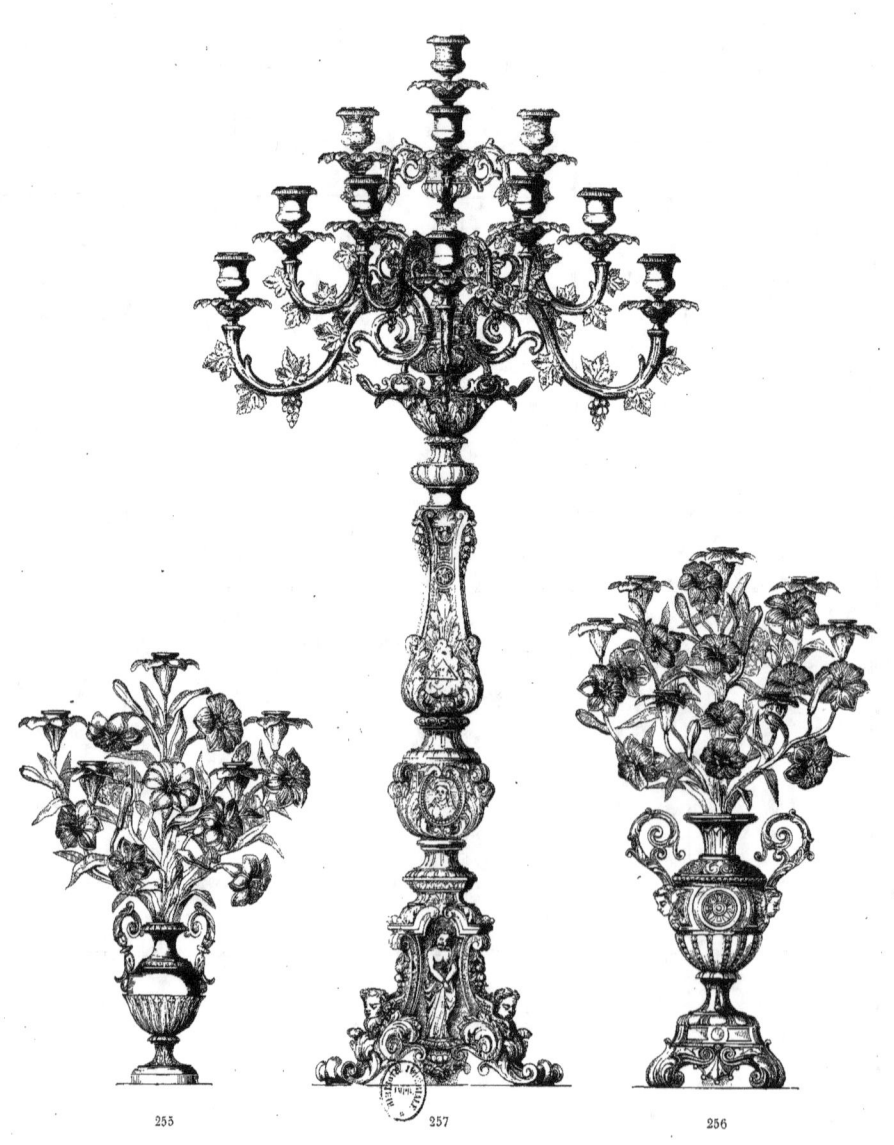

253

257

256

N° 258. — CANDÉLABRES

Style Renaissance.

DIMENSIONS.		NOMBRE	PRIX DE LA PAIRE.			POIDS
HAUTEUR.	DIAMÈTRE du bouquet.	de LUMIÈRES.	VERNIS.	ARGENTÉS.	DORÉS or moulu.	de LA PIÈCE.
0m 90c	0m 46c	10				11k 50d
1, 05	0, 52	13				16, 50

N° 259. — CANDÉLABRES

Style Renaissance.

0m 90c	0m 46c	10				13k 00d
0, 95	0, 52	13				15, 00
0, 95	0, 46	10				15, 50
1, 00	0, 52	13				17, 50

N° 260. — CANDÉLABRES POUR BOUT D'AUTEL

Style Louis XV.

2m 30c	0m 95c	15				78k 00d
2, 35	0, 95	17				81, 00
2, 45	0, 95	22				86, 00

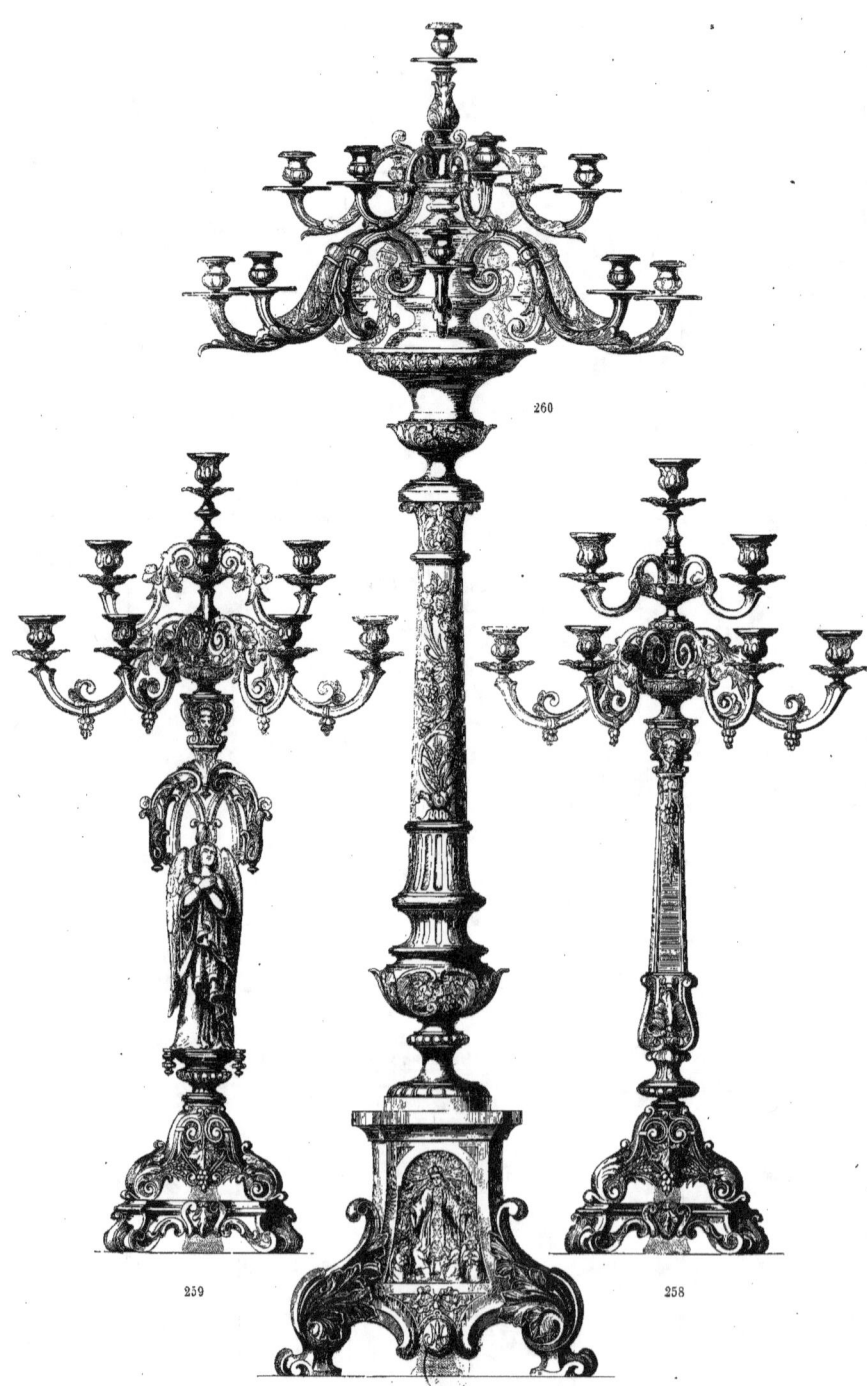

259   258

N° 261. — CANDÉLABRES

COMPOSÉS D'UN VASE RENAISSANCE POSÉ SUR UN SOCLE ET SURMONTÉ D'UN BOUQUET DE LYS.

DIMENSIONS.		NOMBRE	PRIX DE LA PAIRE.			POIDS
HAUTEUR.	DIAMÈTRE du bouquet.	de LUMIÈRES.	VERNIS.	ARGENTÉS.	DORÉS or moulu.	de LA PIÈCE.
0ᵐ45ᶜ	0ᵐ27ᶜ	4				2ᵏ50ᵈ
0, 45	0, 27	5				2, 60
0, 45	0, 28	6				2, 80
0, 55	0, 32	5				3, 95
0, 55	0, 32	6				4, 10
0, 60	0, 34	7				4, 40

N° 262. — CANDÉLABRES

COMPOSÉS D'UN VASE STYLE LOUIS XVI SURMONTÉ D'UN BOUQUET DE LYS.

HAUTEUR.	DIAMÈTRE du bouquet.	de LUMIÈRES.	VERNIS.	ARGENTÉS.	DORÉS or moulu.	de LA PIÈCE.
0ᵐ55ᶜ	0ᵐ26ᶜ	6				5ᵏ00ᵈ
0, 60	0, 30	8				6, 50

N° 263. — CANDÉLABRES POUR BOUT D'AUTEL

Style Renaissance.

HAUTEUR.	DIAMÈTRE du bouquet.	de LUMIÈRES.	VERNIS.	ARGENTÉS.	DORÉS or moulu.	de LA PIÈCE.
3ᵐ00ᶜ	0ᵐ85ᶜ	25				175ᵏ00ᵈ
3, 00	0, 85	37				200, 00

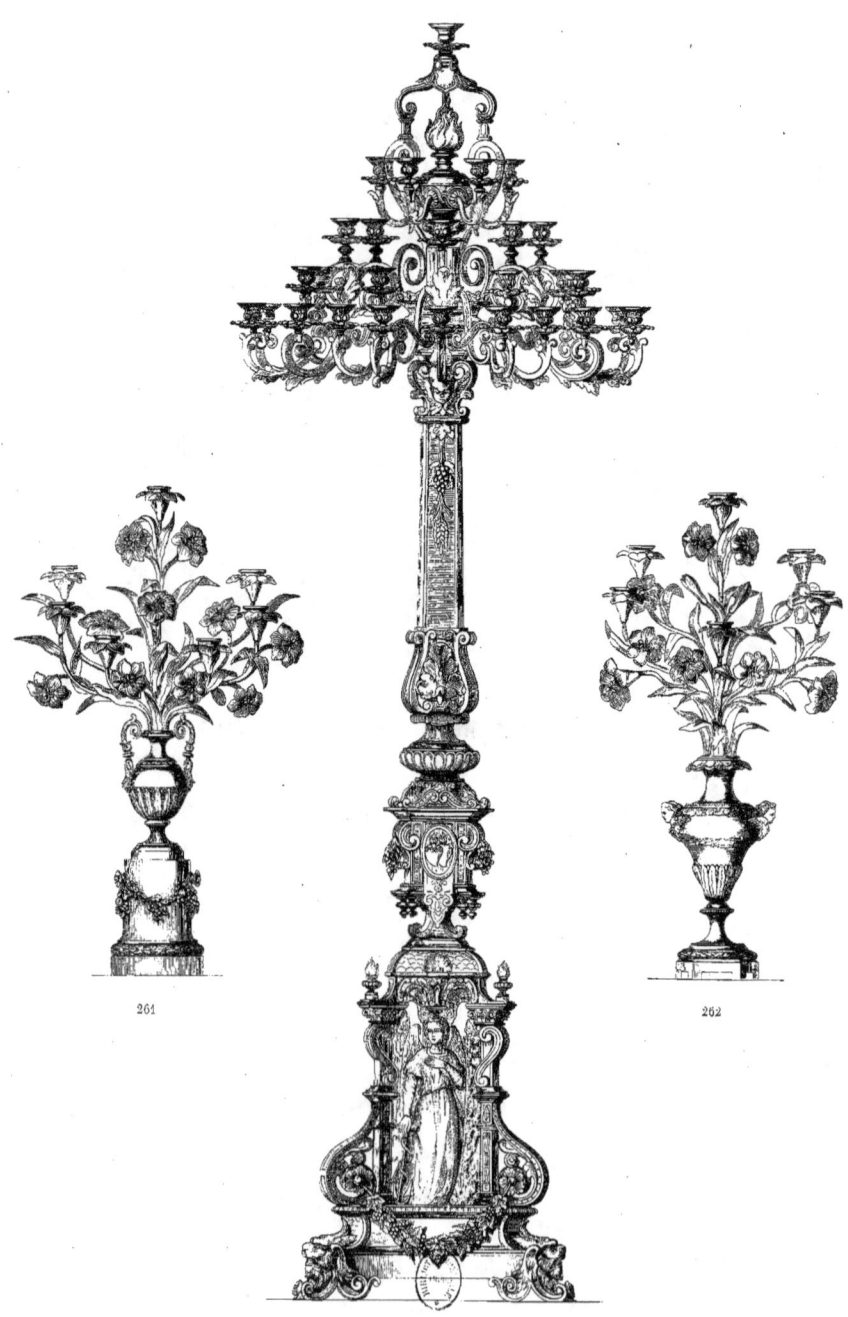

261

262

263

N° 264. — CANDÉLABRES

COMPOSÉS D'UN ANGE AGENOUILLÉ SUPPORTANT UN BOUQUET DE BRANCHES D'ORNEMENTS

(Partie & contre-partie).

DIMENSIONS.		NOMBRE	PRIX DE LA PAIRE.			POIDS
HAUTEUR.	DIAMÈTRE du bouquet.	de LUMIÈRES.	VERNIS.	ARGENTÉS.	DORÉS or moulu.	de LA PIÈCE.
1ᵐ 00ᶜ	0ᵐ,50ᶜ	13				21ᵏ 25ᵈ

N° 265. — CANDÉLABRES

COMPOSÉS D'UN ANGE AGENOUILLÉ SUPPORTANT UN BOUQUET DE FLEURS DE LYS

(Partie & contre-partie).

1ᵐ 10ᶜ	0ᵐ 55	13				19ᵏ 50ᵈ
1, 15	0, 60	16				21, 75

N° 266. — CANDÉLABRES POUR BOUT D'AUTEL

Style Renaissance,

COMPOSITION DE LIÉNARD.

1ᵐ 60ᶜ	0ᵐ 57ᶜ	19				55ᵏ 00ᵈ
1, 95	0, 75	25				70, 00

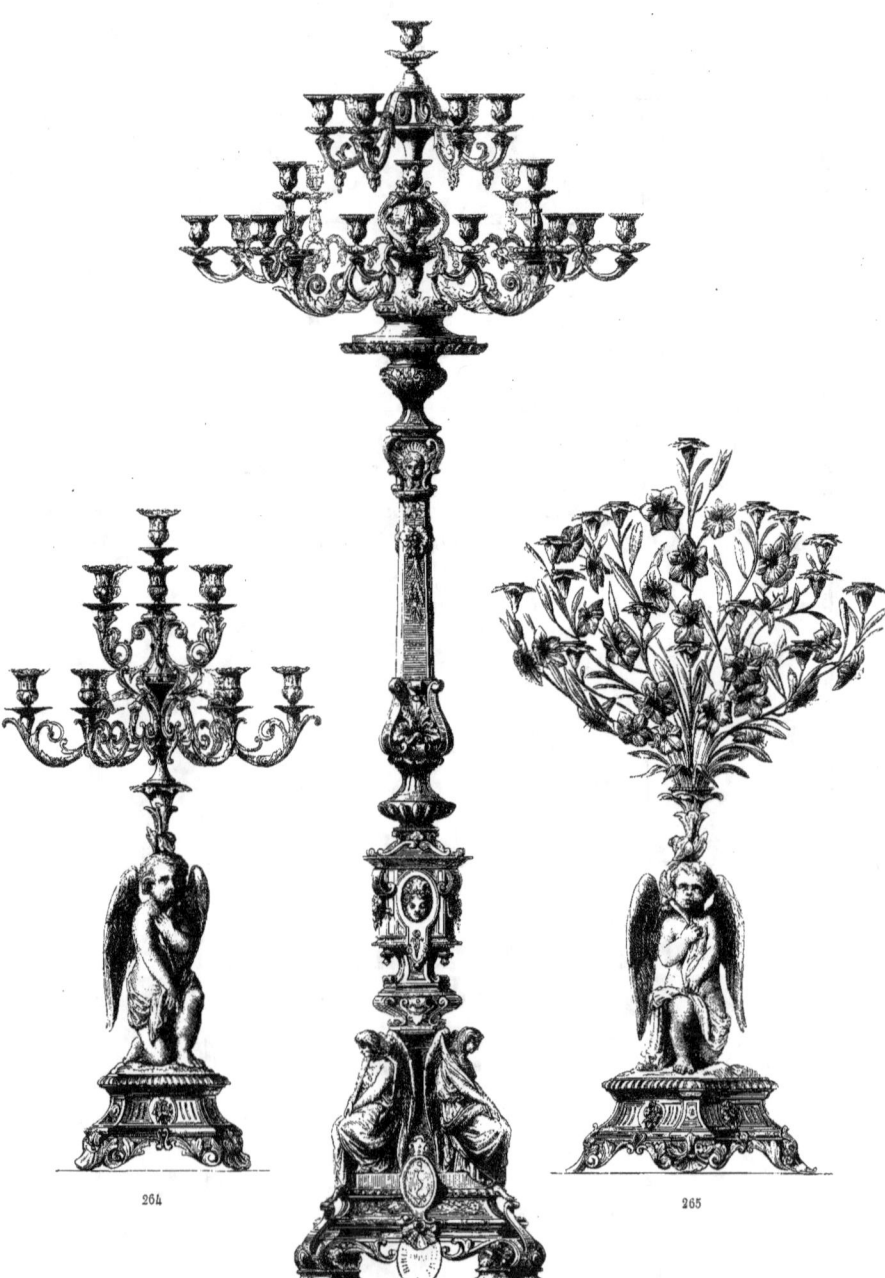

264

266

265

N° 267. — CANDÉLABRES POUR BOUT D'AUTEL

Style Louis XIV.

COMPOSITION DE VISCONTI, SCULPTURE DE HUSSON.

DIMENSIONS.			NOMBRE	PRIX DE LA PAIRE.			POIDS
HAUTEUR TOTALE.	HAUTEUR de l'ange.	DIAMÈTRE du bouquet.	de LUMIÈRES.	VERNIS.	ARGENTÉS.	DORÉS or moulu.	de LA PIÈCE.
1ᵐ 75ᶜ	0ᵐ 95ᶜ	0ᵐ 80ᶜ	25				110ᵏ 00ᵈ

N° 268. — CANDÉLABRES POUR BOUT D'AUTEL

(NON DESSINÉS)

MÊMES MODÈLES D'ANGES QU'AU N° 267, AVEC BOUQUETS COMPOSÉS DE LYS.

1ᵐ 80ᶜ	0ᵐ 95ᶜ	0ᵐ 80ᶜ	20				110ᵏ 00ᵈ
1, 90	0, 93	0, 90	25				115, 00
2, 00	0, 95	0, 95	30				125, 00

Les modèles d'anges pour les candélabres nᵒˢ 267 & 268 existent en double, partie & contre-partie.

———

Voir au n° 710 des groupes d'anges de même importance que ceux ci-dessus, & pouvant servir à établir des candélabres de 2ᵐ 00ᶜ à 2ᵐ 50ᶜ de hauteur.

Pas de planches 54 & 55.

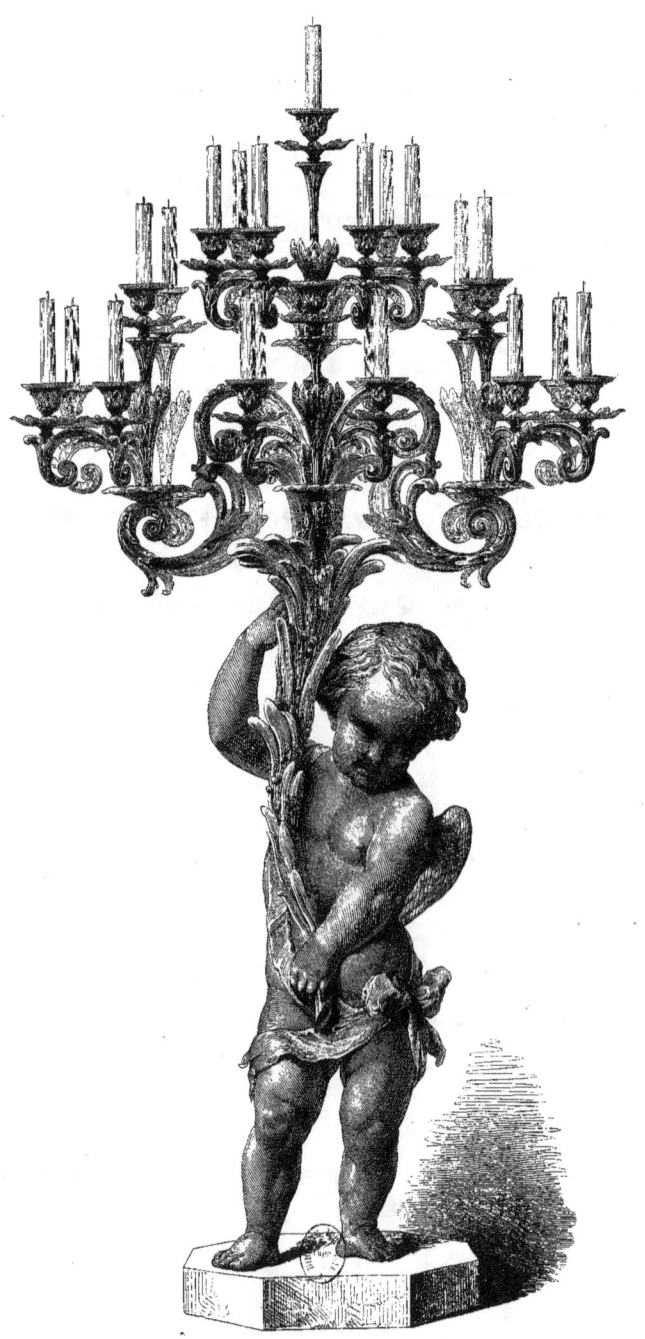

N° 275. — RELIQUAIRE

Style du xiii° siècle.

| DIMENSIONS | | PRIX DE LA PIÈCE | | POIDS |
HAUTEUR totale.	DIAMÈTRE du RELIQUAIRE.	VERNIS.	DORÉS or moulu.	de LA PIÈCE.
0m44c	0m080mm			1k604

N° 276. — RELIQUAIRE

Style du xiii° siècle.

0m45c	0m080mm			1k704

N° 277. — CHÂSSES

Style du xii° siècle.

| DIMENSIONS | | | | | PRIX DE LA PIÈCE | | POIDS |
| | DU SOCLE. | | DU CORPS. | | | | |
HAUTEUR totale.	Longueur.	Largeur.	Longueur.	Largeur.	VERNIES.	DORÉES or moulu.	de la PIÈCE.
0m34c	0m275mm	0m175mm	0m200mm	0m102mm			5k004
0,45	0,365	0,228	0,270	0,140			11,50

On peut ajouter à ces Châsses seize pierres-cabochons, moyennant   francs pour la petite, ou   francs pour la grande.

On peut aussi les décorer d'émaux à froid, moyennant   francs pour la petite, ou   francs pour la grande.

N° 278. — CHÂSSES

(NON DESSINÉES.)

Style du xii° siècle.

| DIMENSIONS | | | | | PRIX DE LA PIÈCE | | POIDS |
| | DU SOCLE. | | DU CORPS. | | | | |
HAUTEUR totale.	Longueur.	Largeur.	Longueur.	Largeur.	VERNIES.	DORÉES or moulu.	de la PIÈCE.
0m60c	0m275mm	0m175mm	0m200mm	0m102mm			5k254
0,78	0,365	0,228	0,270	0,140			15,50

Ces Châsses sont de même modèle que celles n° 277, mais elles sont surmontées du clocher qui est dessiné au n° 288.

On peut ajouter à ces Châsses seize pierres-cabochons, moyennant francs pour la petite, ou   francs pour la grande.

On peut aussi les décorer d'émaux à froid, moyennant   francs pour la petite, ou   francs pour la grande.

N° 279. — CHÂSSES

Style du xii° siècle.

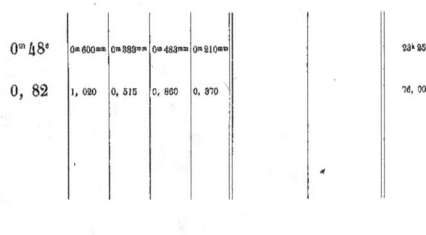

0m48c	0m600mm	0m289mm	0m483mm	0m210mm			23k25d
0,82	1,020	0,515	0,860	0,370			76,00

On peut ajouter à ces Châsses trente pierres-cabochons, moyennant francs pour la petite, ou   francs pour la grande.

On peut aussi les décorer d'émaux à froid, moyennant   francs pour la petite, ou   francs pour la grande.

Les Châsses & les Reliquaires sont tous livrés vitrés, et garnis de velours à l'intérieur.

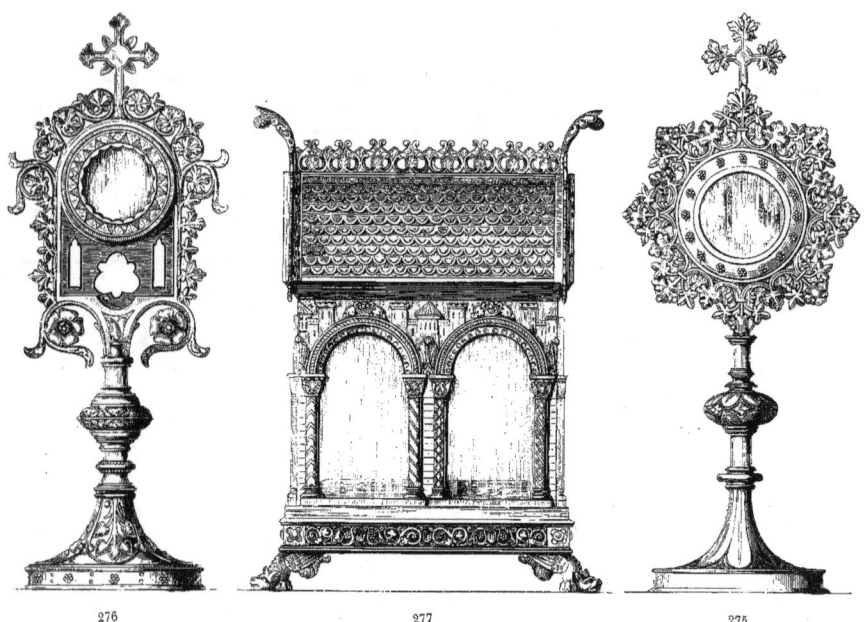

276   277   275

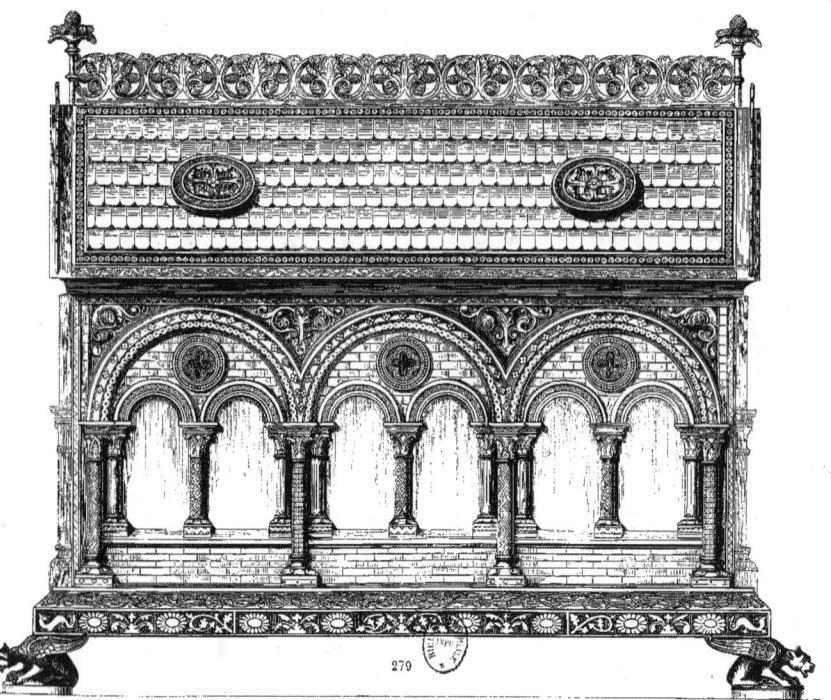

279

N° 280. — CHÂSSE CARRÉE

Style du XIII° siècle.

DIMENSIONS.			PRIX DE LA PIÈCE.		POIDS de LA PIÈCE.
HAUTEUR totale.	du SOCLE.	du CORPS.	VERNIE.	DORÉE or moulu.	
0ᵐ 44ᶜ	0ᵐ 270ᵐᵐ	0ᵐ 140ᵐᵐ			4ᵏ 75ᵈ

N° 281. — CHÂSSE CARRÉE

Style du XIII° siècle.

0ᵐ 52ᶜ	0ᵐ 260ᵐᵐ	0ᵐ 190ᵐᵐ			8ᵏ 20ᵈ

N° 282. — RELIQUAIRE

Style du XIII° siècle.

COMPORTANT SEPT BOÎTES A RELIQUES, DONT QUATRE OVALES
& TROIS RONDES
(UNE GRANDE & DEUX PETITES).

Hauteur totale. 0ᵐ 70ᶜ
Plus grande largeur. 0, 35
Poids. 8ᵏ 80ᵈ

PRIX. . . . { Verni. . . . .
{ Doré or moulu. . . . .

Ce reliquaire est décoré de 10 pierres-cabochons.

N° 283. — CHÂSSE PLEINE

Style du XIII° siècle.

ORNÉE DE HUIT ÉMAUX AU FEU.

COMPOSITION DE M. VIOLLET-LE-DUC.

Hauteur. 0ᵐ 37ᶜ
Longueur extérieure du coffre. 0, 46
Largeur extérieure du coffre. 0, 23
Poids total. 11ᵏ 80ᵈ

PRIX. . . . { Vernie. . . . .
{ Dorée or moulu . . . .

Cette châsse, exécutée en orfévrerie, est garnie d'un coffre intérieur en chêne.

Ses dimensions pourraient être modifiées. Le grand quatre-feuilles émaillé pourrait porter le chiffre qui serait indiqué.

N° 284. — RELIQUAIRE

COMPOSÉ D'UN BRAS & D'UNE MAIN
DE GRANDEUR NATURELLE, SUR UN SOCLE ROND.

Hauteur, socle compris. 0ᵐ 55ᶜ
Diamètre du reliquaire. 0, 035ᵐ
Poids. 5ᵏ 00ᵈ

PRIX. . . . { Verni. . . . .
{ Doré or moulu. . . . .

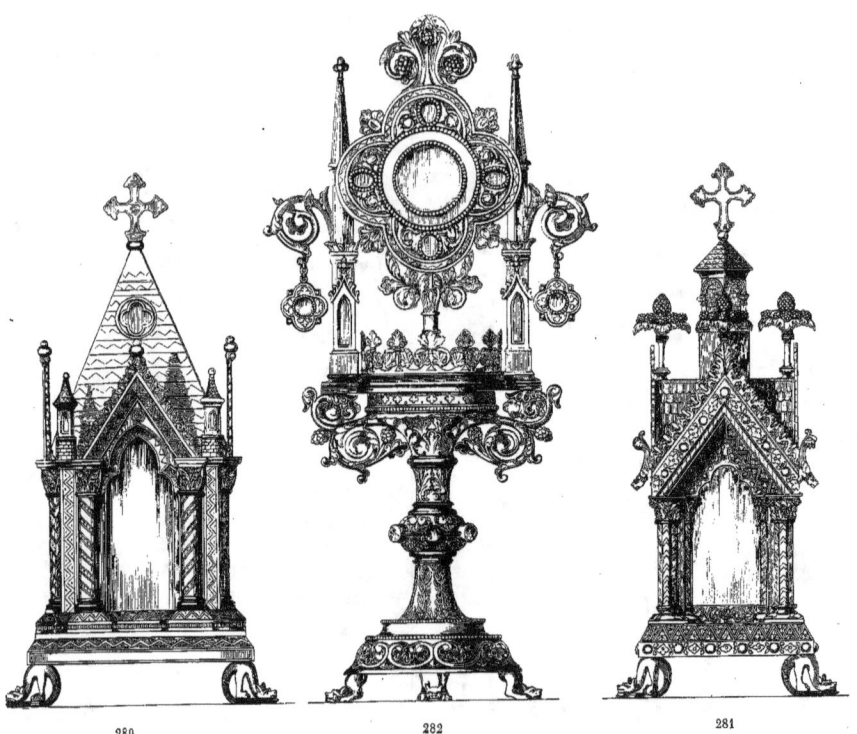

280   282   281

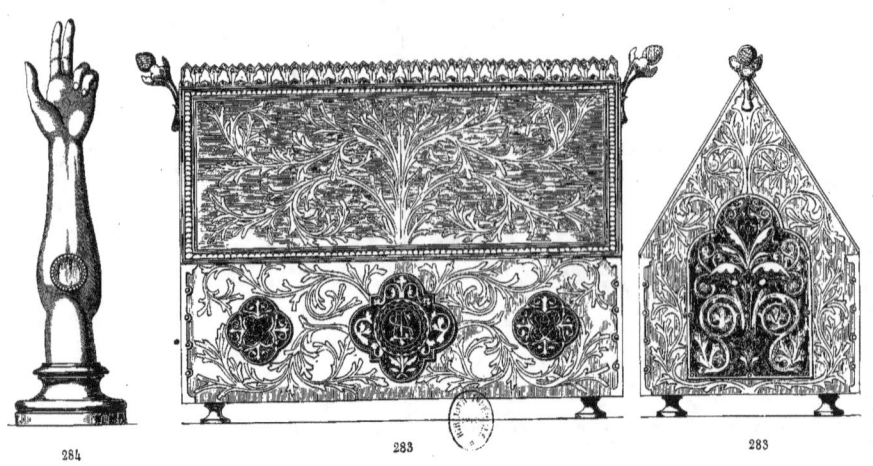

284   283   283

N° 285. — RELIQUAIRE

Style du XIIIᵉ siècle.

AVEC QUATRE PIERRES-CABOCHONS.

DIMENSIONS.		PRIX DE LA PIÈCE.		POIDS
HAUTEUR totale.	de L'INTÉRIEUR du RELIQUAIRE.	VERNIS.	DORÉS or moulu.	de LA PIÈCE.
0ᵐ 32ᶜ	0ᵐ 50ᵐᵐ sur 0ᵐ 41ᵐᵐ			1ᵏ 064

Ce reliquaire peut être décoré d'émaux à froid pour   francs.

N° 286. — RELIQUAIRE

Style du XIIIᵉ siècle.

AVEC HUIT PIERRES-CABOCHONS.

0ᵐ 58ᶜ	0ᵐ 087ᵐᵐ			3ᵏ 354

Ce reliquaire peut être décoré d'émaux à froid pour   francs.

N° 287. — RELIQUAIRE

Style du XIIIᵉ siècle.

AVEC HUIT PIERRES-CABOCHONS.

0ᵐ 59ᶜ	0ᵐ 087ᵐᵐ			3ᵏ 554

Ce reliquaire peut être décoré d'émaux à froid pour   francs.

N° 288. — CHÂSSES

Style du XIIᵉ siècle.

SURMONTÉES D'UN CLOCHER.

DIMENSIONS.					PRIX DE LA PIÈCE.		POIDS
	DU SOCLE.		DU CORPS.				
HAUTEUR totale.	Longueur.	Largeur.	Longueur.	Largeur.	VERNIES.	DORÉES or moulu.	de la PIÈCE.
0ᵐ 60ᶜ	0ᵐ 375ᵐᵐ	0ᵐ 175ᵐᵐ	0ᵐ 295ᵐᵐ	0ᵐ 109ᵐᵐ			7ᵏ 504
0, 78	0, 505	0, 228	0, 410	0, 140			17, 60

On peut ajouter à ces châsses 32 pierres-cabochons, moyennant   francs pour la petite, ou   francs pour la grande.

On peut aussi les décorer d'émaux à froid, moyennant   francs pour la petite, ou   francs pour la grande.

N° 289. — CHÂSSES

(NON DESSINÉES.)

Style du XIIᵉ siècle.

MÊME MODÈLE QUE LE N° 288, MAIS SANS LE CLOCHER.

0ᵐ 34ᶜ	0ᵐ 375ᵐᵐ	0ᵐ 175ᵐᵐ	0ᵐ 295ᵐᵐ	0ᵐ 109ᵐᵐ			0ᵏ 954
0, 45	0, 505	0, 228	0, 410	0, 140			19, 60

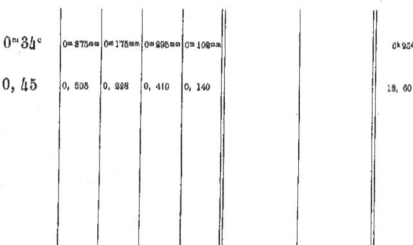

On peut ajouter à ces châsses 26 pierres-cabochons, moyennant   francs pour la petite, ou   francs pour la grande.

On peut aussi les décorer d'émaux à froid, moyennant   francs pour la petite, ou   francs pour la grande.

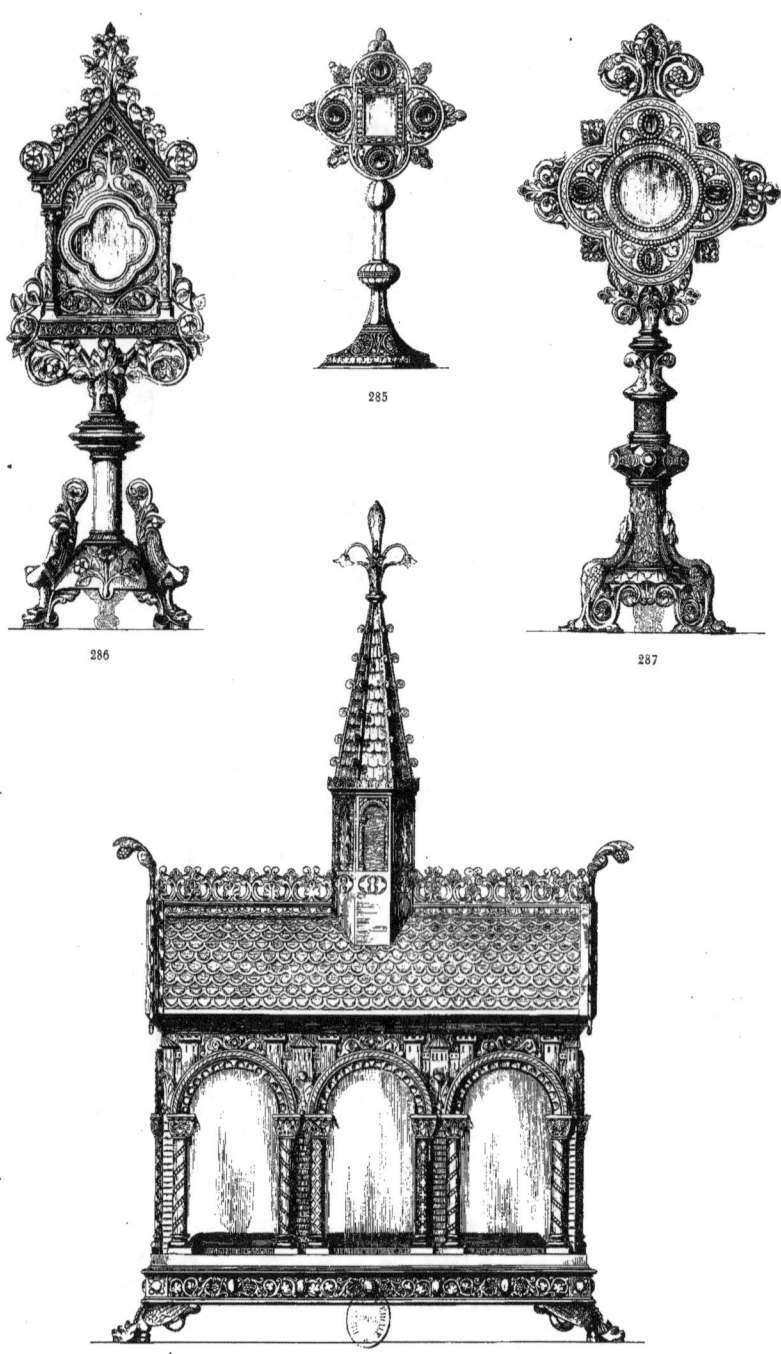

285

286

287

288

N° 290. — TRÈS-PETITES CHÂSSES GOTHIQUES

HAUTEUR TOTALE.	DIMENSIONS.					PRIX DE LA PIÈCE.		POIDS de LA PIÈCE.
	DU SOCLE.		DU CORPS.		DE L'INTÉRIEUR du RELIQUAIRE.	VERNIES.	DORÉES or moulu.	
	Longueur.	Largeur.	Longueur.	Largeur.				
0m12c	0m068mm	0m053mm	0m055mm	0m048mm	»			0k444
0,12	0,116	0,065	0,108	0,054	»			0,80

N° 291. — PETITES CHÂSSES GOTHIQUES

AVEC CLOCHER.

0m25c	0m138mm	0m088mm	0m085mm	0m055mm	»			1k254
0,25	0,196	0,143	0,085	0,096	»			1,75

La plus petite de ces châsses n'a que trois de ses faces vitrées, le derrière est plein.

N° 292. — RELIQUAIRES

Style du XIIe siècle.

0m48c	»	»	»	»	0m10c sur 0m13c			2k954
0,70	»	»	»	»	0,15 sur 0,24			5,75

N° 293. — RELIQUAIRE

Style du XIIIe siècle.

0m46c	»	»	»	»	0m10c sur 0m14c			2k604

Ce reliquaire peut être décoré d'émaux à froid, moyennant   francs.

N° 294. — RELIQUAIRE DE FORME OCTOGONALE

Style du XIII siècle.

LES HUIT FACES DE CE RELIQUAIRE SONT VITRÉES.

1m05c	0m600mm	0m540mm	0m580mm	0m490mm	»			38k004

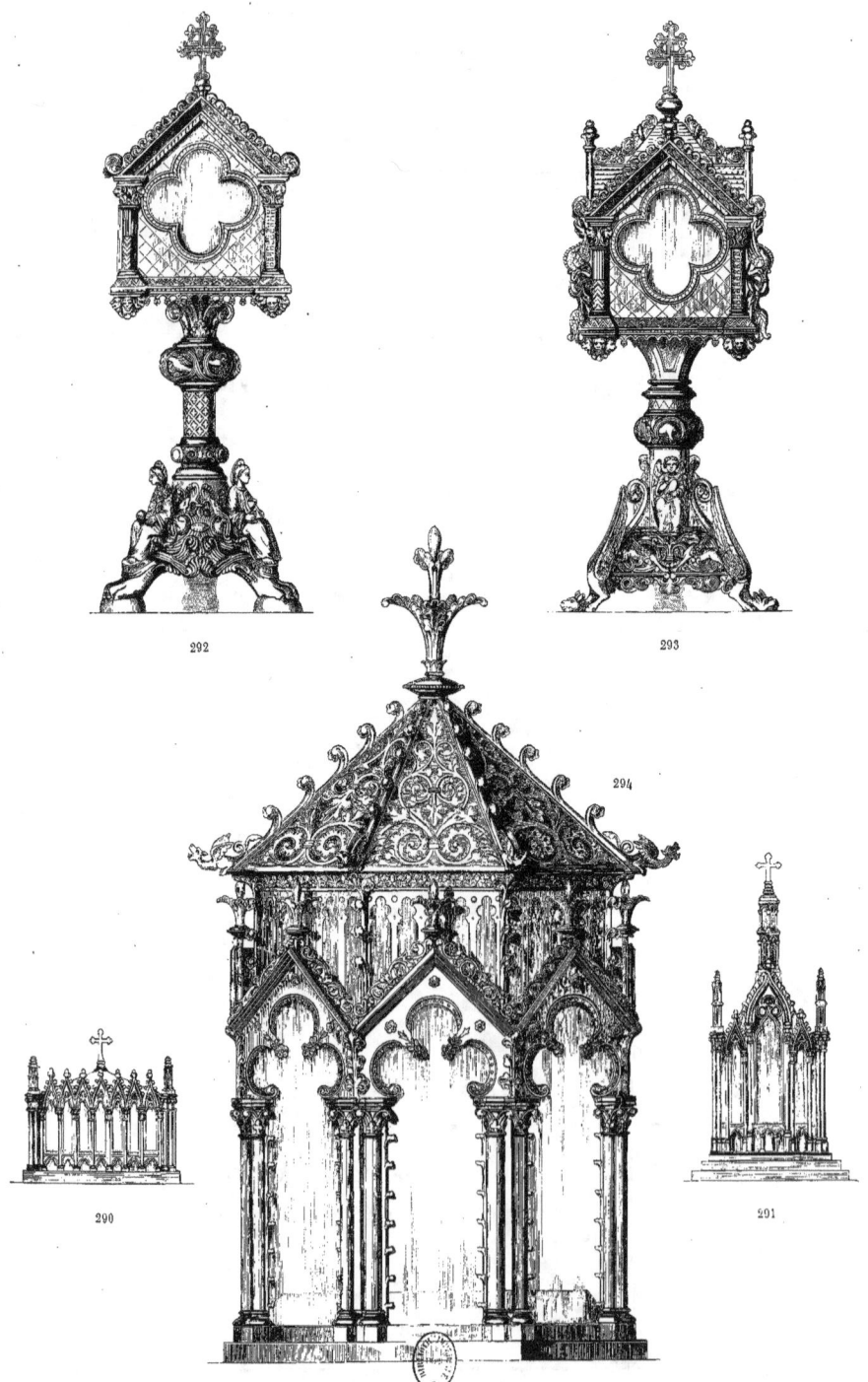

292

293

294

290

291

N° 295. —RELIQUAIRE

Style du xiii° siècle.

DIMENSIONS.		PRIX DE LA PIÈCE.		POIDS
HAUTEUR totale.	de L'INTÉRIEUR du RELIQUAIRE.	VERNIS.	DORÉS or moulu.	de LA PIÈCE.
0ᵐ63ᶜ	0ᵐ11ᶜ sur 0ᵐ13ᶜ			5ᵏ 90ᵈ

N° 296. — RELIQUAIRE A SIX PANS

Style du xiii° siècle.

0ᵐ67ᶜ	0ᵐ135ᵐᵐ			5ᵏ 70ᵈ

N° 297. — RELIQUAIRE

(NON DESSINÉ.)

Style du xiii° siècle.

0ᵐ46ᶜ	0ᵐ135ᵐᵐ			4ᵏ 60ᵈ

Ce reliquaire est le même que celui n° 296, moins le pied & la tige.

N° 298. — RELIQUAIRE A TUBE

Style du xv° siècle.

0ᵐ26°	0ᵐ001ᵐᵐ sur 0ᵐ026ᵐᵐ			0ᵏ 55ᵈ

N° 299. — RELIQUAIRE

FORME CROIX.

Style du xv° siècle.

0ᵐ25ᶜ	0ᵐ041ᵐᵐ			0ᵏ 48ᵈ

N° 300. — CHÂSSES A CLOCHER

Style du xiii° siècle.

DIMENSIONS.					PRIX DE LA PIÈCE.		POIDS
HAUTEUR totale.	DU SOCLE.		DU CORPS.		VERNIES.	DORÉES or moulu.	de la PIÈCE.
	Longueur.	Largeur.	Longueur.	Largeur.			
0ᵐ50ᶜ	0ᵐ410ᵐᵐ	0ᵐ280ᵐᵐ	0ᵐ280ᵐᵐ	0ᵐ153ᵐᵐ			7ᵏ 80ᵈ
1, 00	0, 560	0, 355	0, 445	0, 235			18, 00
1, 15	0, 770	0, 500	0, 615	0, 330			38, 00

On peut ajouter à ces châsses 62 pierres-cabochons, moyennant   francs pour la petite,   francs pour la moyenne, ou   francs pour la grande.

On peut aussi les décorer d'émaux à froid, moyennant   francs pour la petite,   francs pour la moyenne, ou   francs pour la grande.

Le clocher de la petite de ces châsses est plus court & plus simple que celui qui est dessiné; il est le même que celui figuré au n° 296.

N° 301. — CHÂSSES

(NON DESSINÉES.)

MÊME MODÈLE QUE LE N° 300, MAIS SANS CLOCHER.

0ᵐ32ᶜ	0ᵐ410ᵐᵐ	0ᵐ280ᵐᵐ	0, 280	0ᵐ153ᵐᵐ			6ᵏ 90ᵈ
0, 52	0, 560	0, 355	0, 445	0, 235			16, 00
0, 60	0, 770	0, 500	0, 615	0, 330			35, 00

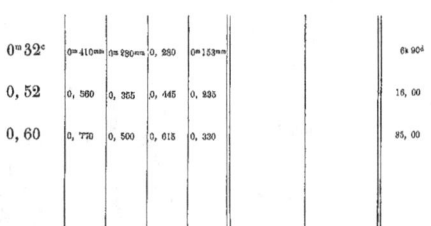

On peut ajouter à ces châsses 62 pierres-cabochons moyennant   francs pour la petite,   francs pour la moyenne, ou   francs pour la grande.

On peut aussi les décorer d'émaux à froid, moyennant   francs pour la petite,   francs pour la moyenne, ou   francs pour la grande.

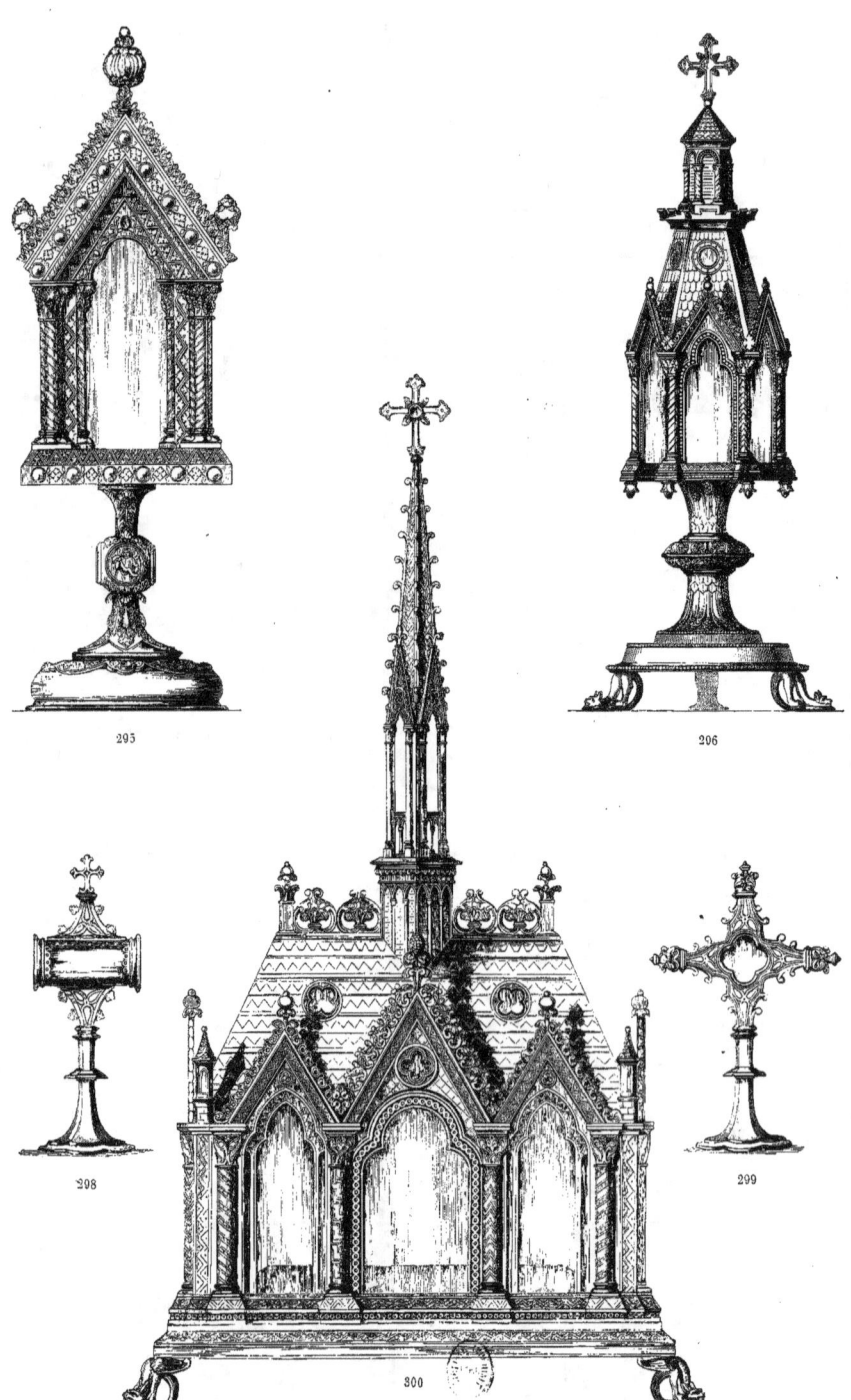

295

296

298

299

300

N° 302. — RELIQUAIRE A TUBE VERTICAL

Style du xiiie siècle.

| HAUTEUR TOTALE. | DIMENSIONS | | | | PRIX DE LA PIÈCE. | | POIDS de LA PIÈCE. |
| | DU SOCLE. | | DU CORPS. | | VERNIS. | DORÉS or moulu. | |
	Longueur.	Largeur.	Longueur.	Largeur.			
0ᵐ44ᶜ	»	»	0ᵐ108ᵐᵐ	0ᵐ043ᵐᵐ			1ᵏ35ᵈ

N° 303. — CHÂSSE GOTHIQUE

LES QUATRE FACES VITRÉES.

| 0ᵐ40ᶜ | 0ᵐ270ᵐᵐ | 0ᵐ170ᵐᵐ | 0ᵐ190ᵐᵐ | 0ᵐ090ᵐᵐ | | | 0ᵏ80ᵈ |

N° 304. — CHÂSSES GOTHIQUES

LES QUATRE FACES VITRÉES.

0ᵐ36ᶜ	0ᵐ255ᵐᵐ	0ᵐ180ᵐᵐ	0ᵐ195ᵐᵐ	0ᵐ118ᵐᵐ			3ᵏ90ᵈ
0, 40	0, 335	0, 180	0, 269	0, 118			5, 00
0, 51	0, 335	0, 255	0, 269	0, 188			6, 60

N° 305. — CHÂSSE GOTHIQUE A CLOCHER

TROIS FACES VITRÉES, LE DERRIÈRE PLEIN.

| 0ᵐ65ᶜ | 0ᵐ255ᵐᵐ | 0ᵐ180ᵐᵐ | 0ᵐ270ᵐᵐ | 0ᵐ180ᵐᵐ | | | 10ᵏ40ᵈ |

N° 306. — CHÂSSE GOTHIQUE

LES QUATRE FACES VITRÉES.

| 0ᵐ65ᶜ | 0ᵐ480ᵐᵐ | 0ᵐ335ᵐᵐ | 0ᵐ430ᵐᵐ | 0ᵐ275ᵐᵐ | | | 18ᵏ00ᵈ |

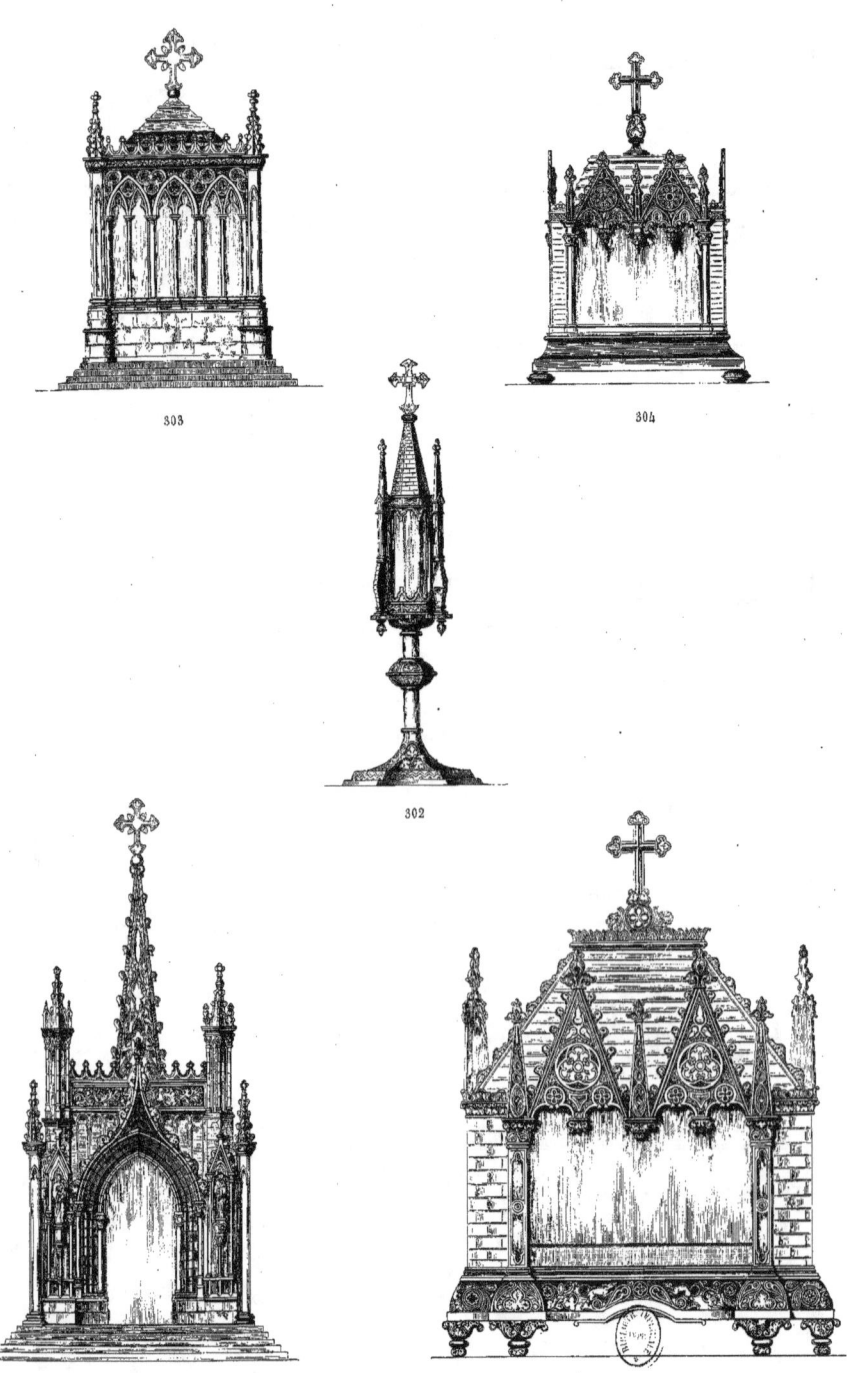

303

304

302

305

306

N° 307. — RELIQUAIRE

Style du xr° siècle.

	DIMENSIONS.				PRIX DE LA PIÈCE.		POIDS
	DU PIED.		DU CORPS.			DORÉS	de
HAUTEUR TOTALE.	d'angle en angle.	de face à face.	d'angle en angle.	de face à face.	VERNIS.	or moulu.	LA PIÈCE.
0ᵐ75°	0ᵐ207ᵐᵐ	0ᵐ185ᵐᵐ	0ᵐ145ᵐᵐ	0ᵐ125ᵐᵐ			6ᵏ80ᵈ

N° 308. — RELIQUAIRES

Style du xr° siècle.

0ᵐ65°	0ᵐ185ᵐᵐ	0ᵐ120ᵐᵐ	0ᵐ130ᵐᵐ	0, 110			3ᵏ75ᵈ
0, 80	0, 155	0, 140	0, 145	0, 125			6, 10
0, 98	0, 235	0, 205	0, 175	0, 145			9, 50

N° 309. — CHÂSSE GOTHIQUE A CLOCHER

DIMENSIONS . . . .
- Hauteur totale . . . . 1ᵐ 40°.
- Du socle . . . . 0ᵐ 87° sur 0ᵐ 60°.
- Du corps de la châsse . . . . 0ᵐ 77° sur 0ᵐ 48°.

POIDS . . . . 80ᵏ 00ᵈ.

PRIX . . . .
- Vernie . . . . francs.
- Dorée or moulu . . . . »

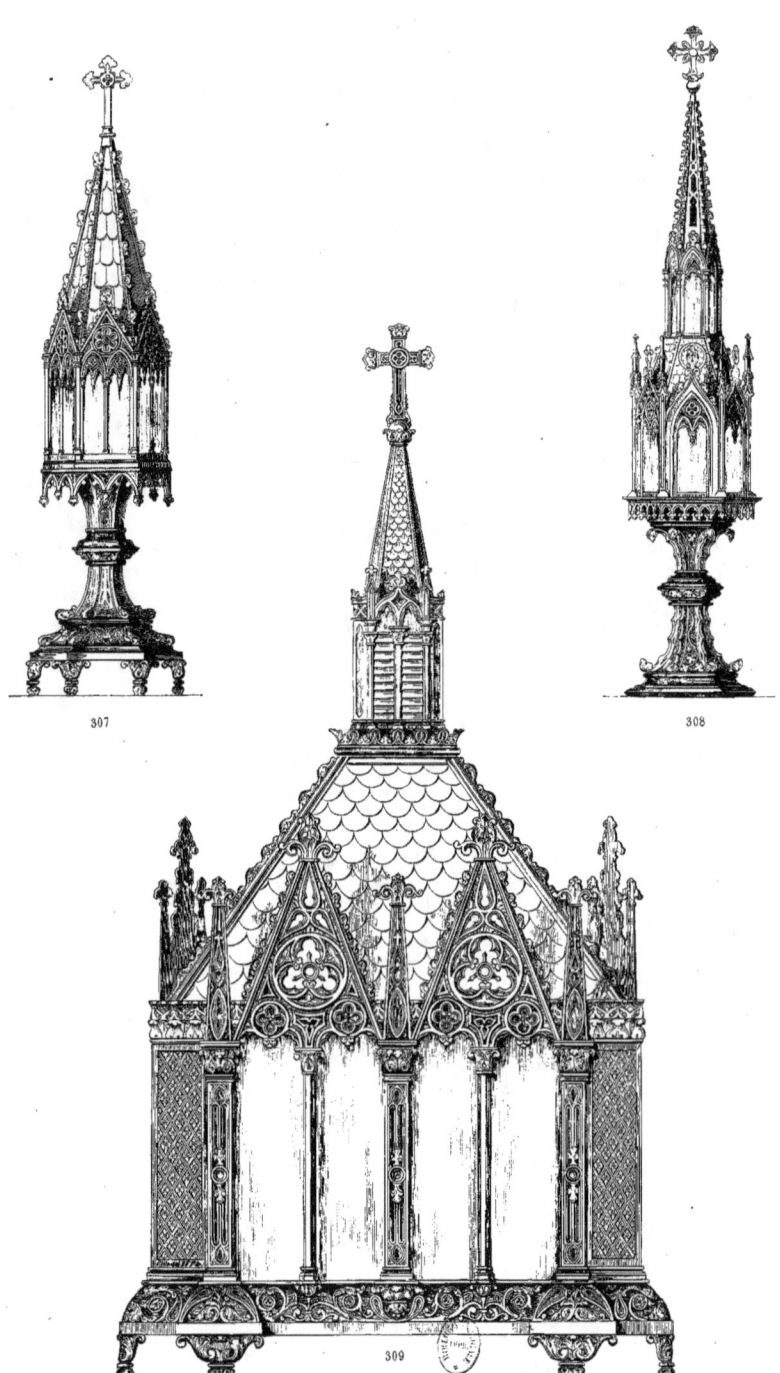

307

308

309

N° 310. — RELIQUAIRE

Style Renaissance.

DIMENSIONS.	PRIX DE LA PIÈCE.		POIDS de LA PIÈCE.
	VERNIS.	DORÉS or moulu.	
Hauteur totale. . . . . 0ᵐ 42ᶜ.			1ᵏ 894
Intérieur du reliquaire. . . . . 0ᵐ 066ᵐᵐ sur 0ᵐ 085ᵐᵐ.			

N° 311. — RELIQUAIRE

Genre Rocaille.

Hauteur totale. 0ᵐ 40ᶜ.			1ᵏ 664
Intérieur du reliquaire . . . . 0ᵐ 085ᵐᵐ sur 0ᵐ 070ᵐᵐ.			

N° 312. — RELIQUAIRE

Style Renaissance.

Hauteur totale. 0ᵐ 78ᶜ.			92ᵏ 004
Dimensions du socle . . . . 0ᵐ 540ᵐᵐ sur 0ᵐ 275ᵐᵐ.			
Intérieur du reliquaire . . . . 0ᵐ 380ᵐᵐ sur 0ᵐ 196ᵐᵐ.			

N° 313. — RELIQUAIRE

Style Louis XIV.

Hauteur totale. 0ᵐ 75ᶜ.			14ᵏ 004
Dimensions du socle . . . . 0ᵐ 450ᵐᵐ sur 0ᵐ 150ᵐᵐ.			
Intérieur du reliquaire . . . . 0ᵐ 250ᵐᵐ sur 0ᵐ 080ᵐᵐ.			

N° 314. — RELIQUAIRE

Style Louis XIV.

Hauteur totale. 0ᵐ 53ᶜ.			7ᵏ 504
Dimensions du socle . . . . 0ᵐ 380ᵐᵐ sur 0ᵐ 240ᵐᵐ.			
Intérieur du reliquaire. . . . . 0ᵐ 240ᵐᵐ sur 0ᵐ 140ᵐᵐ.			

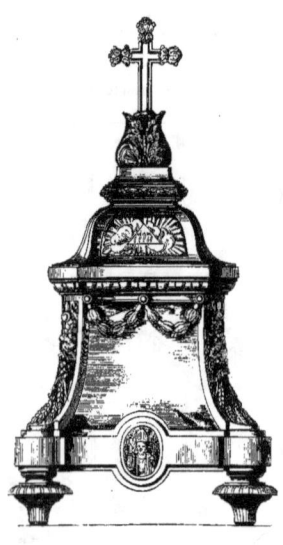

313

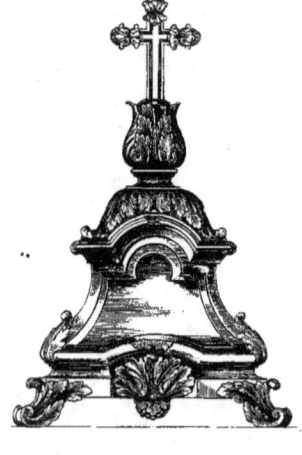

314

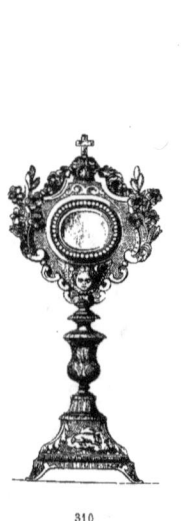

310

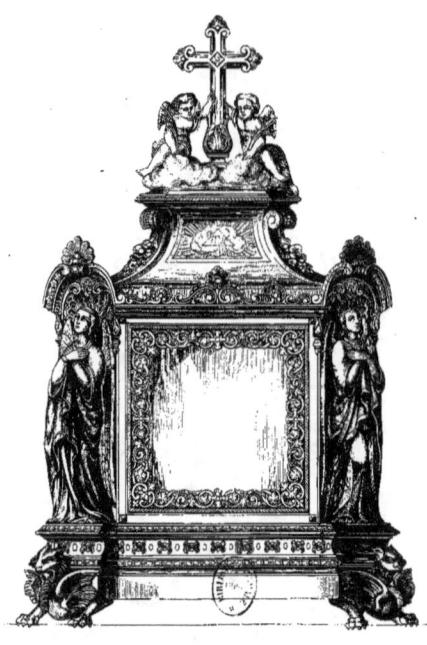

312

311

N° 315. — RELIQUAIRE

Style Louis XIV.

DIMENSIONS.	PRIX DE LA PIÈCE.		POIDS de LA PIÈCE.
	VERNIS.	DORÉS or moulu.	
Hauteur totale. 0ᵐ 82ᶜ.			2ᵏ004
Dimensions du socle. . . . . 0ᵐ 36ᶜ sur 0ᵐ 20ᶜ.			
Intérieur du reliquaire. . . . . 0ᵐ 25ᶜ sur 0ᵐ 13ᶜ.			

N° 316. — RELIQUAIRE

Style Renaissance.

Hauteur totale. 0ᵐ 55ᶜ.			2ᵏ48
Plus grande largeur. 0ᵐ 25ᶜ			
Largeur du pied. . . . . 0ᵐ 18ᶜ.			
Intérieur du reliquaire. . . . . 0ᵐ 070ᵐᵐ sur 0ᵐ 085ᵐᵐ.			

N° 317. — RELIQUAIRE, DIT CROIX A ROCHER

Hauteur totale. . . . . 0ᵐ 41ᶜ.			3ᵏ004
Envergure. . . . . 0ᵐ 175ᵐᵐ.			
Dimensions du pied. . . . . 0ᵐ 18ᶜ sur 0ᵐ 13ᶜ.			

La boîte à reliques, en forme de croix, est en argent doré.

Les croix à reliquaire sont tarifées aux nᵒˢ 318 & 319.

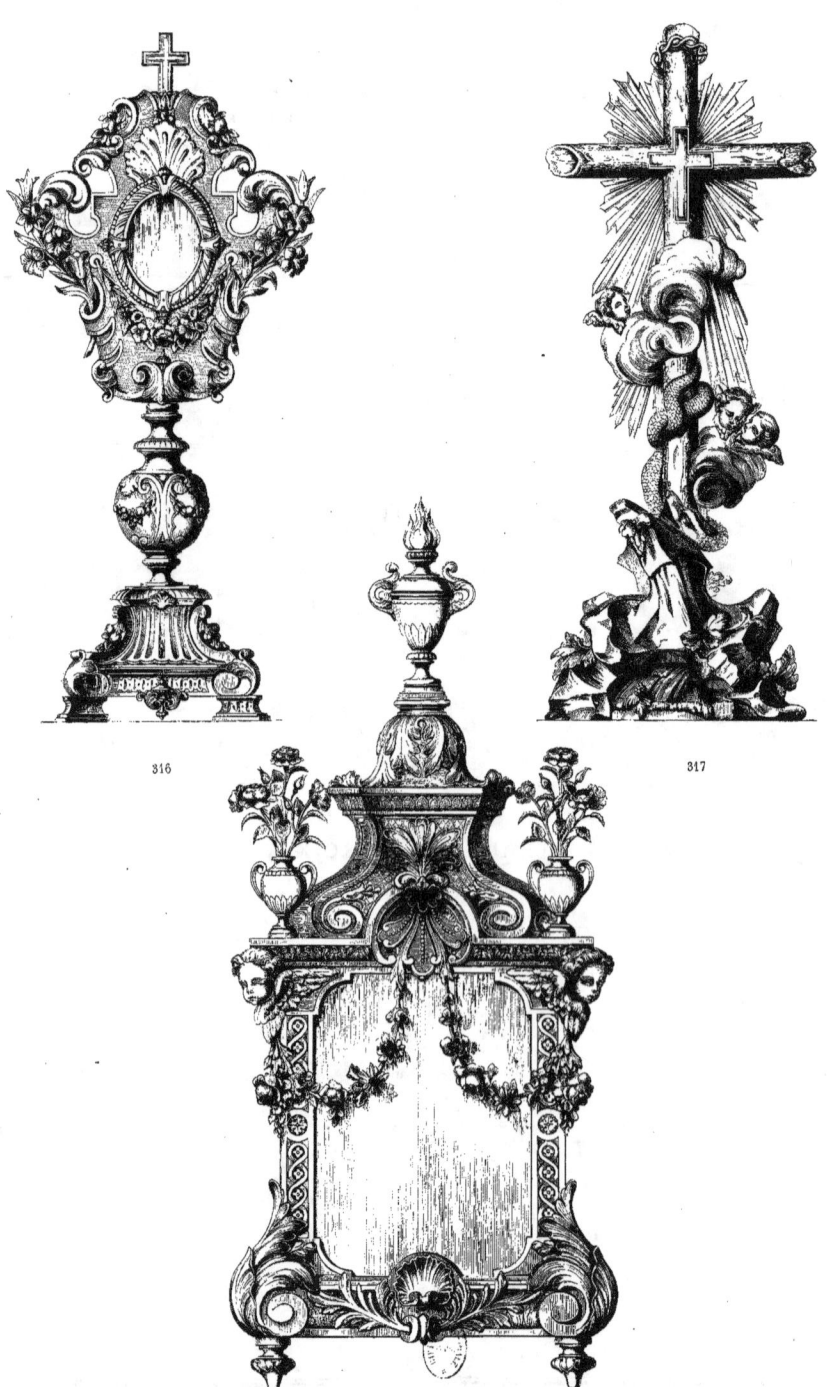

316

317

315

N° 318. — CROIX A RELIQUAIRE

PIED EN TOMBEAU.

HAUTEUR.	PRIX DE LA PIÈCE.			POIDS de LA PIÈCE.
	VERNIES.	ARGENTÉES RAYONS DORÉS.	DORÉES OR MOULU.	
0ᵐ 45ᶜ				1ᵏ 13ᵈ
0, 50				1, 55
0, 55				1, 65
0, 65				2, 90
0, 75				3, 10

N° 319. — CROIX A RELIQUAIRE

PIED EN TOMBEAU.

0ᵐ 50ᶜ					1ᵏ 85ᵈ
0, 60					2, 00

Les croix n°ˢ 318 & 319 sont munies d'un reliquaire en argent doré, vitré par devant, & qui est monté au milieu du croisillon. Ces reliquaires sont ovales pour les croix n° 318, & ronds pour celles n° 319.

N° 320. — CROIX D'EXPOSITION

PIED EN TOMBEAU.

DIMENSIONS.		PRIX DE LA PIÈCE.				POIDS de LA PIÈCE.
HAUTEUR.	ENVERGURE.	VERNIES.	ARGENTÉES.	ARGENTÉES CHRIST DORÉ.	DORÉES OR MOULU.	
0ᵐ 55ᶜ	0ᵐ 295ᵐᵐ					1ᵏ 90ᵈ
0, 62	0, 295					2, 05
0, 70	0, 325					3, 00
0, 80	0, 385					4, 00

Les croix de 0ᵐ 55ᶜ & de 0ᵐ 62ᶜ n'ont pas le vase carre qui est dessiné entre le bas de l'arbre de la croix & le pied; cette pièce n'existe qu'aux deux grandes croix.

N° 321. — CROIX DE CÉLÉBRANT

PIED OVALE.

0ᵐ 35ᶜ	0ᵐ 149ᵐᵐ					0ᵏ 60ᵈ
0, 40	0, 160					0, 80
0, 45	0, 175					1, 05
0, 50	0, 205					1, 30

N° 322. — CROIX DE CÉLÉBRANT

PIED EN TOMBEAU.

0ᵐ 40ᶜ	0ᵐ 140ᵐᵐ					0ᵏ 79ᵈ
0, 45	0, 160					0, 95
0, 50	0, 175					1, 30
0, 55	0, 205					1, 50

Il n'est pas possible d'adapter des rayons aux croix n°ˢ 321 & 322.

Pas de planche 66.

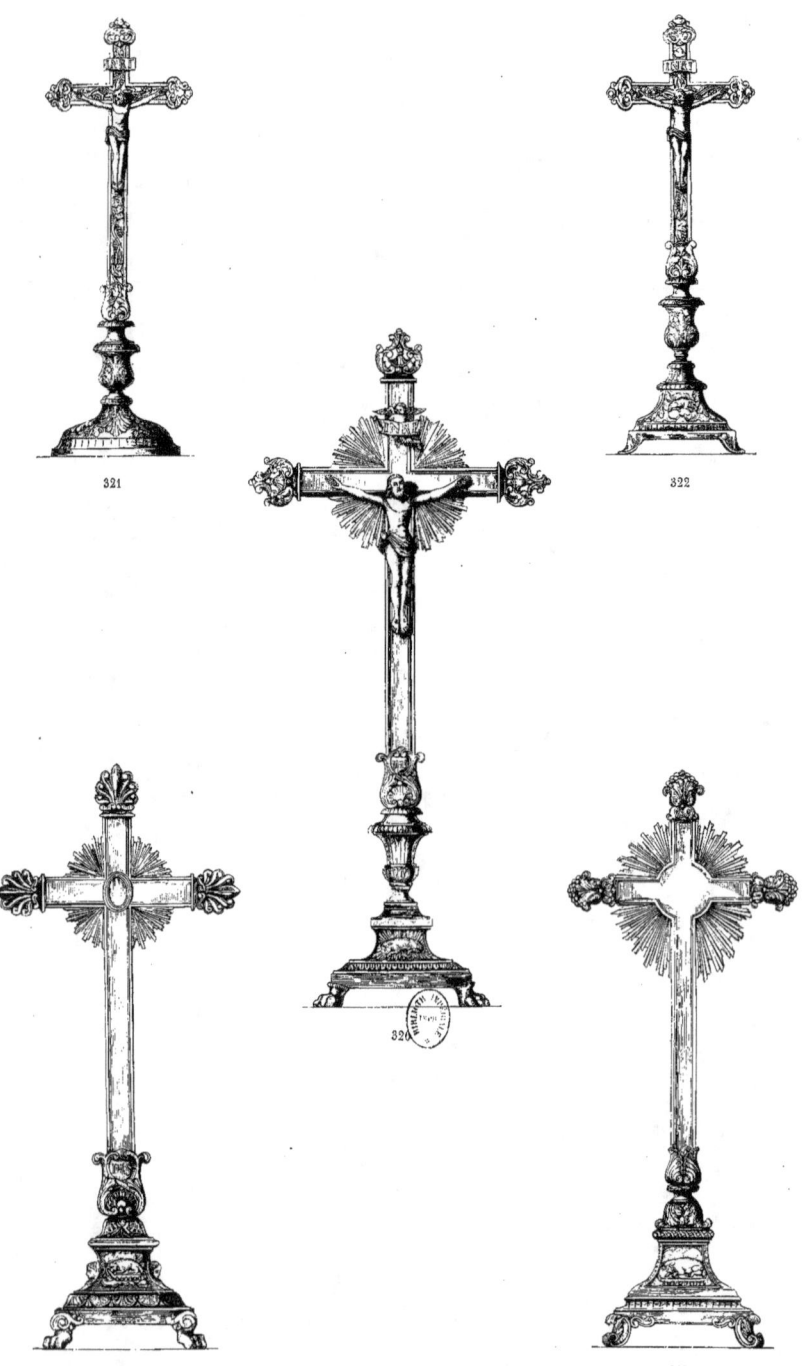

321

322

320

318

319

N° 330. — CHANDELIERS D'ACOLYTES
Style du XIIIe siècle.

DIMENSIONS		PRIX DE LA PAIRE			POIDS de LA PIÈCE
HAUTEUR.	DIAMÈTRE du pied.	VERNIS.	ARGENTÉS.	DORÉS or moulu.	
0m 42c	0m 156mm				1k 434
0, 52	0, 178				2, 80
0, 62	0, 230				4, 03

N° 335. — CHANDELIERS D'ACOLYTES
MODÈLE ORDINAIRE.

DIMENSIONS		PRIX DE LA PAIRE			POIDS de LA PIÈCE
HAUTEUR.	DIAMÈTRE du pied.	VERNIS.	ARGENTÉS.	DORÉS or moulu.	
0m 33c	0m 140mm				0k 88
0, 40	0, 145				1, 05
0, 45	0, 154				1, 30
0, 50	0, 168				1, 55
0, 55	0, 178				1, 70
0, 60	0, 187				2, 25
0, 65	0, 200				2, 40
0, 75	0, 220				3, 90

N° 331. — CHANDELIERS D'ACOLYTES
Style du XIIIe siècle.

DIMENSIONS		PRIX DE LA PAIRE			POIDS de LA PIÈCE
HAUTEUR.	DIAMÈTRE du pied.	VERNIS.	ARGENTÉS.	DORÉS or moulu.	
0m 50c	0m 188mm				2k 104
0, 60	0, 206				3, 00

N° 336. — CHANDELIERS D'ACOLYTES
MODÈLE ORDINAIRE
Style Louis XV.

DIMENSIONS		PRIX DE LA PAIRE			POIDS de LA PIÈCE
HAUTEUR.	DIAMÈTRE du pied.	VERNIS.	ARGENTÉS.	DORÉS or moulu.	
0m 33c	0m 132mm				0k 77
0, 38	0, 145				0, 97
0, 43	0, 163				1, 35
0, 48	0, 174				1, 50
0, 54	0, 188				1, 90
0, 60	0, 200				2, 25
0, 65	0, 214				2, 85
0, 70	0, 232				3, 45

N° 332. — CHANDELIERS D'ACOLYTES
Style du XIIIe siècle.

DIMENSIONS		PRIX DE LA PAIRE			POIDS de LA PIÈCE
HAUTEUR.	DIAMÈTRE du pied.	VERNIS.	ARGENTÉS.	DORÉS or moulu.	
0m 42c	0m 152mm				1k 904
0, 49	0, 174				2, 55

N° 337. — CHANDELIERS D'ACOLYTES
Style grec.

DIMENSIONS		PRIX DE LA PAIRE			POIDS de LA PIÈCE
HAUTEUR.	DIAMÈTRE du pied.	VERNIS.	ARGENTÉS.	DORÉS or moulu.	
0m 50c	0m 170mm				2k 104
0, 55	0, 185				2, 40

N° 333. — CHANDELIERS D'ACOLYTES
Style du XIVe siècle.

DIMENSIONS		PRIX DE LA PAIRE			POIDS de LA PIÈCE
HAUTEUR.	DIAMÈTRE du pied.	VERNIS.	ARGENTÉS.	DORÉS or moulu.	
0m 50c	0m 190mm				2k 704
0, 57	0, 225				3, 55

N° 338. — CHANDELIERS D'ACOLYTES
Style grec.

DIMENSIONS		PRIX DE LA PAIRE			POIDS de LA PIÈCE
HAUTEUR.	DIAMÈTRE du pied.	VERNIS.	ARGENTÉS.	DORÉS or moulu.	
0m 63c	0m 208mm				2k 934
0, 80	0, 265				5, 00

N° 334. — CHANDELIERS D'ACOLYTES
Style du XVe siècle.

DIMENSIONS		PRIX DE LA PAIRE			POIDS de LA PIÈCE
HAUTEUR.	DIAMÈTRE du pied.	VERNIS.	ARGENTÉS.	DORÉS or moulu.	
0m 50c	0m 183mm				2k 634

N° 339. — CHANDELIERS D'ACOLYTES
Style Louis XV.

DIMENSIONS		PRIX DE LA PAIRE			POIDS de LA PIÈCE
HAUTEUR.	DIAMÈTRE du pied.	VERNIS.	ARGENTÉS.	DORÉS or moulu.	
0m 60c	0m 210mm				4k 004
0, 70	0, 255				6, 00

Pas de planche 66.

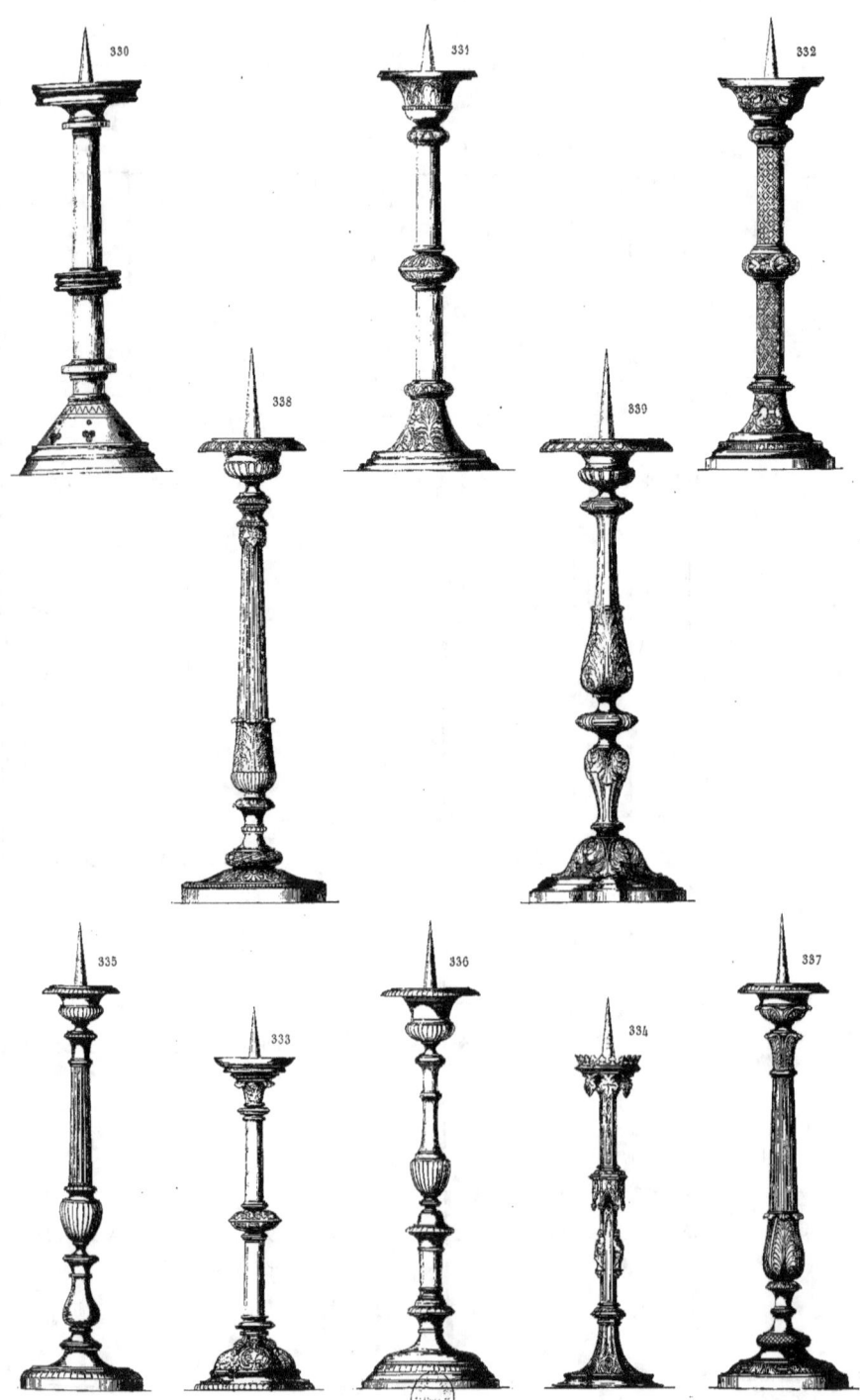

N° 340. — CROIX DE PROCESSION ROMANES

Modèle ordinaire.

BATONS QU'IL CONVIENT D'EMPLOYER.	DIMENSIONS.		PRIX DE LA PIÈCE				POIDS de LA PIÈCE.
	HAUTEUR.	ENVERGURE.	VERNIES.	ARGENTÉES.	ARGENTÉES CHRIST DORÉ.	DORÉES OR MOULU.	
N° 363. — Petit.	0ᵐ 65ᶜ	0ᵐ 300ᵐᵐ					2ᵏ 134
N° 363. — Petit.	0,75	0, 350					3, 10
N° 363. — Moyen. . . .	0,85	0, 390					4, 20

N° 341. — CROIX DE PROCESSION

Style du xiiᵉ siècle.

N° 362. — Moyen. . . .	0ᵐ 70ᶜ	0ᵐ 345ᵐᵐ					3ᵏ 224

N° 342. — CROIX DE PROCESSION

Style du xiiᵉ siècle.

N° 360. — Petit.	0ᵐ 65ᶜ	0ᵐ 310ᵐᵐ					2ᵏ 254
N° 360. — Moyen. . . .	0,75	0, 345					3, 05
N° 360. — Gros.	0,85	0, 440					5, 90

N° 343. — CROIX DE PROCESSION

Style du xiiiᵉ siècle.

COMPOSITION DE M. ALFRED DARCEL.

N° 361. — Moyen. . . .	0ᵐ 78ᶜ	0ᵐ 440					4ᵏ 104

Cette croix de procession peut être décorée d'émaux à froid, moyennant   francs.

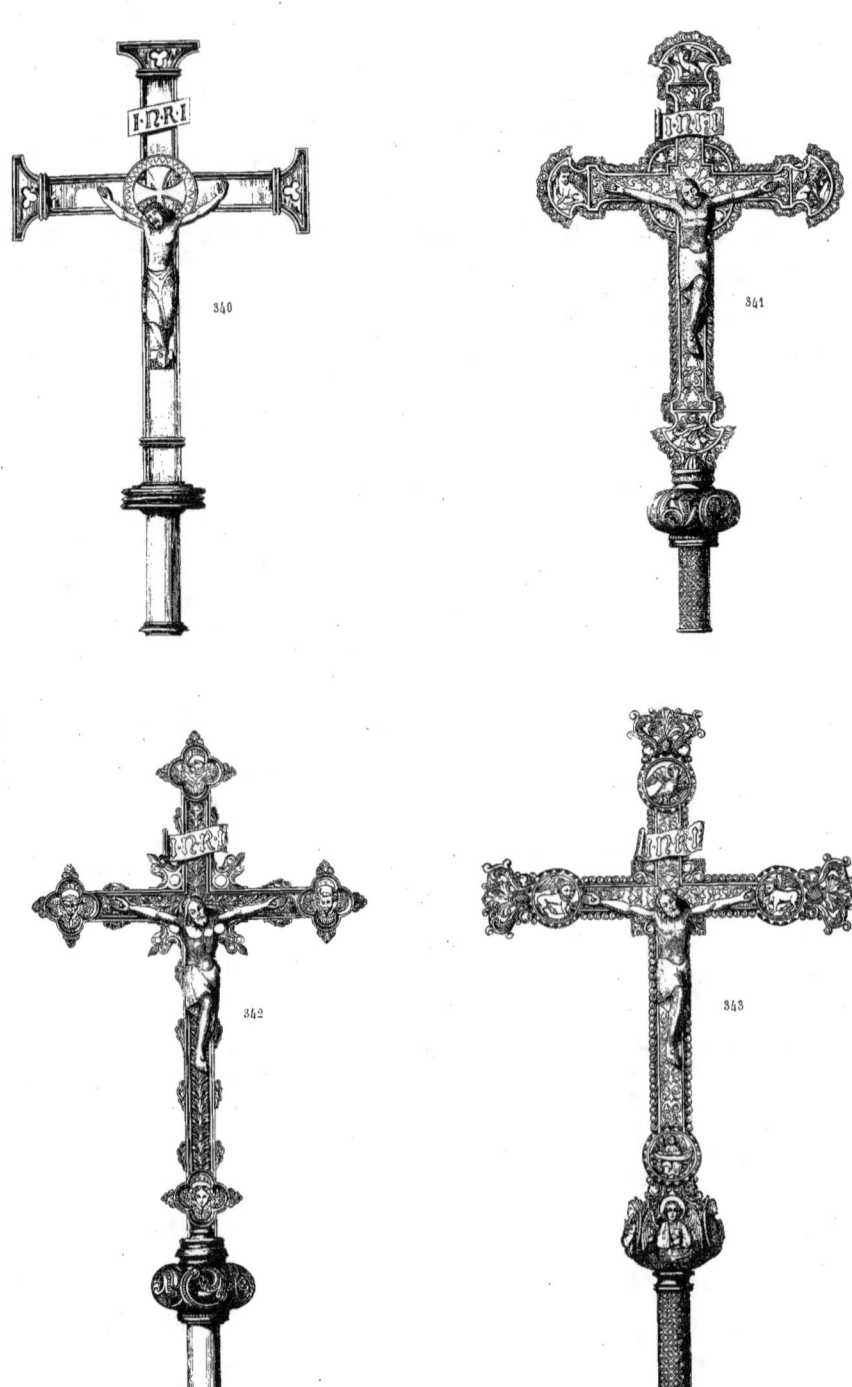

340

341

342

343

N° 344. — CROIX DE PROCESSION

Style du xiv⁴ siècle.

BATONS QU'IL CONVIENT D'EMPLOYER.	DIMENSIONS.		PRIX DE LA PIÈCE.				POIDS de LA PIÈCE.
	HAUTEUR.	ENVERGURE.	VERNIES.	ARGENTÉES.	ARGENTÉES CHRIST DORÉ.	DORÉES OR MOULU.	
N° 359. — Petit.	0ᵐ70ᶜ	0ᵐ365ᵐᵐ					2ᵏ15ᵈ
N° 359. — Moyen. . . .	0, 85	0, 450					3, 20

N° 345. — CROIX DE PROCESSION

Style du xv⁴ siècle.

N° 359. — Petit.	0ᵐ70ᶜ	0ᵐ395ᵐᵐ					2ᵏ70ᵈ
N° 359. — Petit.	0, 80	0, 385					4, 00
N° 359. — Moyen. . . .	1ᵐ00ᶜ	0, 490					6, 20

N° 346. — CROIX DE PROCESSION

Style du xv⁴ siècle.

N° 359. — Moyen. . . .	0ᵐ85ᶜ	0ᵐ492ᵐᵐ					2ᵏ70ᵈ

On peut ajouter au nœud de cette croix 6 fortes pierres-cabochons, moyennant   trancs.

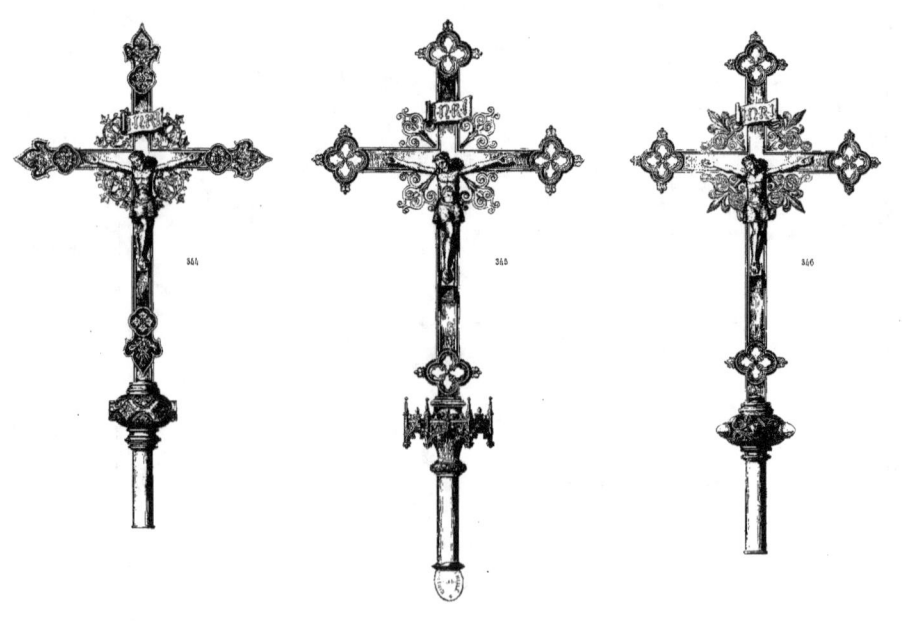

344   345   346

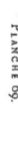

N° 347. — CROIX DE PROCESSION

Ancien modèle.

BATONS QU'IL CONVIENT D'EMPLOYER.	DIMENSIONS.		PRIX DE LA PIÈCE.							POIDS de LA PIÈCE.
			VERNIES.		ARGENTÉES.				DORÉES	
	HAUTEUR.	ENVERGURE.	SANS RAYONS.	A RAYONS.	SANS RAYONS.	RAYONS DORÉS.	RAYONS ET CHRIST DORÉS.	RAYONS, CHRIST ET ANGES DU VASE DORÉS.	OR MOULU.	
N° 363. — Petit. . . .	0ᵐ 67ᶜ	0ᵐ 275ᵐᵐ						»	»	1ᵏ 50ᵈ
N° 363. — Petit. . . .	0, 72.	0, 315						»	»	1, 72
N° 363. — Petit. . . .	0, 79	0, 359						»	»	2, 15
N° 363. — Petit. . . .	0, 85	0, 425						»	»	2, 60
N° 363. — Moyen. . .	0, 92	0, 445						»	»	3, 20
N° 363. — Moyen. . .	0, 98	0, 445						»	»	3, 40
N° 363. — Gros. . . .	1, 05	0, 485						»	»	4, 05

N° 348. — CROIX DE PROCESSION

Modèle mi-riche.

N° 363. — Petit. . . .	0ᵐ 75ᶜ	0ᵐ 345ᵐᵐ	»		»					2ᵏ 20ᵈ
N° 363. — Petit. . . .	0, 85	0, 390	»		»					2, 95
N° 363. — Moyen. . .	0, 95	0, 443	»		»					3, 45
N° 363. — Gros. . . .	1, 05	0, 488	»		»					4, 65

N° 349. — CROIX DE PROCESSION

Style Louis XV.

N° 363 ou 364. Petit. .	0ᵐ 75ᶜ	0ᵐ 315ᵐᵐ	»		»					2ᵏ 20ᵈ
N° 363 ou 364. Petit. .	0, 85	0, 427	»		»					8, 15
N° 363 ou 364. Moyen.	0, 95	0, 440	»		»					4, 00
N° 363 ou 364. Gros. .	1, 05	0, 490	»		»					4, 85

Dans quelques contrées il est d'usage de placer des vierges derrière les croix de procession; ces vierges sont tarifées au n° 353.

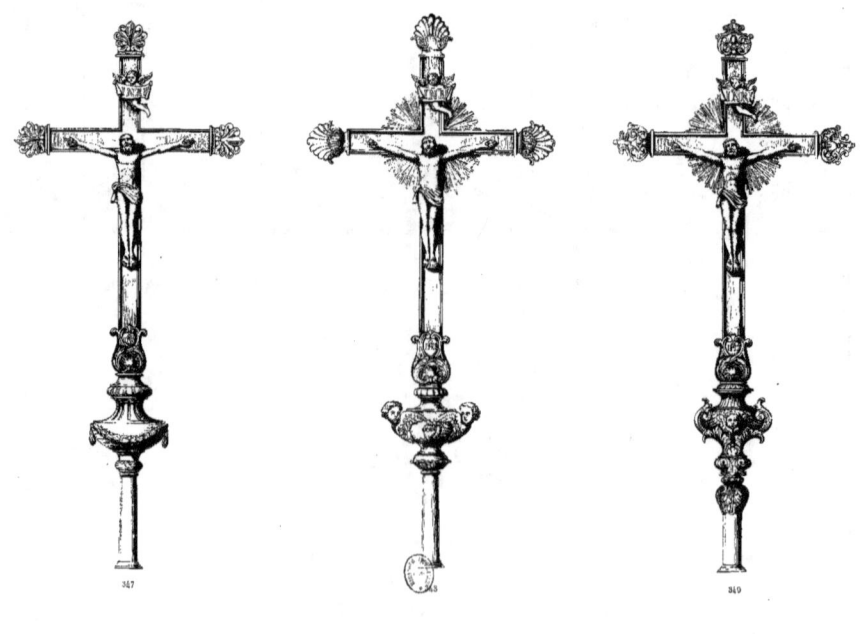

347   348   349

N° 350. — CROIX DE PROCESSION

Modèle riche.

BATONS QU'IL CONVIENT D'EMPLOYER.	DIMENSIONS.		PRIX DE LA PIÈCE.					POIDS de LA PIÈCE.
	HAUTEUR.	ENVERGURE.	VERNIES à rayons.	ARGENTÉES.			DORÉES or moulu.	
				RAYONS dorés.	RAYONS & CHRIST dorés.	RAYONS CHRIST & ornements DU VASE dorés.		
N° 364 ou 365. Moyen.	0ᵐ 90ᶜ	0ᵐ 395ᵐᵐ						4ᵏ 184
N° 364 ou 365. Gros. .	1, 00	0, 415						5, 20

N° 351. — CROIX DE PROCESSION

VASE A CHÉRUBINS.

N° 364 ou 365. Moyen.	0ᵐ 95ᶜ	0ᵐ 448ᵐᵐ						4ᵏ 954
N° 364 ou 365. Gros. .	1, 05	0, 505						5, 80

N° 352. — CROIX DE PROCESSION

A ARBRE ROND.

N° 366. — Gros. . . .	1ᵐ 00ᶜ	0ᵐ 475ᵐᵐ						5ᵏ 404

N° 353. — VIERGES

POUR PLACER DERRIÈRE LES CROIX DE PROCESSION

(NON DESSINÉES).

	PRIX DE LA PIÈCE.			POIDS de LA PIÈCE.
	VERNIES.	ARGENTÉES.	DORÉES or moulu.	
Petite, pour croix de 0ᵐ 67ᶜ à 0ᵐ 72ᶜ.				0ᵏ 080g
Moyenne, pour croix de 0ᵐ 75ᶜ à 0ᵐ 85ᶜ.				0, 105
Grande, pour croix de 0ᵐ 90ᶜ à 1ᵐ 00ᶜ.				0, 135
Très-grande, pour croix au-dessus de 1ᵐ 00ᶜ.				0, 240

Pas de planche 72.

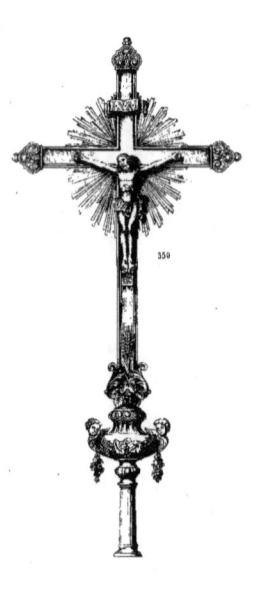

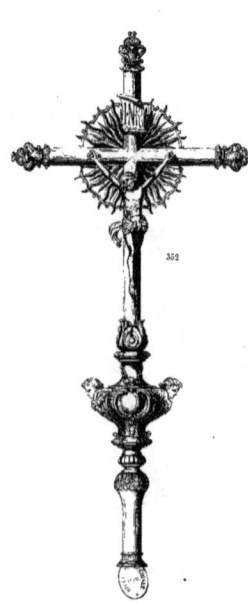

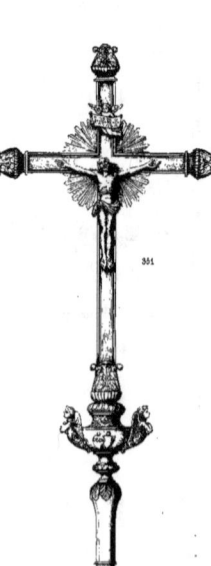

350

352

351

N° 359. — BÂTONS POUR CROIX DE PROCESSION
MONTÉS SUR BOIS.

CROIX DE PROCESSION AUXQUELLES LES BATONS SONT DESTINÉS.	DIMENSIONS.			PRIX DE LA PIÈCE.				POIDS de LA PIÈCE.
	DÉSIGNATION.	LONGUEUR.	DIAMÈTRE.	VERNIS.	ARGENTÉS.	ARGENTÉS DORÉS LES NOEUDS DORÉS.	DORÉS OR MOULU.	
N°ˢ 344 & 345	Petit. . . .	1ᵐ 60ᶜ	0ᵐ 032ᵐᵐ					2ᵏ 094
N°ˢ 344, 345 & 346	Moyen. . .	1, 72	0, 035					2, 50

N° 360. — BÂTONS POUR CROIX DE PROCESSION
MONTÉS SUR BOIS.

N° 342	Petit. . . .	1ᵐ 58ᶜ	0ᵐ 030ᵐᵐ					1ᵏ 55⁴
N° 342	Moyen. . .	1, 72	0, 033					2, 90
N° 342	Gros. . . .	1, 87	0, 036					3, 03

N° 361. — BÂTON POUR CROIX DE PROCESSION
MONTÉ SUR BOIS.

N° 343	Moyen. . .	1ᵐ 65ᶜ	0ᵐ 033ᵐᵐ					2ᵏ 10⁴

N° 362. — BÂTON POUR CROIX DE PROCESSION
MONTÉ SUR BOIS.

N° 341	Moyen. . .	1ᵐ 72ᶜ	0ᵐ 035ᵐᵐ					2ᵏ 30⁴

N° 363. — BÂTONS POUR CROIX DE PROCESSION
MONTÉS SUR BOIS.

N°ˢ 340, 347, 348 & 349 . .	Petit. . . .	1ᵐ 67ᶜ	0ᵐ 033ᵐᵐ					1ᵏ 08⁴
N°ˢ 340, 347, 348 & 349 . .	Moyen. . .	1, 73	0, 035					1, 88
N°ˢ 347, 348 & 349	Gros. . . .	1, 80	0, 038					2, 27

N° 364. — BÂTONS POUR CROIX DE PROCESSION
MONTÉS SUR BOIS.

N° 349	Petit. . . .	1ᵐ 76ᶜ	0ᵐ 033ᵐᵐ					1ᵏ 95
N°ˢ 349, 350 & 351	Moyen. . .	1, 80	0, 035					2, 73
N°ˢ 349, 350 & 351	Gros. . . .	1, 85	0, 038					2, 90

N° 365. — BÂTONS POUR CROIX DE PROCESSION
MONTÉS SUR BOIS.

N° 350	Petit. . . .	1ᵐ 76ᶜ	0ᵐ 033ᵐᵐ					2ᵏ 05⁴
N°ˢ 350 & 351	Moyen. . .	1, 78	0, 035					2, 75
N°ˢ 350 & 351	Gros. . . .	1, 90	0, 038					3, 63

N° 366. — BÂTON POUR CROIX DE PROCESSION
MONTÉ SUR BOIS.

N° 352	Gros. . . .	1ᵐ 77ᶜ	0ᵐ 035ᵐᵐ					2ᵏ 80⁴

Les bâtons de croix non montés sur bois coûtent   de moins que les prix ci-dessus.

Les bâtons de croix se démontant à vis en deux parties coûtent   de plus pour tous les modèles.

Pas de planche 72.

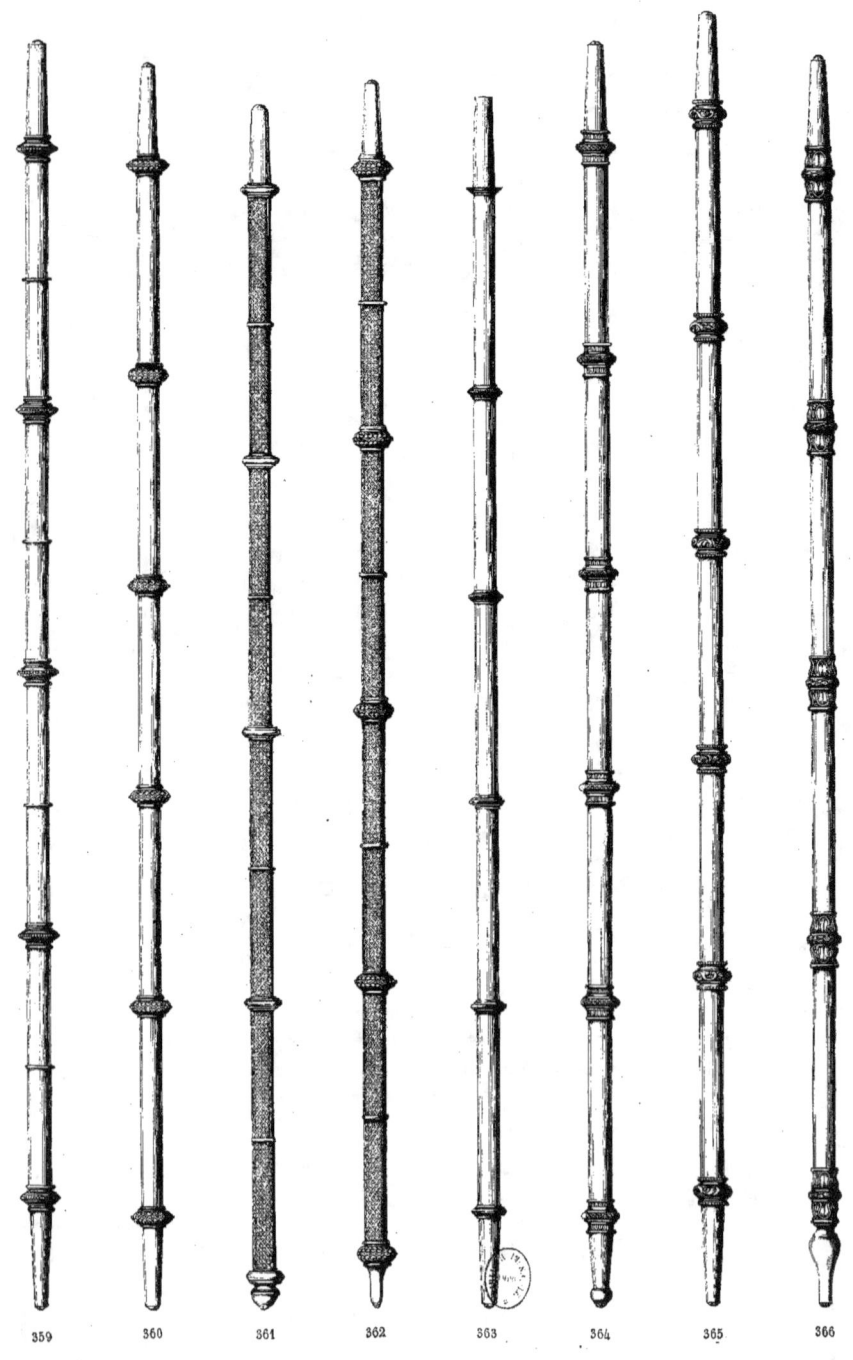

359   360   361   362   363   364   365   366

N° 367. — ENCENSOIR ET NAVETTE

Style roman.

DÉSIGNATION HABITUELLE.	DIMENSIONS		PRIX DE LA PIÈCE.						POIDS	
	HAUTEUR de l'encensoir.	LONGUEUR des chaînes.	VERNIS.		ARGENTÉS.		DORÉS OR MOULU.		de L'ENCENSOIR seul.	de LA NAVETTE seule.
			COMPLETS.	SANS NAVETTE.	COMPLETS.	SANS NAVETTE.	COMPLETS.	SANS NAVETTE.		
Moyen.	0ᵐ 18ᶜ	1ᵐ 00ᶜ							1ᵏ 20ᵈ	0ᵏ 40ᵈ

N° 368. — ENCENSOIR ET NAVETTE

Style du XIIᵉ siècle.

L'ORIGINAL DE L'ENCENSOIR EST AU MUSÉE DE LILLE.

| Petit. . . . . . . | 0ᵐ 16ᶜ | 1ᵐ 00ᶜ | | | | | | | 1ᵏ 20ᵈ | 0ᵏ 45ᵈ |

N° 369. — ENCENSOIR ET NAVETTE

Style du XIIIᵉ siècle.

| Gros. . . . . . . | 0ᵐ 19ᶜ | 1ᵐ 00ᶜ | | | | | | | 1ᵏ 50ᵈ | 0ᵏ 55ᵈ |

N° 370. — ENCENSOIR ET NAVETTE

Style du XIIIᵉ siècle.

| Moyen. . . . . . | 0ᵐ 20ᶜ | 1ᵐ 00ᶜ | | | | | | | 1ᵏ 35ᵈ | 0ᵏ 50ᵈ |

N° 371. — ENCENSOIR ET NAVETTE

Style du XIVᵉ siècle.

| Petit. . . . . . . | 0ᵐ 23ᶜ | 1ᵐ 00ᶜ | | | | | | | 1ᵏ 10ᵈ | 0ᵏ 45ᵈ |

N° 372. — ENCENSOIR ET NAVETTE

Style du XVᵉ siècle.

| Grand. . . . . . . | 0ᵐ 28ᶜ | 1ᵐ 10ᶜ | | | | | | | 1ᵏ 95ᵈ | 0ᵏ 75ᵈ |

Les chaînes de tous les encensoirs sont à maillons soudés.

Pour les encensoirs argentés on peut employer des chaînes en maillechort, moyennant une augmentation de   francs

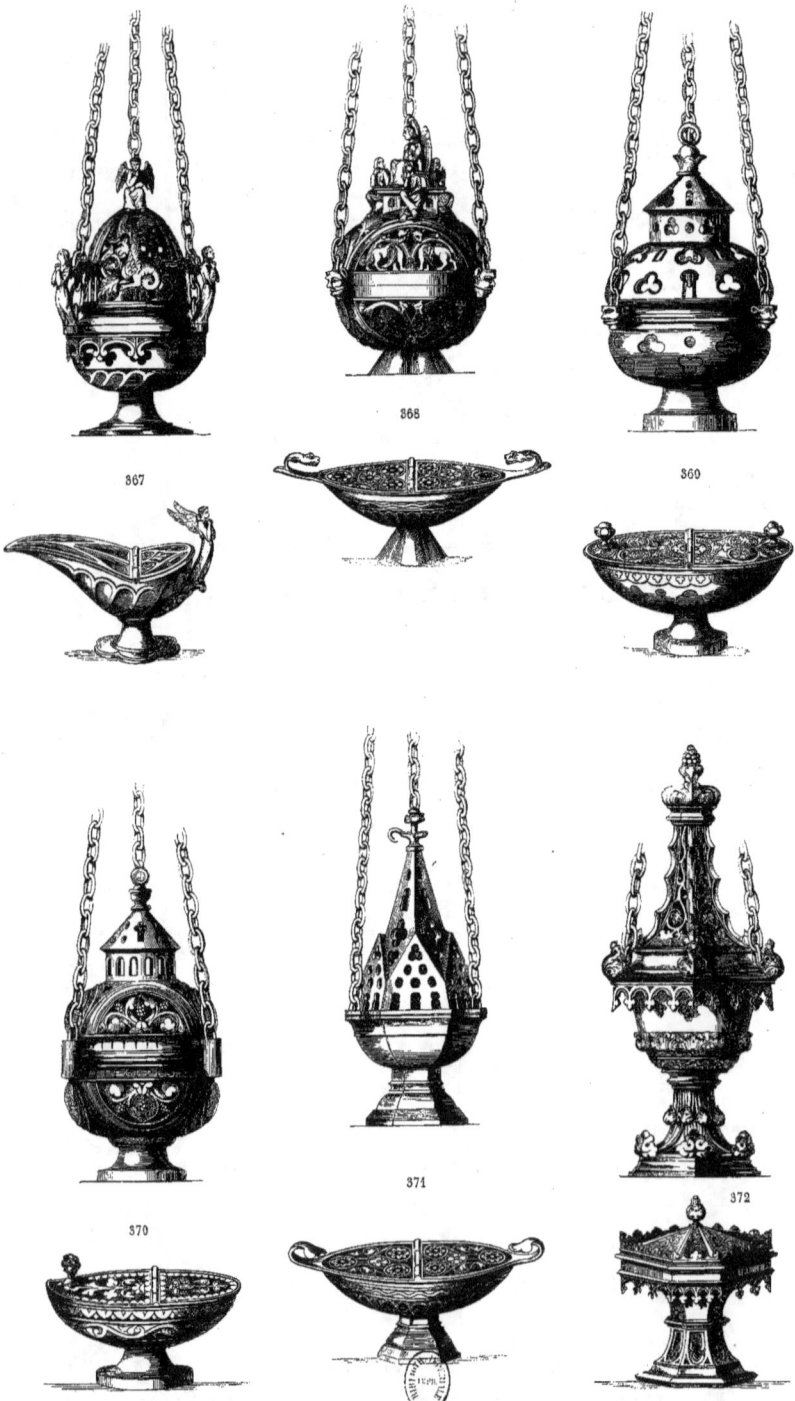

367

368

369

370

371

372

N° 373. — ENCENSOIRS ET NAVETTES
Modèle ordinaire
DIT A LA PARISIENNE.

DÉSIGNATION HABITUELLE.	HAUTEUR de l'encensoir.	LONGUEUR des chaînes.	VERNIS. COMPLETS.	VERNIS. SANS NAVETTE.	ARGENTÈS. COMPLETS.	ARGENTÈS. SANS NAVETTE.	DORÉS OR MOULU. COMPLETS.	DORÉS OR MOULU. SANS NAVETTE.	POIDS de L'ENCENSOIR seul.	POIDS de LA NAVETTE seule.
Petit.	0ᵐ23ᶜ	1ᵐ00ᶜ							1ᵏ00ᵈ	0ᵏ30ᵈ
Moyen.	0,26	1, 05							1, 25	0, 30
Grand.	0,28	1, 10							1, 40	0, 45

N° 374. — ENCENSOIRS ET NAVETTES
Modèle ordinaire
DIT A CONSOLES.

Petit	0ᵐ23ᶜ	1ᵐ00ᶜ							1ᵏ00ᵈ	0ᵏ25ᵈ
Moyen	0, 26	1, 05							1, 25	0, 30
Grand.	0,28	1, 10							1, 50	0, 40

N° 375. — ENCENSOIR ET NAVETTE
Modèle mi-riche.

Grand.	0ᵐ29ᶜ	1ᵐ10ᶜ							1ᵏ70ᵈ	0ᵏ40ᵈ

N° 376. — ENCENSOIR ET NAVETTE
Style Renaissance.

Moyen.	0ᵐ24ᶜ	1ᵐ10ᶜ							1ᵏ40ᵈ	0ᵏ60ᵈ

N° 377. — ENCENSOIR ET NAVETTE
Modèle riche.

Grand.	0ᵐ30ᶜ	1ᵐ10ᶜ							1ᵏ25ᵈ	0ᵏ30ᵈ

N° 378. — ENCENSOIR ET NAVETTE
Style Louis XIV.

Grand.	0ᵐ30ᶜ	1ᵐ10ᶜ							2ᵏ00ᵈ	0ᵏ60ᵈ

N° 379. — ENCENSOIR ET NAVETTE
POUR MISSIONNAIRE
(NON DESSINÉ).

Très-petit. . . .	0ᵐ17ᶜ	0ᵐ70ᶜ							0ᵏ00ᵈ	0ᵏ30ᵈ

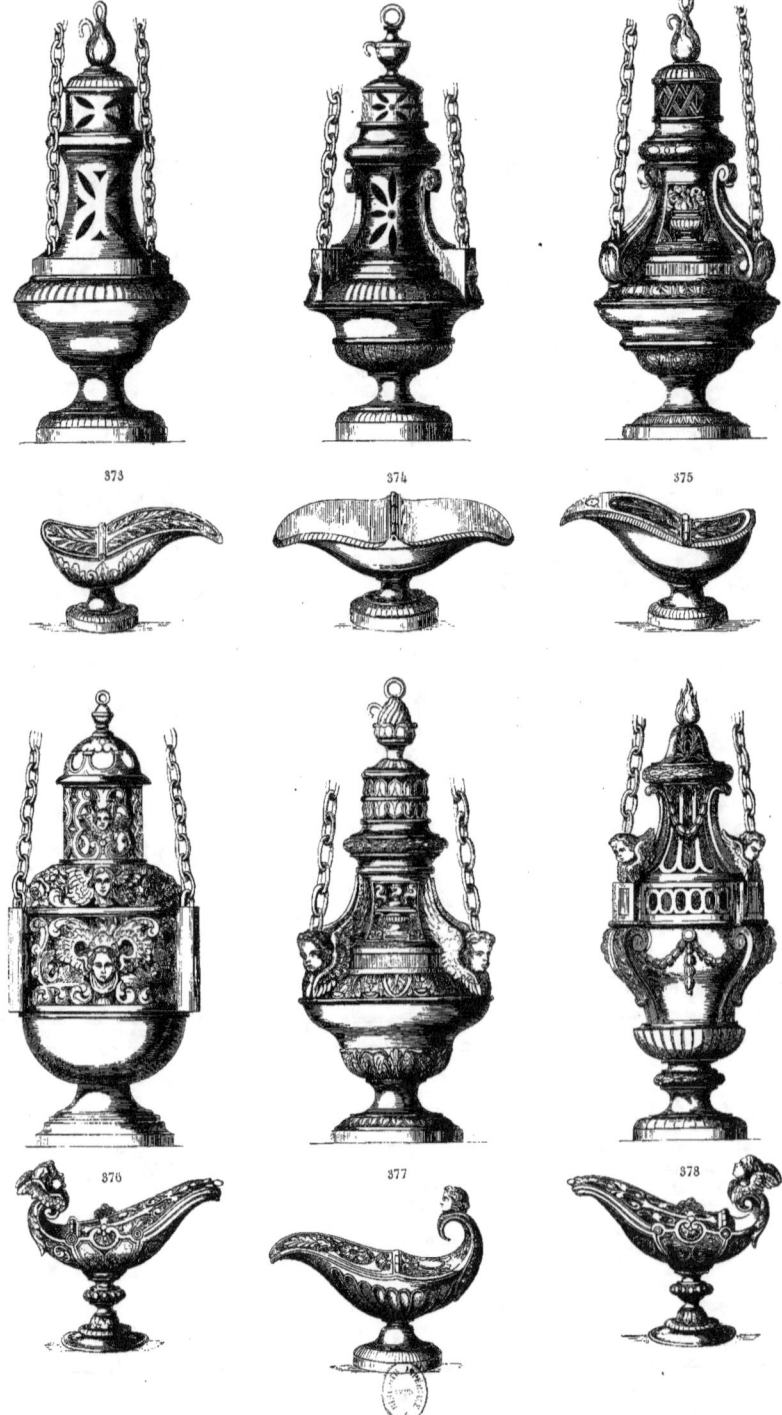

373　　　　　374　　　　　375

376　　　　　377　　　　　378

N° 380. — BÉNITIER PORTATIF

A JOUR

Style Roman.

DIMENSIONS.		PRIX DE LA PIÈCE.			POIDS du BÉNITIER et du GOUPILLON.
DIAMÈTRE à l'ouverture.	HAUTEUR.	VERNIS.	ARGENTÉS.	DORÉS or moulu.	
0ᵐ14ᶜ	0ᵐ195ᵐᵐ				1ᵏ95ᵈ

N° 381. — BÉNITIER PORTATIF

Style du xııᵉ siècle.

L'ORIGINAL, EN IVOIRE, EST AU MUSÉE DE MILAN.

0ᵐ12ᶜ	0ᵐ195ᵐᵐ				2ᵏ75ᵈ

N° 382. — BÉNITIERS PORTATIFS

Style du xıııᵉ siècle

COMPOSÉS PAR M. A. DARCEL.

0ᵐ11ᶜ	0ᵐ225ᵐᵐ				2ᵏ28ᵈ
0, 13	0, 245				2, 90

N° 383. — BÉNITIER PORTATIF

Style du xıııᵉ siècle

COMPOSÉ PAR M. A. DARCEL.

0ᵐ19ᶜ	0ᵐ270ᵐᵐ				2ᵏ50ᵈ

N° 384. — BÉNITIERS PORTATIFS

Style du xıvᵉ siècle.

0ᵐ11ᶜ	0ᵐ195ᵐᵐ				1ᵏ56ᵈ
0, 12	0, 231				2, 20

N° 385. — BÉNITIER PORTATIF

Style du xvᵉ siècle.

0ᵐ12ᶜ	0ᵐ220ᵐᵐ				2ᵏ03ᵈ

N° 386. — BÉNITIERS PORTATIFS

FORME MÉDICIS, UNIS.

DIMENSIONS.		PRIX DE LA PIÈCE.			POIDS du BÉNITIER et du GOUPILLON.
DIAMÈTRE à l'ouverture.	HAUTEUR.	VERNIS.	ARGENTÉS.	DORÉS or moulu.	
0ᵐ10ᶜ	0ᵐ160ᵐᵐ				1ᵏ00ᵈ
0, 11	0, 172				1, 07
0, 12	0, 190				1, 35
0, 13	0, 205				1, 48
0, 15	0, 214				1, 62
0, 16	0, 225				1, 88
0, 17	0, 248				2, 30
0, 19	0, 266				2, 85
0, 21	0, 283				3, 90

N° 387. — BÉNITIERS PORTATIFS

FORME MÉDICIS, CISELÉS.

0ᵐ10ᶜ	0ᵐ174ᵐᵐ				1ᵏ18ᵈ
0, 12	0, 203				1, 62
0, 15	0, 228				2, 45
0, 17	0, 255				2, 75

GOUPILLONS SEULS, A ÉPONGE

NUMÉROS.	DÉSIGNATION.	LONGUEUR.	PRIX DE LA PIÈCE.			POIDS.
			VERNIS.	ARGENTÉS.	DORÉS OR MOULU.	
380, 381, 382,	Petit. . . .	0ᵐ230ᵐᵐ				0ᵏ27ᵈ
384 & 385.	Moyen. . .	0, 298				0, 39
383.	Grand. . .	0, 298				0, 40
	Petit. . . .	0, 205				0, 18
386.	Moyen. . .	0, 230				0, 22
	Grand. . .	0, 288				0, 32
	Très-grand.	0, 296				0, 36
	Petit. . . .	0, 205				0, 20
387.	Moyen. . .	0, 230				0, 27
	Grand. . .	0, 288				0, 34

Les goupillons à soies coûtent   de plus que ceux à éponge.

Les goupillons sont compris dans le prix des bénitiers; s'ils ne sont pas spécialement demandés à soies, ils seront livrés à éponge.

Tous les bénitiers ont une cuvette intérieure en zinc.

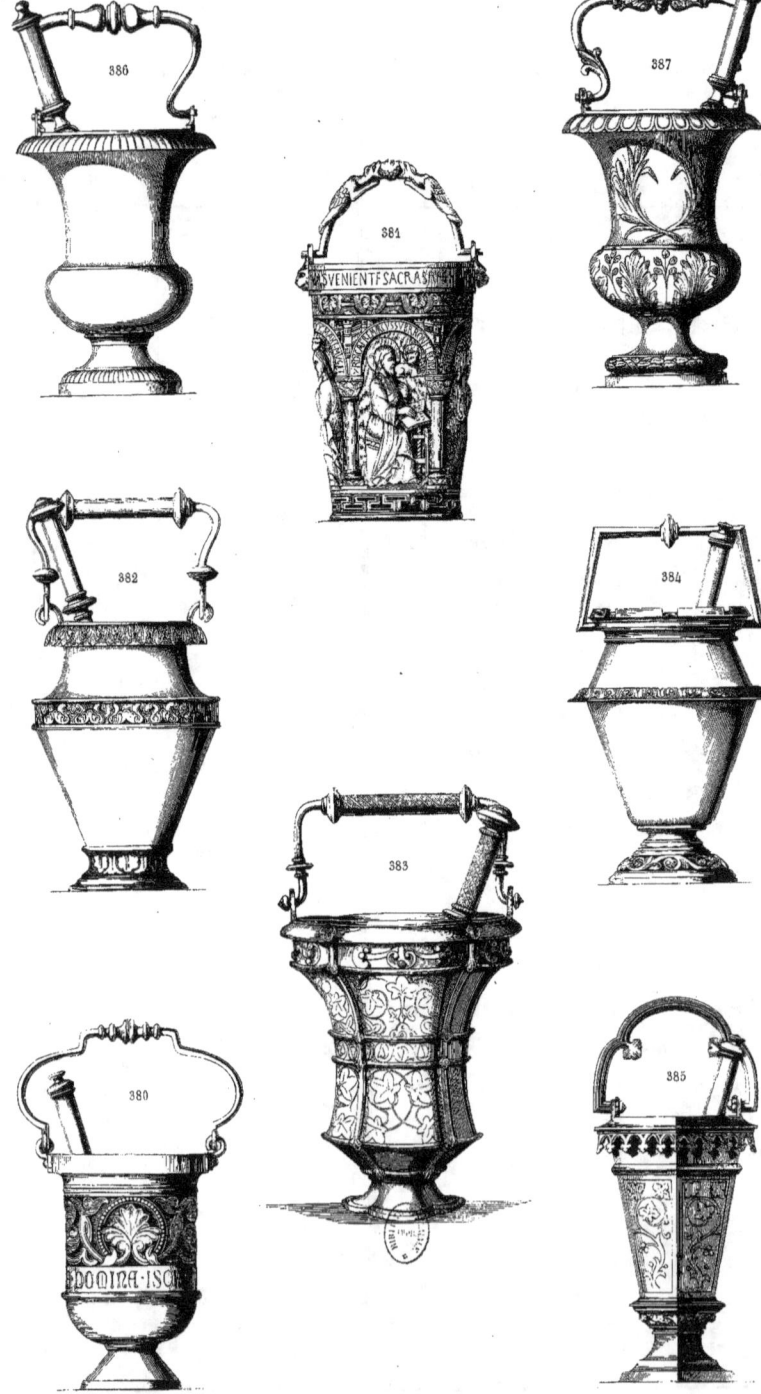

ACCESSOIRES A L'USAGE DES SUISSES DE PAROISSE

HALLEBARDES MANCHES EN ACAJOU, GLANDS EN LAINE ROUGE.	LONGUEUR TOTALE.	PRIX DE LA PIÈCE.			POIDS de LA PIÈCE toute montée.
		VERNIES.	ARGENTÉES.	DORÉES or moulu.	
N° 388. — Modèle ordinaire.	2ᵐ25ᶜ				2ᵏ 004
N° 389. — Modèle mi-riche.	2, 30				2, 60
N° 390. — Modèle riche.	2, 30				2, 40

Un gland en soie augmente le prix de   fr. — Un gland en argent faux, de   fr.; en argent mi-fin, de   fr.; en argent fin, de   fr. — En or faux, de   fr.; en or mi-fin, de   fr.; en or fin, de   fr.

CANNES EN JONC NATUREL, POMMES ET BOUTS EN CUIVRE.	LONGUEUR TOTALE approximative.	PRIX DE LA PIÈCE.			POIDS de LA PIÈCE toute montée.
		VERNIES.	ARGENTÉES.	DORÉES or moulu.	
N° 391. — Modèle uni. . { Pomme petite. . . .	1ᵐ25ᶜ				0ᵏ 854
Pomme grosse. . . .	1, 30				1, 50
N° 392. — Modèle ciselé. { Pomme petite. . . .	1, 25				0, 85
Pomme grosse. . . .	1, 30				1, 50

ÉPÉES LAMES EN ACIER, FOURREAUX EN CUIR GARDES ET GARNITURES EN CUIVRE.	LONGUEUR TOTALE.	PRIX DE LA PIÈCE.			POIDS de LA PIÈCE.
		VERNIES.	ARGENTÉES.	DORÉES or moulu.	
N° 393. — Modèle ordinaire, poignée en corne. .	0ᵐ95ᶜ				0ᵏ 654
N° 394. — Modèle mi-riche, poignée en nacre. .	0, 95				0, 68
N° 395. — Modèle riche, poignée en cuivre. . .	0, 98				0, 75

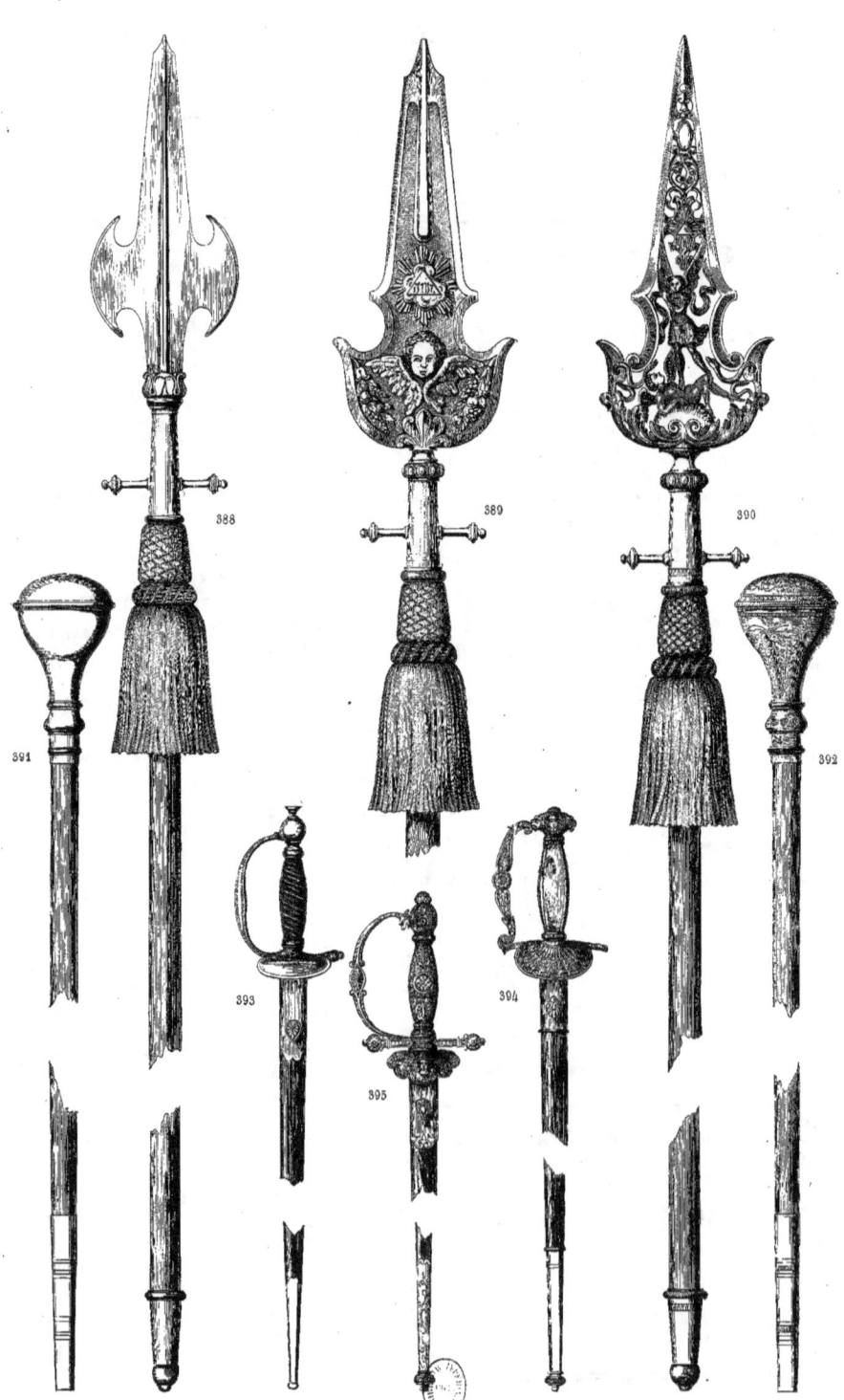

N° 396. — BÂTON DE BEDEAU

ROND, EN JONC NOIR, GARNITURES EN CUIVRE.

DIMENSIONS.		PRIX DE LA PIÈCE.			POIDS de LA PIÈCE
LONGUEUR totale.	DIAMÈTRE ou LARGEUR.	VERNIS.	ARGENTÉS.	DORÉS or moulu.	toute montée.
1ᵐ10ᶜ	0ᵐ015ᵐᵐ				0ᵏ20ᵈ

N° 397. — BÂTON DE BEDEAU

PLAT, EN BALEINE, GARNITURES EN CUIVRE.

1ᵐ15ᶜ	0ᵐ080ᵐᵐ				0ᵏ50ᵈ

N° 398. — BÂTON DE BEDEAU

ROND, TOUT EN CUIVRE.

1ᵐ28ᶜ	0ᵐ095ᵐᵐ				1ᵏ35ᵈ

La statuette qui surmonte ce bâton peut être suivant la demande : La sainte Vierge Immaculée, la sainte Vierge avec l'enfant, un saint Évêque, un saint Diacre, un saint Ermite, saint Pierre, saint Jean-Baptiste, saint Michel, saint Charles Borromée, saint André, saint Symphorien ou sainte Madeleine.

D'autres sujets que ceux-ci ne pourraient être fournis que moyennant une indemnité de   francs pour frais de modèles.

Faute d'indication, ce bâton serait livré tel qu'il est dessiné.

N° 399. — MÉDAILLE RONDE & CHAÎNE

POUR BEDEAU

(NON DESSINÉES).

Cette médaille porte 0ᵐ066ᵐᵐ de diamètre, & elle est gravée sur la face du chiffre qui est indiqué par la commande.

S'il était demandé, au lieu du chiffre, une inscription en toutes lettres, la gravure en serait facturée en plus.

Vernie. . . . .   francs.
Argentée. . . . .   »
Dorée or moulu. . . . . . .   »

Poids de la médaille & de la chaîne. 0ᵏ 25ᵈ

N° 400. — BÂTON DE CHANTRE

Modèle ordinaire.

DIMENSIONS.		PRIX DE LA PIÈCE.			POIDS de LA PIÈCE
LONGUEUR totale OU HAUTEUR.	LARGEUR ou ENVERGURE.	VERNIS.	ARGENTÉS.	DORÉS or moulu.	toute montée.
2ᵐ00ᶜ	0ᵐ195ᵐᵐ				3ᵏ50ᵈ

N° 401. — BÂTON DE CHANTRE

Modèle riche.

2ᵐ10ᶜ	0ᵐ180ᵐᵐ				5ᵏ00ᵈ

Pour les statuettes des bâtons de chantre, voir ce qui est dit au n° 398 pour les bâtons de bedeau.

N° 402. — CROIX POUR BANNIÈRE

Style du XIIᵉ siècle.

0ᵐ42ᶜ	0ᵐ225ᵐᵐ				1ᵏ00ᵈ
0, 50	0, 255				1, 35

N° 403. — CROIX POUR BANNIÈRE

Genre moderne.

0ᵐ35ᶜ	0ᵐ140ᵐᵐ				0ᵏ40ᵈ
0, 40	0, 158				0, 60
0, 45	0, 175				0, 72
0, 50	0, 205				1, 00

N° 404. — BALANCIER PORTE-BANNIÈRE

0ᵐ22ᶜ	0ᵐ285ᵐᵐ				0ᵏ60ᵈ

N° 405. — LYRE

POUR BANNIÈRE D'ORPHÉON

0ᵐ36ᶜ	0ᵐ195ᵐᵐ				1ᵏ20ᵈ

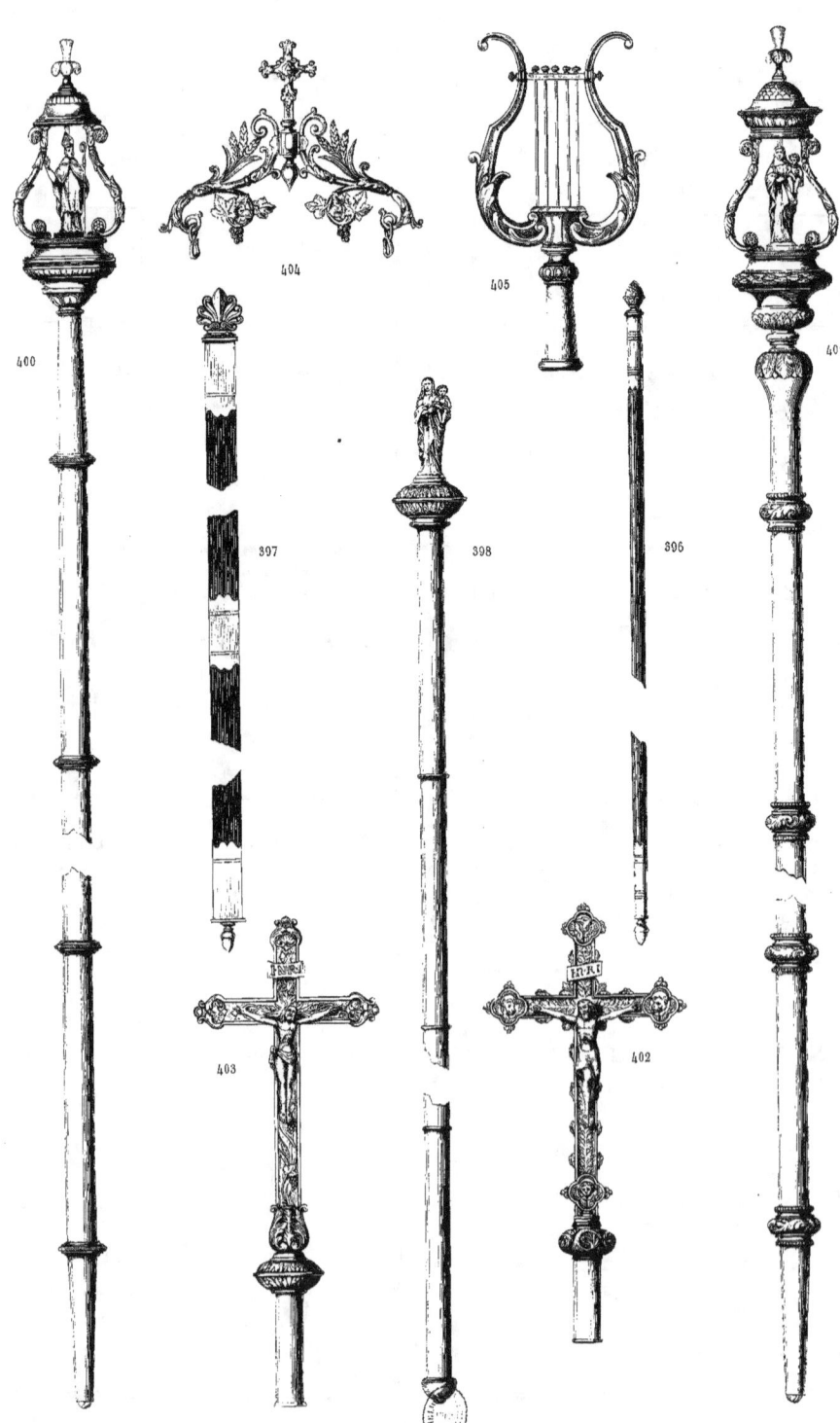

400

404

405

401

397

398

396

403

402

N° 406. — TORCHÈRES DE PROCESSION

Modèle ordinaire.

DIMENSIONS.		PRIX DE LA PIÈCE.			POIDS
LONGUEUR TOTALE.	DIAMÈTRE.	VERNIES.	ARGENTÉES.	DORÉES OR MOULU.	de LA PIÈCE toute montée.
1ᵐ 85ᶜ	0ᵐ 19ᶜ				2ᵏ 35ᵈ
1, 90	0, 16				2, 90

N° 407. — TORCHÈRES DE PROCESSION

Modèle riche.

1ᵐ 95ᶜ	0ᵐ 15ᶜ				3ᵏ 15ᵈ
2, 00	0, 17				3, 30

N° 408. — TORCHÈRE DE PROCESSION

Modèle riche.

2ᵐ 25ᶜ	0ᵐ 25ᶜ				5ᵏ 75ᵈ

N° 409. — SOUCHES - BOUGIES

EN FER-BLANC, RESSORTS EN CUIVRE.

LONGUEUR.	PRIX DE LA PIÈCE.	
	BLANCHES.	DÉCORÉES.
0ᵐ 30ᶜ		
0, 35		
0, 40		

La partie inférieure des *souches-bougies* est disposée pour entrer dans les bobêches des girandoles, lustres, candélabres ou bras de tabernacle.

N° 410. — SOUCHES OU FAUX-CIERGES

EN FER-BLANC, RESSORTS EN CUIVRE.

LONGUEUR.	PRIX DE LA PIÈCE.					
	BLANCHES.		DÉCOR ORDINAIRE.		DÉCOR RICHE.	
	CALIBRE ORDINAIRE.	FORT CALIBRE.	CALIBRE ORDINAIRE.	FORT CALIBRE.	CALIBRE ORDINAIRE.	FORT CALIBRE.
0ᵐ 50ᶜ						
0, 55						
0, 60						
0, 65						
0, 70						
0, 75						
0, 80						
0, 90						
1, 00						
1, 10						
1, 20						
1, 30						
1, 40						
1, 50						
1, 60						
1, 70						
1, 80						
1, 90						
2, 00						

Les souches de *calibre ordinaire* sont destinées aux chandeliers modernes & à ceux du xvᵉ siècle. Elles ont de diamètre au bas : celles de 0ᵐ 50ᶜ, 0ᵐ 028ᵐᵐ; celles de 1ᵐ 00ᶜ, 0ᵐ 035ᵐᵐ; celles de 2ᵐ 00ᶜ, 0ᵐ 050ᵐᵐ.

Les souches du *fort calibre* ne conviennent bien qu'aux chandeliers de l'époque romane au xivᵉ siècle. Elles ont de diamètre au bas : celles de 0ᵐ 50ᶜ, 0ᵐ 033ᵐᵐ; celles de 1ᵐ 00ᶜ, 0ᵐ 040ᵐᵐ; celles de 2ᵐ 00ᶜ, 0ᵐ 060ᵐᵐ.

La proportion entre la longueur des souches & la hauteur des chandeliers varie beaucoup, suivant les coutumes locales, & surtout suivant les dispositions particulières de chaque autel.

Le décor ne se faisant qu'après la commande, la livraison des souches décorées ne peut s'effectuer que dans un délai de dix à quinze jours.

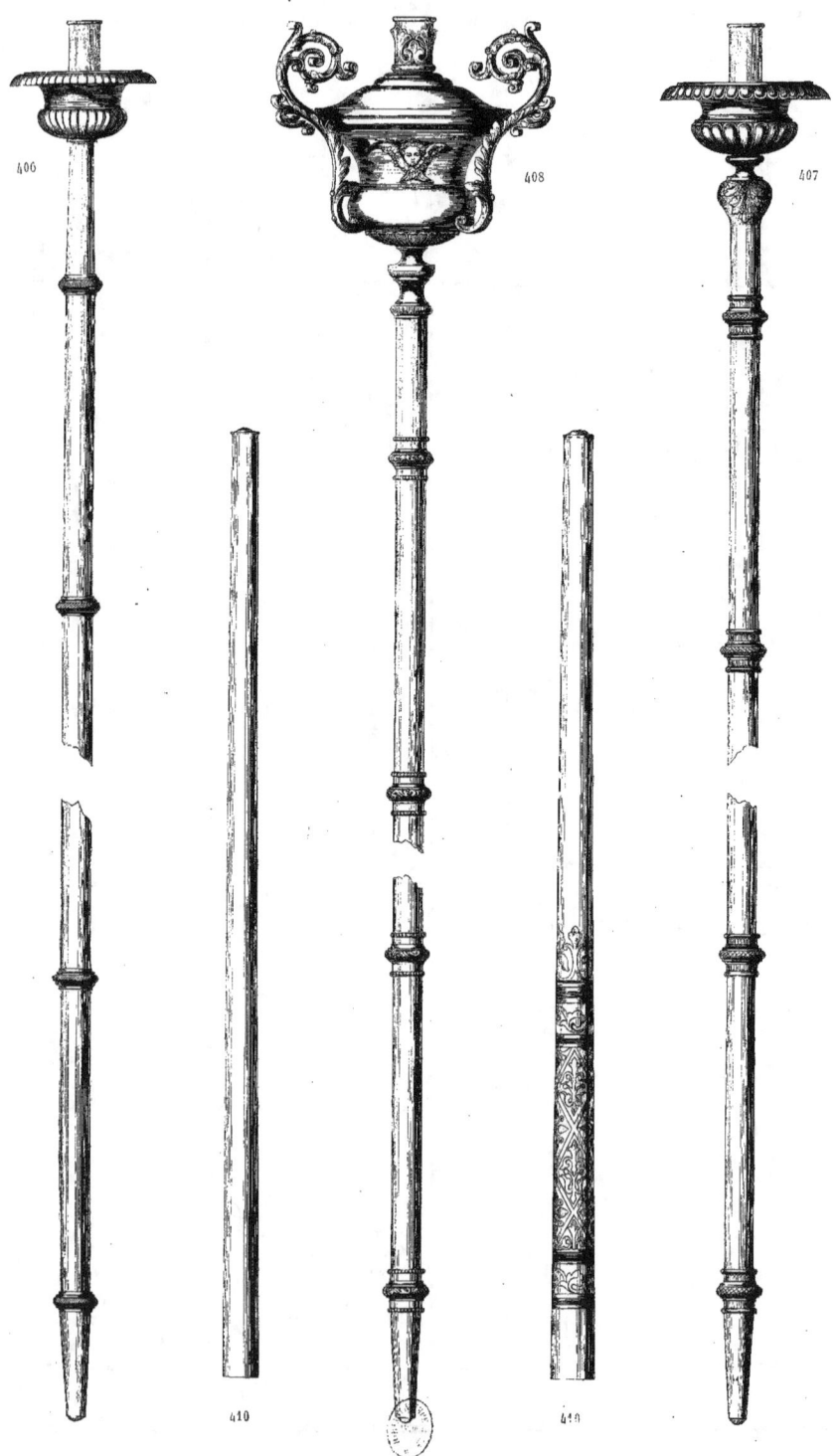

406

408

407

410

410

N° 412. — OSTENSOIRS ANCIEN MODÈLE

ENTIÈREMENT FONDUS.

CROISSANTS EN ARGENT DORÉ, A GLACES.

DIMENSIONS.		PRIX DE LA PIÈCE.			POIDS
HAUTEUR.	LARGEUR de LA GLOIRE.	ARGENTÉS RAYONS & appliques DORÉS.	DORÉS OR MOULU.	DORÉS OR MAT.	de LA PIÈCE.
0m 41c	0m 175mm			»	1k 45d
0, 46	0, 200			»	1, 90
0, 52	0, 210			»	2, 05
0, 56	0, 240			»	2, 65
0, 61	0, 250			»	3, 25
0, 67	0, 290			»	4, 50

N° 413. — OSTENSOIRS ORDINAIRES

CROISSANTS EN ARGENT DORÉ, A GLACES.

0m 48c	0m 250mm				1k 65d
0, 56	0, 285				2, 05
0, 63	0, 310				2, 55
0, 70	0, 370				3, 25
0, 80	0, 430				4, 25

N° 414. — OSTENSOIRS RICHES

TIGE A TÊTES D'ANGE.

CROISSANTS EN ARGENT DORÉ, A GLACES.

0m 70c	0m 350mm				3k 40d
0, 77	0, 370				4, 50
0, 83	0, 420				4, 95

N° 415. — OSTENSOIRS RICHES

TIGE FORMÉE PAR UN ANGE.

CROISSANTS EN ARGENT DORÉ, A GLACES.

DIMENSIONS.		PRIX DE LA PIÈCE.			POIDS
HAUTEUR.	LARGEUR de LA GLOIRE.	ARGENTÉS. RAYONS & appliques DORÉS.	DORÉS OR MOULU.	DORÉS OR MAT.	de LA PIÈCE.
0m 75c	0m 350mm				3, 85
0, 80	0, 380				4, 65
0, 86	0, 430				5, 70

ÉTUIS EN GAINERIE

POUR OSTENSOIRS

L'INTÉRIEUR EST JAUNE POUR LES OSTENSOIRS ARGENTÉS
& ROUGE POUR CEUX DORÉS.

POUR OSTENSOIRS DE :	EXTÉRIEUR EN PAPIER INTÉRIEUR ORDINAIRE.	EXTÉRIEUR EN PEAU INTÉRIEUR GARNI.
0m 44c		
0m 46c ou 0m 48c		
0m 52c		
0m 56c		
0m 61c ou 0m 63c		
0m 70c		
0m 75c ou 0m 77c		
0m 80c ou 0m 83c		
0m 86c		

L'étui ne sera livré que s'il a été spécialement commandé.

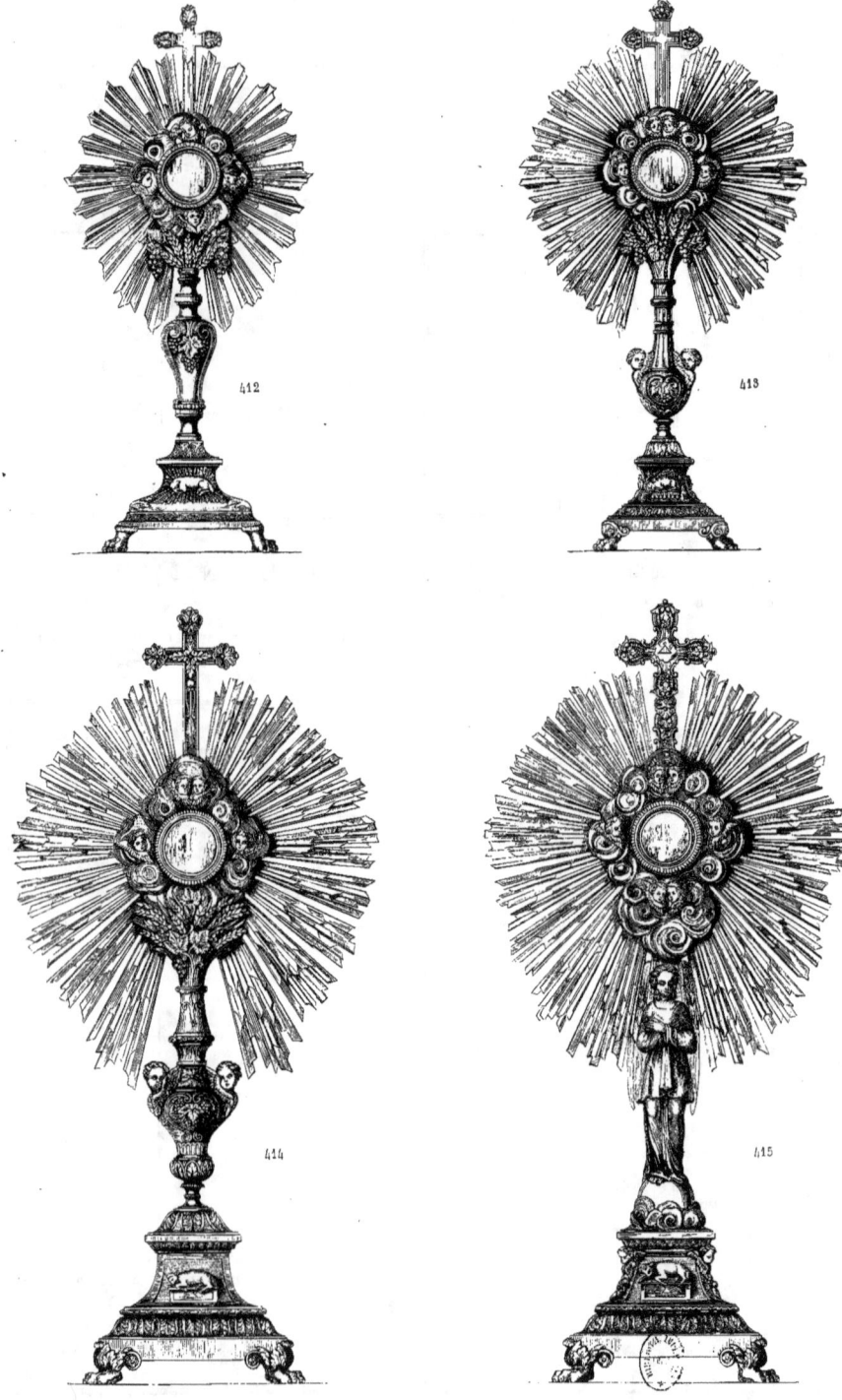

412

413

414

415

N° 416. — BAISER DE PAIX

Style du xiiie siècle.

DIMENSIONS.		PRIX DE LA PIÈCE.			POIDS de LA PIÈCE.
HAUTEUR.	LARGEUR.	VERNIS.	ARGENTÉS.	DORÉS or moulu.	
0m 15c	0m 123mm				0k 294

N° 417. — BAISER DE PAIX

CONCAVE.

Style du xiiie siècle.

| 0m 14c | 0m 140mm | | | | 0k 344 |

N° 418. — BAISER DE PAIX

CONVEXE.

Style du xiiie siècle.

| 0m 14c | 0m 140mm | | | | 0k 344 |

N° 419. — BAISERS DE PAIX

Style du xive siècle.

| 0m 16c | 0m 125mm | | | | 0k 334 |
| 0, 20 | 0, 155 | | | | 0, 54 |

N° 420. — BAISER DE PAIX

Style du xve siècle.

| 0m 22c | 0m 190mm | | | | 0k 50d |

N° 421. — BAISER DE PAIX

Style de la Renaissance.

| 0m 21c | 0m 113mm | | | | 0k 49d |

N° 422. — SONNETTES LÉGÈRES

Modèle uni.

(NON DESSINÉES.)

DE 0m 05c A 0m 07c DE DIAMÈTRE.

Vernies . . . . la pièce.

Argentées . . . . —

N° 423. — SONNETTES A MESSE

Modèle ordinaire.

MOLETÉES.

DIMENSIONS.		PRIX DE LA PIÈCE.			POIDS de LA PIÈCE.
DIAMÈTRE.	HAUTEUR.	VERNIES.	ARGENTÉES.	DORÉES DE MOULU.	
0m 055mm	0m 100mm				0k 114
0, 062	0, 105				0, 12
0, 070	0, 110				0, 17
0, 083	0, 125				0, 27
0, 090	0, 140				0, 32
0, 095	0, 150				0, 35
0, 110	0, 175				0, 52

N° 424. — SONNETTES A MESSE

Style roman.

0m 085mm	0m 143mm				0k 50d
0, 100	0, 155				0, 85
0, 120	0, 200				1, 05

N° 425. —·SONNETTE A MESSE

Style du xiie siècle.

| 0m 055mm | 0m 122mm | | | | 0k 25d |

N° 426. — SONNETTE A MESSE

Style du xiiie siècle.

| 0m 072mm | 0m 190mm | | | | 0k 28d |

N° 427. — SONNETTE A MESSE

Style du xve siècle.

| 0m 090mm | 0m 150mm | | | | 0k 35d |

N° 428. — SONNETTE A MESSE

Style du xve siècle.

| 0m 082mm | 0m 185mm | | | | 0k 62d |

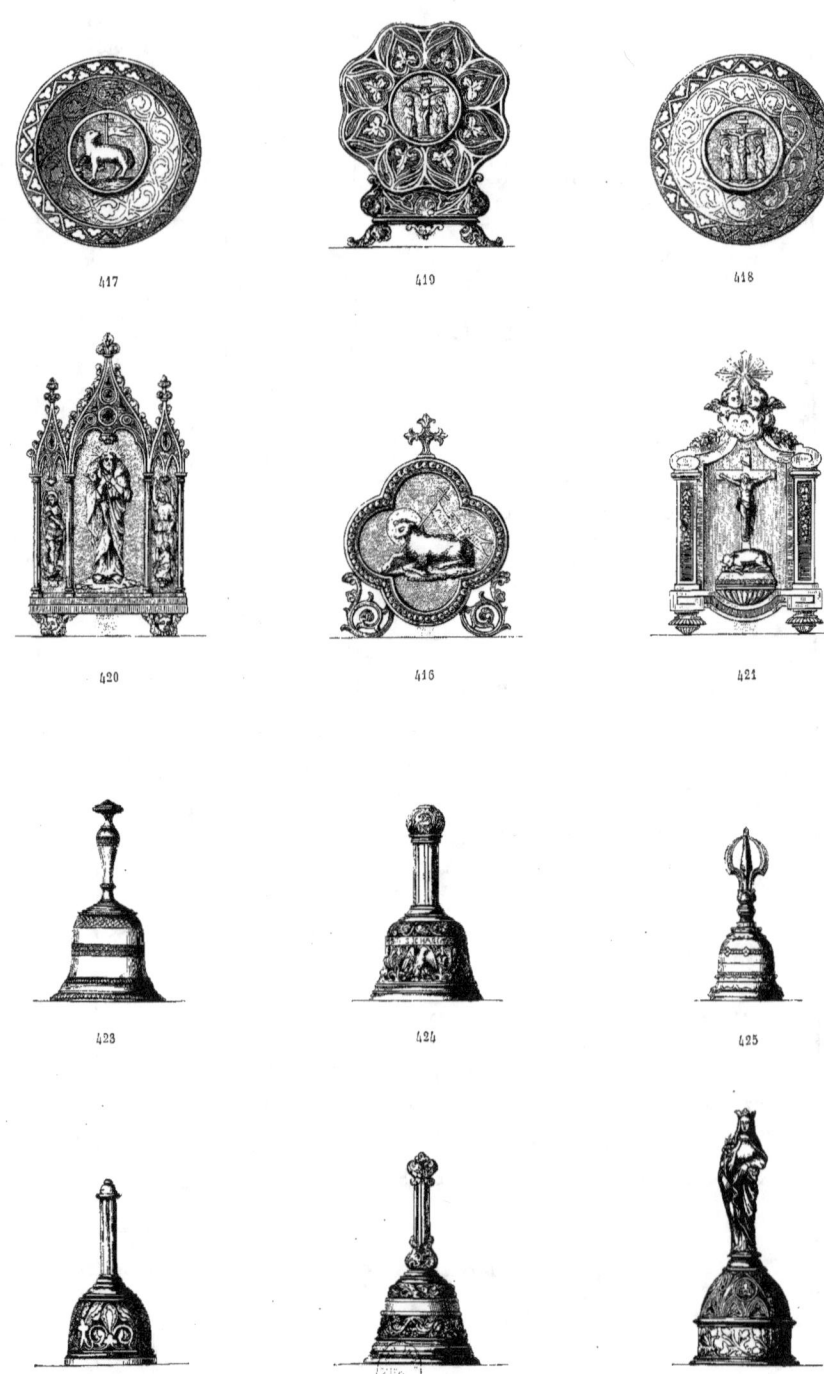

417

410

418

420

416

421

423

424

425

426

427

428

N° 430. — CONSOLE DE SUSPENSION

Style du xiii° siècle

POUVANT SUPPORTER JUSQU'A 15 KILOGR.

DIMENSIONS.			PRIX DE LA PIÈCE.			POIDS
SAILLIE de LA CONSOLE.	DE L'APPLIQUE.		VERNIES.	ARGENTÉES.	DORÉES OR MOULU.	de LA PIÈCE.
	HAUTEUR.	LARGEUR.				
0ᵐ 40ᶜ	0ᵐ140ᵐᵐ	0ᵐ130ᵐᵐ				3ᵏ834

N° 431. — CONSOLE DE SUSPENSION

Style du xiii° siècle

POUVANT SUPPORTER JUSQU'A 20 KILOGR.

0ᵐ 55ᶜ	0ᵐ000ᵐᵐ	0ᵐ122ᵐᵐ				11ᵏ504

N° 432. — CONSOLE DE SUSPENSION

Style du xv° siècle

POUVANT SUPPORTER JUSQU'A 20 KILOGR.

0ᵐ 60ᶜ	0ᵐ060ᵐᵐ	0ᵐ122ᵐᵐ				10ᵏ804

N° 433. — CONSOLE DE SUSPENSION

Style du xiii° siècle

POUVANT SUPPORTER JUSQU'A 7 KILOGR.

0ᵐ 32ᶜ	0ᵐ173ᵐᵐ	0ᵐ070ᵐᵐ				1ᵏ404

N° 434. — CONSOLE DE SUSPENSION

Style du xiii° siècle

POUVANT SUPPORTER JUSQU'A 15 KILOGR.

0ᵐ 34ᶜ	0ᵐ340ᵐᵐ	0ᵐ090ᵐᵐ				2ᵏ904

N° 435. — CONSOLE DE SUSPENSION

Style du xv° siècle

POUVANT SUPPORTER JUSQU'A 15 KILOGR.

0ᵐ 36ᶜ	0ᵐ370ᵐᵐ	0ᵐ092ᵐᵐ				2, 95

Les consoles sont fixées en place au moyen de vis. Celles n°ˢ 431 & 432 peuvent être disposées pour des scellements; cette disposition, qui augmente le prix de   francs, ne serait adoptée que d'après la demande.

N° 436. — CONTRE-POIDS EN CUIVRE

POUR LAMPES, LUSTRES ET LAMPADAIRES

AVEC CROCHET, POULIE DOUBLE & CHAÎNE A LA VAUCANSON.

POUR UN POIDS DE :	LONGUEUR de LA CHAÎNE DÉVELOPPÉE.	PRIX DES CONTRE-POIDS VIDES.		
		VERNIS.	ARGENTÉS.	DORÉS OR MOULU.
2ᵏ 00ᵈ	2ᵐ00ᶜ			
3, 00	2, 00			
4, 00	2, 00			
5, 00	2, 00			
6, 00	2, 50			
7, 00	2, 50			
8, 00	2, 50			
9, 00	2, 50			
10, 00	2, 50			
12, 00	2, 75			
14, 00	2, 75			
16, 00	2, 75			
18, 00	3, 00			
20, 00	3, 00			
22, 00	3, 00			
24, 00	3, 50			
26, 00	3, 50			

Afin d'éviter les frais de transport, les contre-poids seront expédiés vides, & c'est ainsi qu'ils sont tarifés ci-dessus. Pourtant, & d'après la demande, ils peuvent être livrés chargés. La charge se fait au moyen de plomb en grains, & elle sera facturée en sus, à raison de   le kilogramme.

Les longueurs indiquées ci-dessus sont celles de la chaîne à la Vaucanson *développée*; la longueur *net* est donc environ le quart de celle développée.

S'il était nécessaire d'avoir des chaînes plus longues, elles seraient facturées aux conditions ci-après :

POUR UN CONTRE-POIDS DE :	LE MÈTRE COURANT.		
	VERNIES.	ARGENTÉES.	DORÉES.
2 à 5 kilogr.			
5 à 10 —			
10 à 20 —			
20 à 26 —			

431

432

433

430

434

435

436

N° 437. — BRAS PORTE-LAMPE

Style du XIII° siècle.

COMPOSITION DE M. VIOLLET-LE-DUC.

DIMENSIONS.			PRIX DE LA PIÈCE.			POIDS
SAILLIE du BRAS.	DE L'APPLIQUE.		VERNIS.	ARGENTÉS.	DORÉS OR MOULU.	de LA PIÈCE.
	HAUTEUR.	LARGEUR.				
0m 40c	0m 27c	0m 03c				3k 40d

N° 441. — BRAS PORTE-LAMPE

Style du XIII° siècle.

DIMENSIONS.			PRIX DE LA PIÈCE.			POIDS
SAILLIE du BRAS.	DE L'APPLIQUE.		VERNIS.	ARGENTÉS.	DORÉS OR MOULU.	de LA PIÈCE.
	HAUTEUR.	LARGEUR.				
0m 32c	0m 25c	0m 15c				3k 00d

N° 438. — BRAS PORTE-LAMPES

Style du XIII° siècle, pour trois lampes.

COMPOSITION DE M. VIOLLET-LE-DUC.

0m 45c   0m 35c   0m 05c   7k 18d

N° 442. — BRAS PORTE-LAMPE

Style du XIII° siècle.

0m 44c   0m 34c   0m 11c   0k 00d

N° 439. — BRAS PORTE-LAMPE

Style du XIII° siècle.

0m 35c   0m 31c   0m 06c   2k 30d

N° 443. — BRAS PORTE-LAMPE

Style du XIV° siècle.

0m 45c   0m 34c   0m 11c   6k 49d

N° 440. — BRAS PORTE-LAMPE

Style du XIII° siècle.

0m 35c   0m 49c   0m 09c   3k 60d

Les bras porte-lampe se posent en place au moyen d'agrafes en cuivre & de vis qui les fixent à la muraille; ces agrafes sont toujours livrées avec les bras.

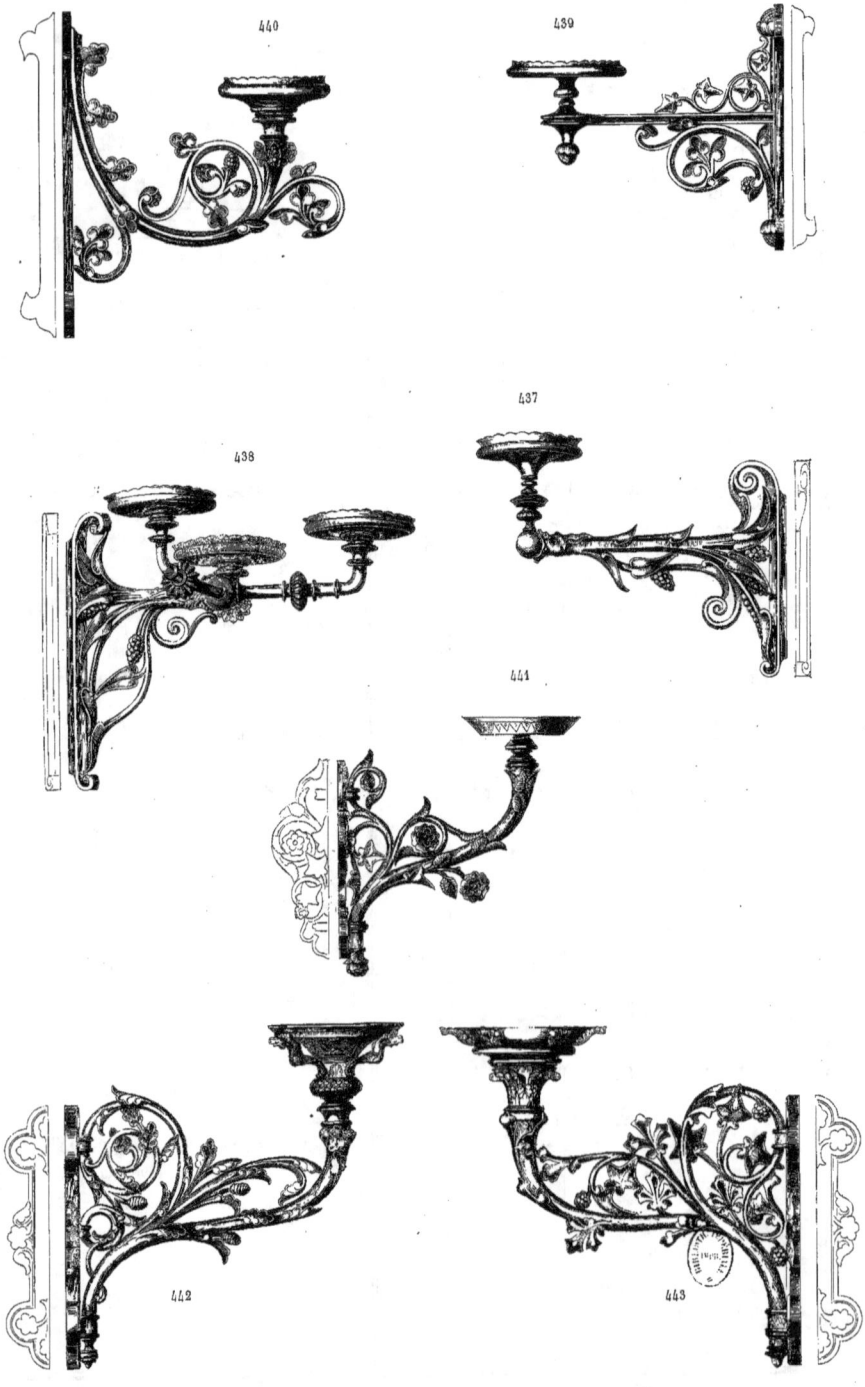

N° 444. — BRAS PORTE-LAMPE

Style du XIIIᵉ siècle.

DIMENSIONS.			PRIX DE LA PIÈCE.			POIDS
SAILLIE du BRAS.	DE L'APPLIQUE.		VERNIS.	ARGENTÉS.	DORÉS OR MOULU.	de LA PIÈCE.
	HAUTEUR.	LARGEUR.				
0ᵐ 41ᶜ	0ᵐ 34ᵉ	0ᵐ 10ᶜ				4 00ᵈ

N° 448. — BRAS PORTE-LAMPE

Style Renaissance.

DIMENSIONS.			PRIX DE LA PIÈCE.			POIDS
SAILLIE du BRAS.	DE L'APPLIQUE.		VERNIS.	ARGENTÉS.	DORÉS OR MOULU.	de LA PIÈCE.
	HAUTEUR.	LARGEUR.				
0ᵐ 45ᶜ	0ᵐ 35ᵉ	0ᵐ 16ᵉ				4ᵏ 20ᵈ

N° 445. — BRAS PORTE-LAMPE

Style du XVᵉ siècle.

0ᵐ 42ᶜ	0ᵐ 37ᵉ	0ᵐ 10ᵉ				3ᵏ 95ᵈ

N° 449. — BRAS PORTE-LAMPE

Style Renaissance.

0ᵐ 30ᵉ	0ᵐ 35ᵉ	0ᵐ 13ᵉ				3ᵏ 80ᵈ

N° 446. — BRAS PORTE-LAMPE

Style du XVᵉ siècle.

0ᵐ 41ᶜ	0ᵐ 44ᵉ	0ᵐ 09ᵉ				5ᵏ 10ᵈ

N° 450. — BRAS PORTE-LAMPE

Style Louis XIV.

0ᵐ 41ᶜ	0ᵐ 57ᵉ	0ᵐ 22ᵉ				8ᵏ 10ᵈ

N° 447. — BRAS PORTE-LAMPE

Style du XVᵉ siècle.

0ᵐ 47ᶜ	0ᵐ 61ᵉ	0ᵐ 09ᵉ				8ᵏ 36ᵈ

Les bras porte-lampe se posent en place au moyen d'agrafes en cuivre & de vis qui les fixent à la muraille ; ces agrafes sont toujours livrées avec les bras.

Pas de planche 85.

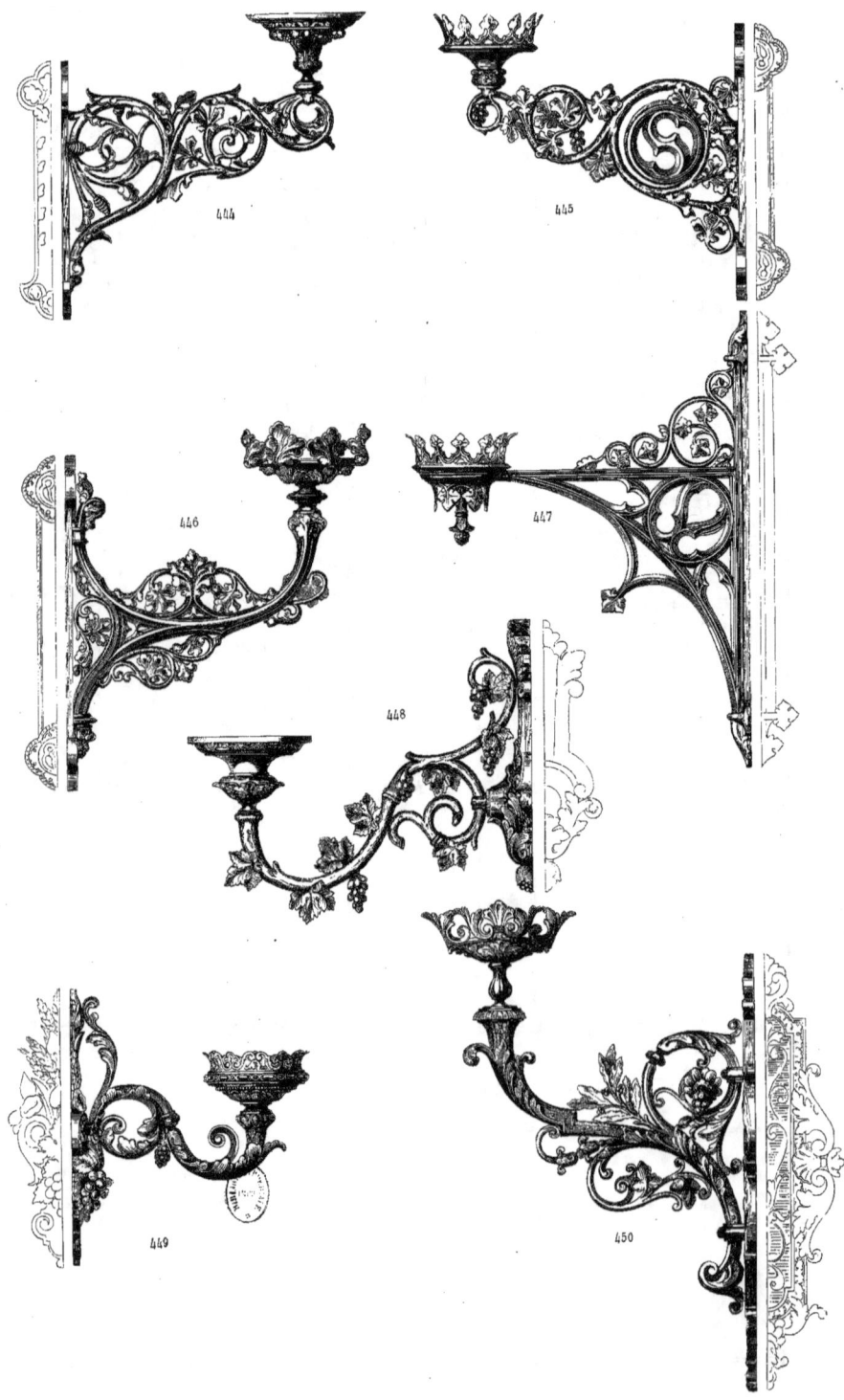

N° 460. — LAMPES ORDINAIRES

Style Roman.

DIAMÈTRE TOTAL.	PRIX DE LA PIÈCE.			POIDS TOTAL de LA PIÈCE.
	VERNIES.	ARGENTÉES.	DORÉES or moulu.	
0ᵐ 20ᵉ				1ᵏ 60ᵈ
0, 25				2, 25
0, 30				3, 40
0, 35				4, 20
0, 40				5, 30

N° 461. — LAMPES

Style Roman.

0ᵐ 28ᵉ				3ᵏ 60ᵈ
0, 34				5, 50

N° 462. — LAMPES

Style du XII⁰ siècle.

0ᵐ 25ᵉ				3ᵏ 60ᵈ
0, 35				8, 10

N° 463. — VEILLEUSE D'AUTEL

Style du XIII⁰ siècle

HAUTEUR. . . . . . 0ᵐ 18ᵉ. — DIAMÈTRE. . . . . . 0ᵐ 12ᵉ. — POIDS TOTAL. . . . . 0ᵏ 85ᵈ.

PRIX DE LA PIÈCE. . .
- Vernie. francs.
- Argentée. . . . . —
- Dorée or moulu. . . . . —

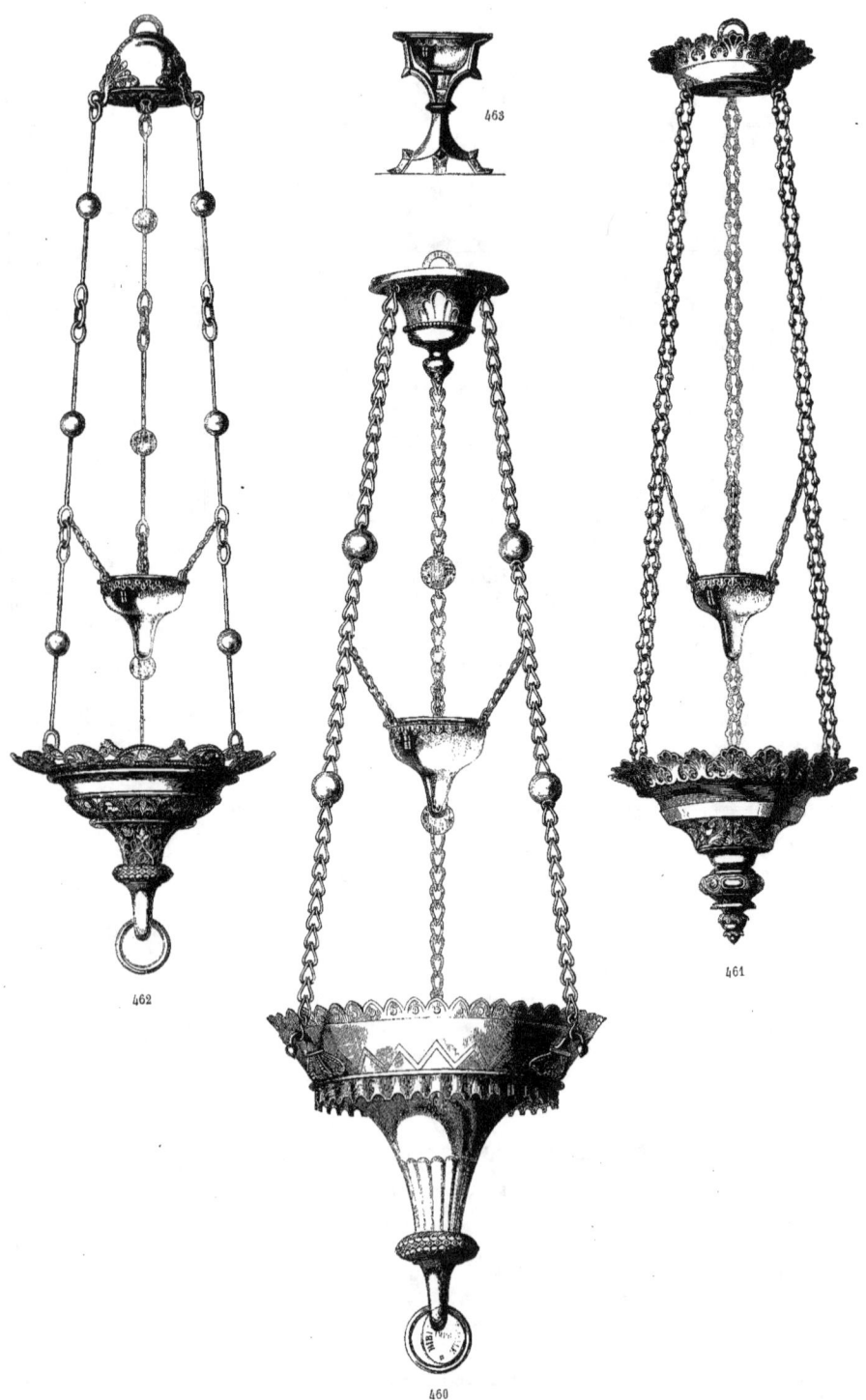

463

462

460

461

N° 464. — LAMPES A BOUGIES

Style du XIIIe siècle.

DIAMÈTRE TOTAL.	NOMBRE		PRIX DE LA PIÈCE.			POIDS TOTAL
	de LOBES.	de LUMIÈRES.	VERNIES.	ARGENTÉES.	DORÉES or moulu.	de LA PIÈCE.
0m 35c	6	6				11k 20d
0, 40	6	6				14, 50
0, 60	9	9				32, 75

N° 465. — LAMPES

Style du XIIIe siècle.

0m 20c	»	»				4k 00d
0, 30	»	»				8, 00
0, 40	»	»				13, 00

N° 466. — LAMPE

Style du XIIIe siècle.

0m 37c	»	»				11k 75d

Les contre-poids sont tarifés au n° 436, planche 82.

466

464

465

N° 467. — LAMPE

Style roman.

COMPOSITION DE M. ALFRED DARCEL.

DIMENSIONS.		PRIX DE LA PIÈCE.			POIDS TOTAL de LA PIÈCE.
DIAMÈTRE DE LA LAMPE.	DIAMÈTRE TOTAL.	VERNIES.	ARGENTÉES.	DORÉES or moulu.	
0ᵐ49ᵉ	0ᵐ53ᵉ				18ᵏ80ᵈ

N° 468. — LAMPES DE CHAPELLE

Style du xiiiᵉ siècle.

0ᵐ17ᶜ	0ᵐ17ᶜ				2ᵏ40ᵈ
0, 20	0, 20				3, 10

N° 469. — LAMPES DE CHAPELLE

Style du xiiiᵉ siècle.

0ᵐ16ᶜ	0ᵐ20ᵉ				1ᵏ75ᵈ
0, 18	0, 23				2, 10

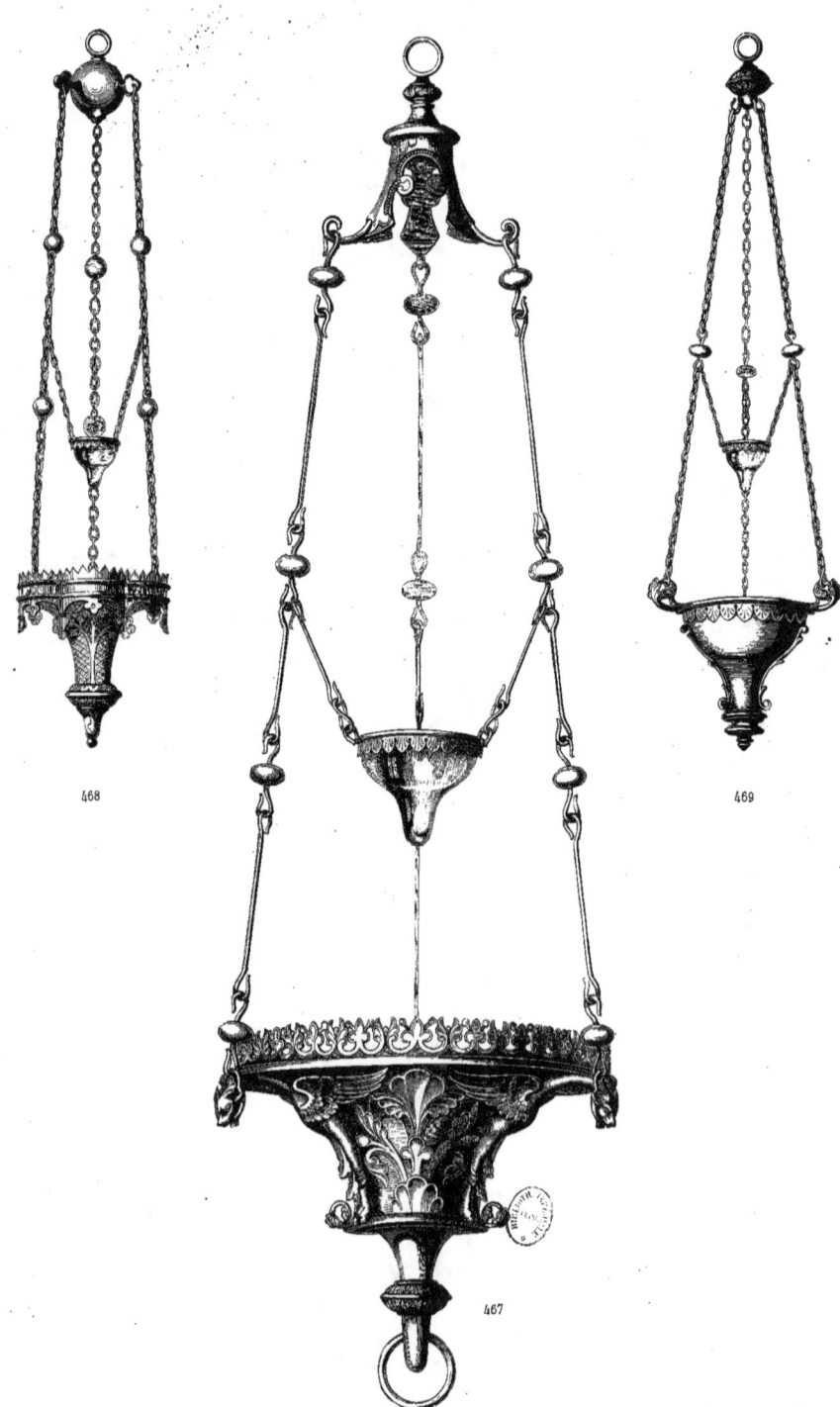

468

467

469

N° 470. — LAMPE A BOUGIES

Style du xIIIᵉ siècle.

DIMENSIONS.		NOMBRE de LUMIÈRES.	PRIX DE LA PIÈCE.			POIDS TOTAL de LA PIÈCE.
DIAMÈTRE de LA LAMPE.	DIAMÈTRE total.		VERNIES.	ARGENTÉES.	DORÉES or moulu.	
0ᵐ 31ᶜ	0ᵐ 50ᵃ	6				8ᵏ 25ᵈ

N° 471. — LAMPE

Style roman.

0ᵐ 37ᶜ	0ᵐ 42	»				11ᵏ 60ᵈ

N° 472. — LAMPES

Style du xIIIᵉ siècle.

0ᵐ 32ᶜ	0ᵐ 32ᶜ	»				10ᵏ 20ᵈ
0, 43	0, 43	»				1L, 30

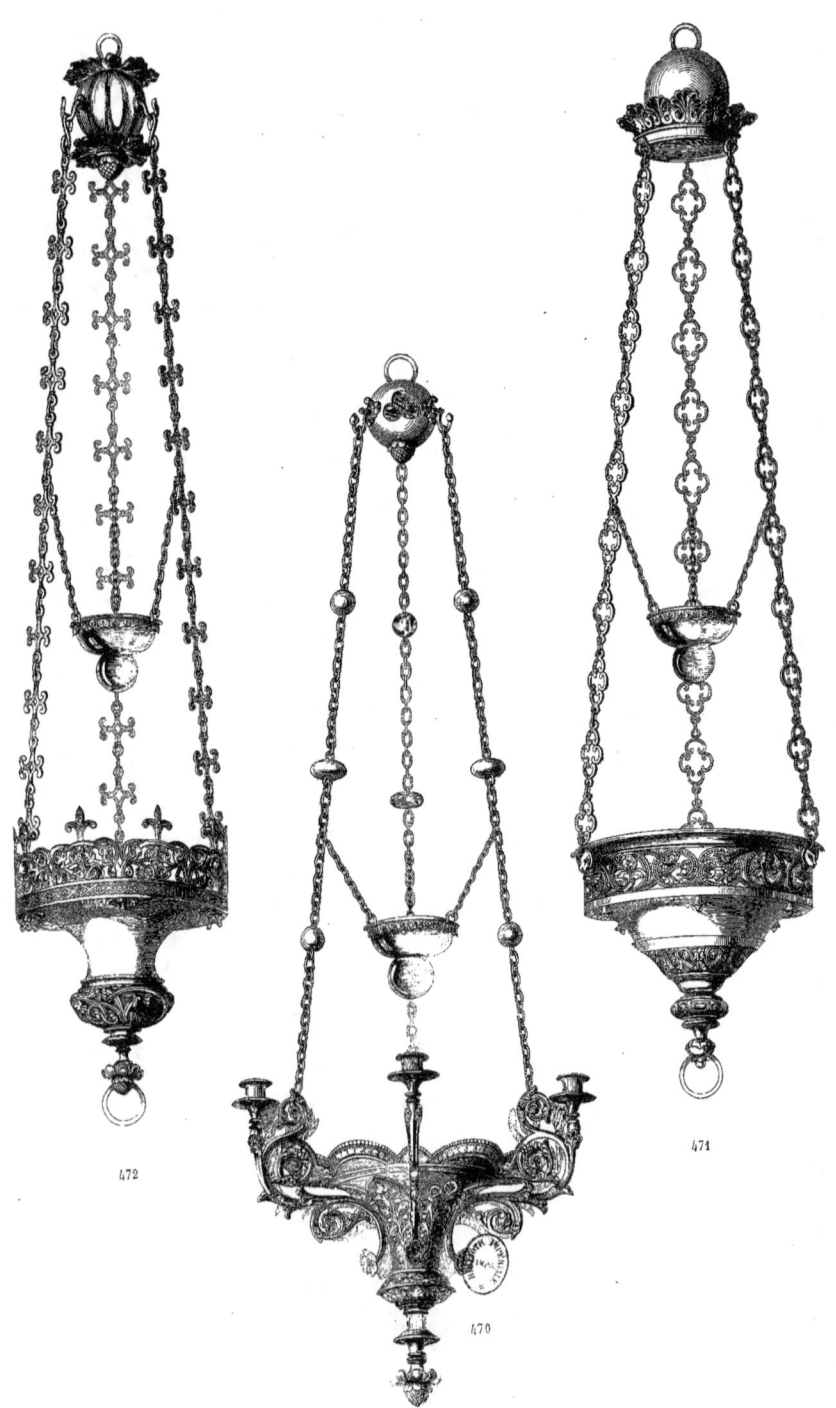

472

470

471

N° 473. — LAMPE A BOUGIES

Style du XIIIe siècle.

DIMENSIONS.		NOMBRE	PRIX DE LA PIÈCE.			POIDS TOTAL
DIAMÈTRE de LA LAMPE	DIAMÈTRE. total.	de LUMIÈRES.	VERNIES.	ARGENTÉES.	DORÉES or moulu.	de LA PIÈCE.
0^m 39^c	0^m70^c	6				14^k 20^d

N° 474. — LAMPES

Style roman.

0^m 14^c	0^m 18^c	»				1^k 70^d
0, 17	0, 28	»				3, 90
0, 22	0, 28	»				4, 00
0, 27	0, 34	»				6, 10
0, 35	0, 53	»				11, 60
0, 44	0, 62	»				17, 00

N° 475. — LAMPES

Style du XIIIe siècle.

0^m 26^c	0^m 38^c	»				8^k 50^d
0, 32	0, 48	»				13, 00
0, 42	0, 56	»				19, 90

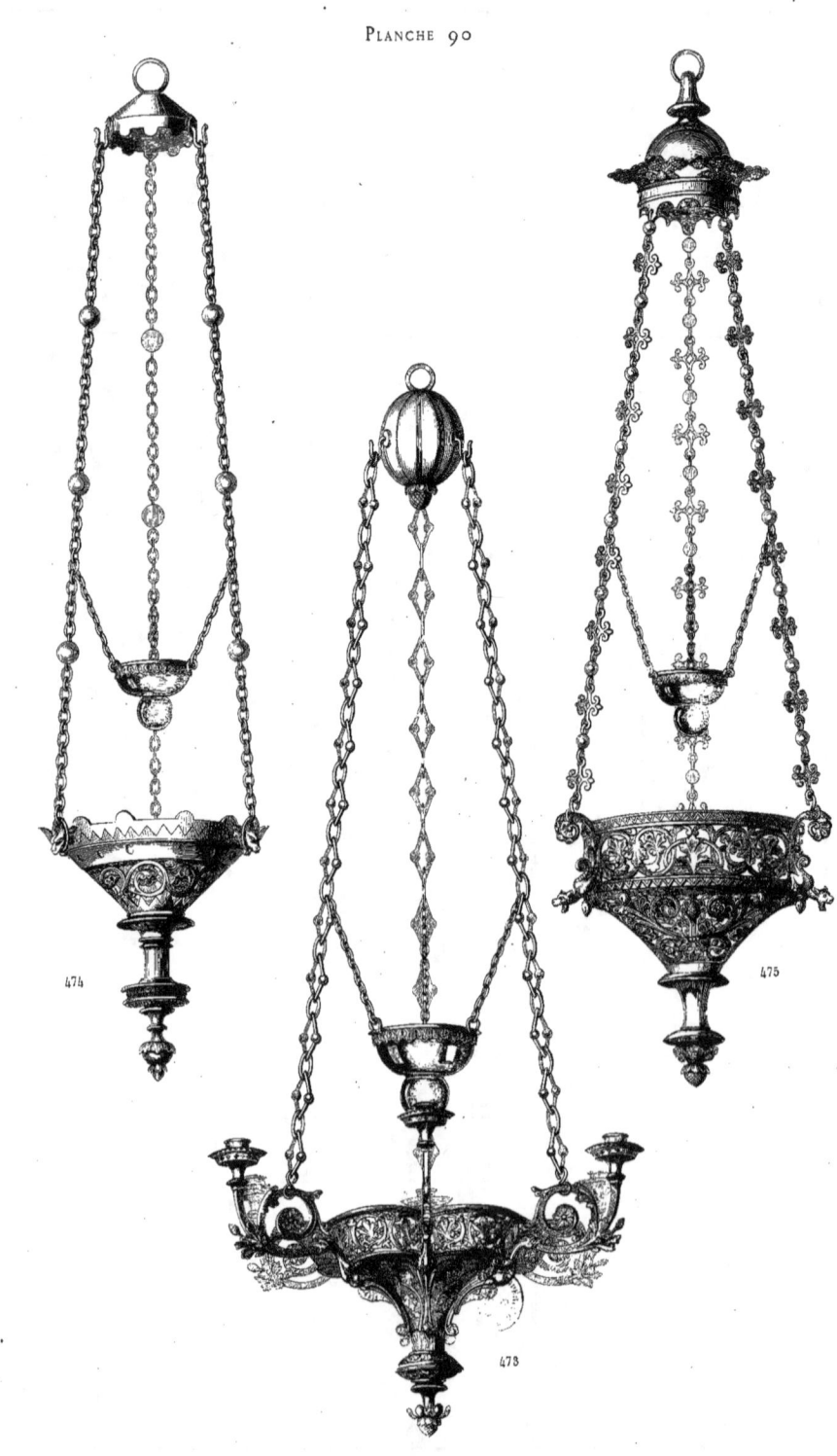

474

478

475

N° 476. — LAMPES A BOUGIES

Style du xiii⁰ siècle.

DIAMÈTRE TOTAL	NOMBRE		PRIX DE LA PIÈCE.			POIDS TOTAL
	de LOBES.	do LUMIÈRES.	VERNIES.	ARGENTÉES.	DORÉES or moulu.	de LA PIÈCE.
0ᵐ46ᶜ	3	3				19ᵏ 00ᵈ
0, 48	3	3				29, 50
0, 58	4	4				30, 20
0, 58	5	5				35, 50
0, 70	5	5				40, 00
1, 15	6	6				60, 00

N° 477. — LAMPES DE CHAPELLE

Style du xii⁰ siècle.

0ᵗʰ18ᶜ	»	»				2, 10
0, 20	»	»				2, 75
0, 23	»	»				3, 50

N° 478. — LAMPE DE CHAPELLE

Style du xiii⁰ siècle.

0ᵐ19ᶜ	6	»				2ᵏ 50ᵈ

478

477

476

N° 479. — LAMPE

Style roman.

DIMENSIONS.		NOMBRE	PRIX DE LA PIÈCE.			POIDS TOTAL
DIAMÈTRE de LA LAMPE.	DIAMÈTRE total.	de LUMIÈRES.	VERNIES.	ARGENTÉES.	DORÉES or moulu.	de LA PIÈCE.
0^m43^c	0m51c	» »				19k 50d

N° 480. — LAMPES A BOUGIES

Style du xiie siècle.

0m 25c	0m 31c	6				4k 75d
0, 35	0, 40	6				9, 30

N° 481. — LAMPE A BOUGIES

Style du xiiie siècle.

0m26c	0m 42c	6				9k 90d

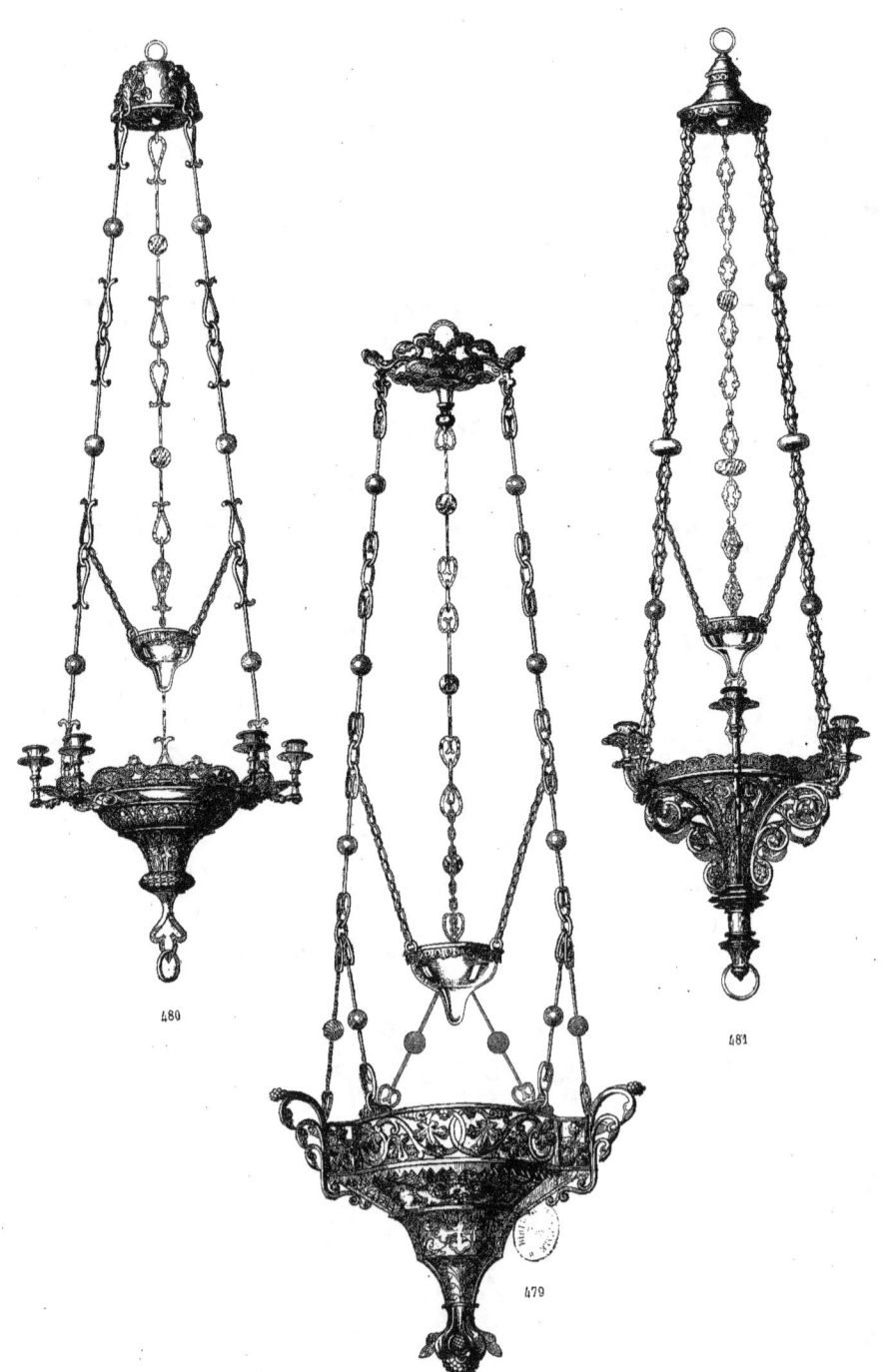

480

479

481

N° 482. — LAMPES A BOUGIES

Style roman.

DIMENSIONS.		NOMBRE	PRIX DE LA PIÈCE.			POIDS TOTAL
DIAMÈTRE de LA LAMPE.	DIAMÈTRE total.	de LUMIÈRES.	VERNIES.	ARGENTÉES.	DORÉES or moulu.	de LA PIÈCE.
0ᵐ14ᶜ	0ᵐ35ᶜ	6				3ᵏ20ᵈ
0, 17	0, 43	6				4, 40
0, 22	0, 51	6				6, 30
0, 27	0, 57	6				9, 10
0, 35	0, 72	6				15, 80
0, 44	0, 95 .	6				24, 00

N° 483. — VEILLEUSE SUSPENDUE

Style du xiiiᵉ siècle.

0ᵐ17ᶜ	0ᵐ30ᶜ	»				1ᵏ20ᵈ

N° 484. — LAMPE DE CHAPELLE

Style du xiiiᵉ siècle.

0ᵐ18ᶜ	0ᵐ30ᶜ	»				3ᵏ65ᵈ

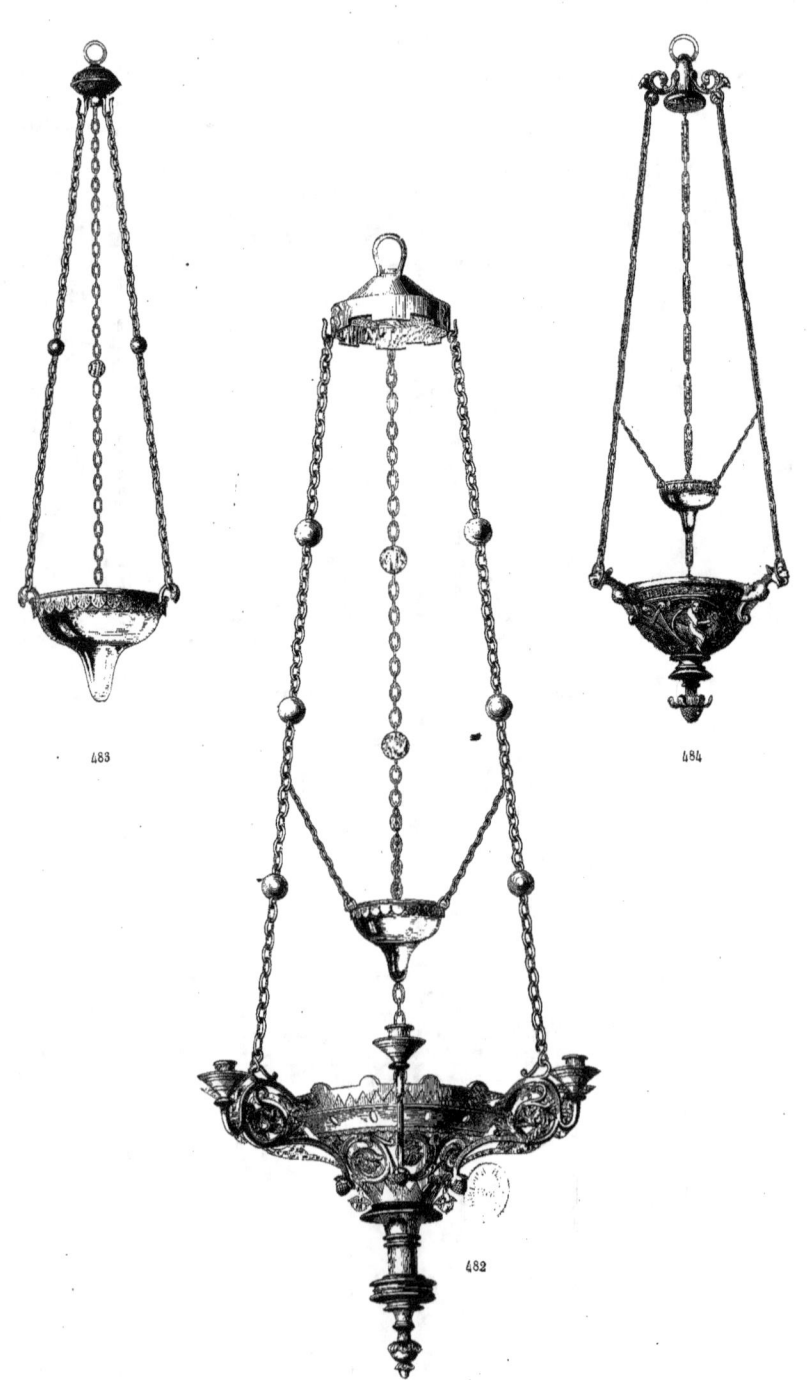

483

482

484

N° 485. — LAMPES

Style du xive siècle.

DIMENSIONS.		NOMBRE		PRIX DE LA PIÈCE.			POIDS TOTAL
DIAMÈTRE de LA LAMPE d'angle en angle.	DIAMÈTRE total.	de PANS.	de LUMIÈRES.	VERNIES.	ARGENTÉES.	DORÉES or moulu.	de LA PIÈCE.
0ᵐ35ᶜ	0ᵐ25ᶜ	6	»				10ᵏ 25ᵈ
0, 40	0, 40	6	»				14, 20
0, 60	0, 60	9	»				25, 50

Il est possible d'ajouter aux lampes n° 485 des branches destinées à porter des bougies.

Ces branches, qui sont figurées au n° 566, peuvent s'enlever à volonté, & valent, chacune :

Vernies. . . . . francs.

Argentées. . . . . —

Dorées or moulu. . . . . —

N° 486. — LAMPES

Style du xve siècle.

0ᵐ20ᶜ	0ᵐ20ᶜ	6	»				5ᵏ 50ᵈ
0, 30	0, 30	6	»				9, 15

N° 487. — LAMPES A BOUGIES

Style du xve siècle.

0ᵐ30ᶜ	0ᵐ40ᶜ	6	6				8ᵏ 60ᵈ
0, 35	0, 45	6	6				9, 90

486

485

487

N° 488. — LAMPES

Style du xv⁰ siècle.

DIAMÈTRE D'ANGLE EN ANGLE.	NOMBRE de PANS.	PRIX DE LA PIÈCE.			POIDS TOTAL de LA PIÈCE.
		VERNIES.	ARGENTÉES.	DORÉES or moulu.	
0ᵐ37ᶜ	6				20ᵏ60ᵈ
0, 52	9				37, 00

On peut ajouter aux lampes n° 488, des branches à bougies, comme celles dessinées au n° 566. Ces branches peuvent s'enlever à volonté, & valent, la pièce :

Vernies. . . . . francs.
Argentées. . . . . —
Dorées or moulu. . . . . —

N° 489. — LAMPES

Style du xv⁰ siècle.

COMPOSITION DE LASSUS.

0ᵐ44ᶜ	6				21ᵏ50ᵈ
0, 63	7				60, 00

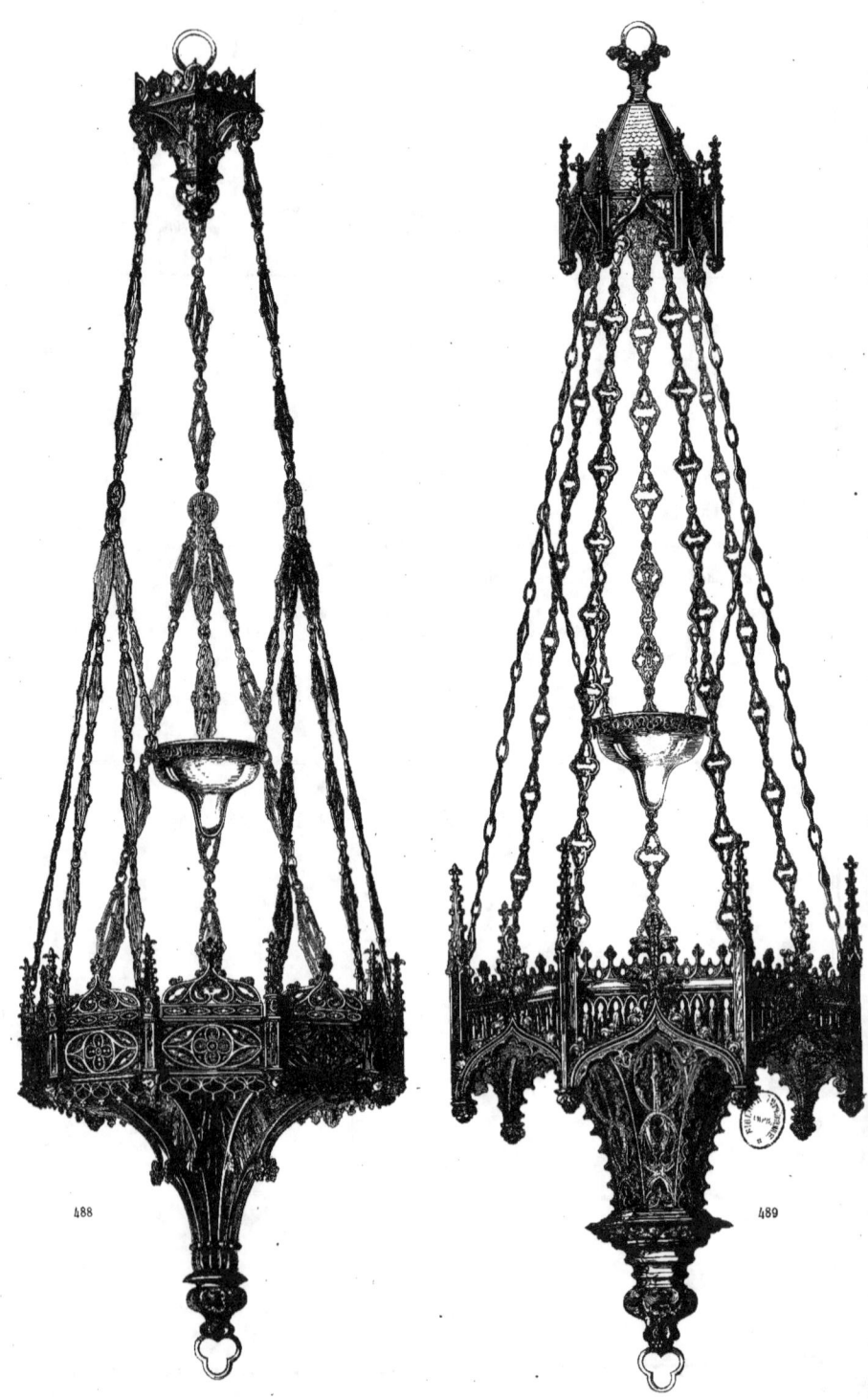

488

489

N° 490. — LAMPES

Style du xr siècle.*

DIAMÈTRE D'ANGLE EN ANGLE.	NOMBRE de PANS.	PRIX DE LA PIÈCE.			POIDS TOTAL de LA PIÈCE.
		VERNIES.	ARGENTÉES.	DORÉES or moulu.	
0ᵐ 38ᶜ	6				10ᵏ 10ᵈ
0, 45	6				16, 00

N° 491. — LAMPES

Style du xr siècle.*

D'APRÈS LES DESSINS DE LASSUS.

0ᵐ 14ᶜ	6				2ᵏ 40ᵈ
0, 17	6				3, 25
0, 22	6				5, 50
0, 28	6				9, 70
0, 45	9				17, 80

N° 492. — VEILLEUSE D'AUTEL

Style du xr siècle.*

HAUTEUR. . . . . 0ᵐ 25ᶜ.   —   DIAMÈTRE. . . . . 0ᵐ 09ᶜ.   →   POIDS TOTAL. . . 1ᵏ 30ᵈ.

PRIX DE LA PIÈCE. . . . ⎰ Vernie. . . . . francs.
                                 ⎱ Argentée. . . . . —
                                    Dorée or moulu. . . . . —

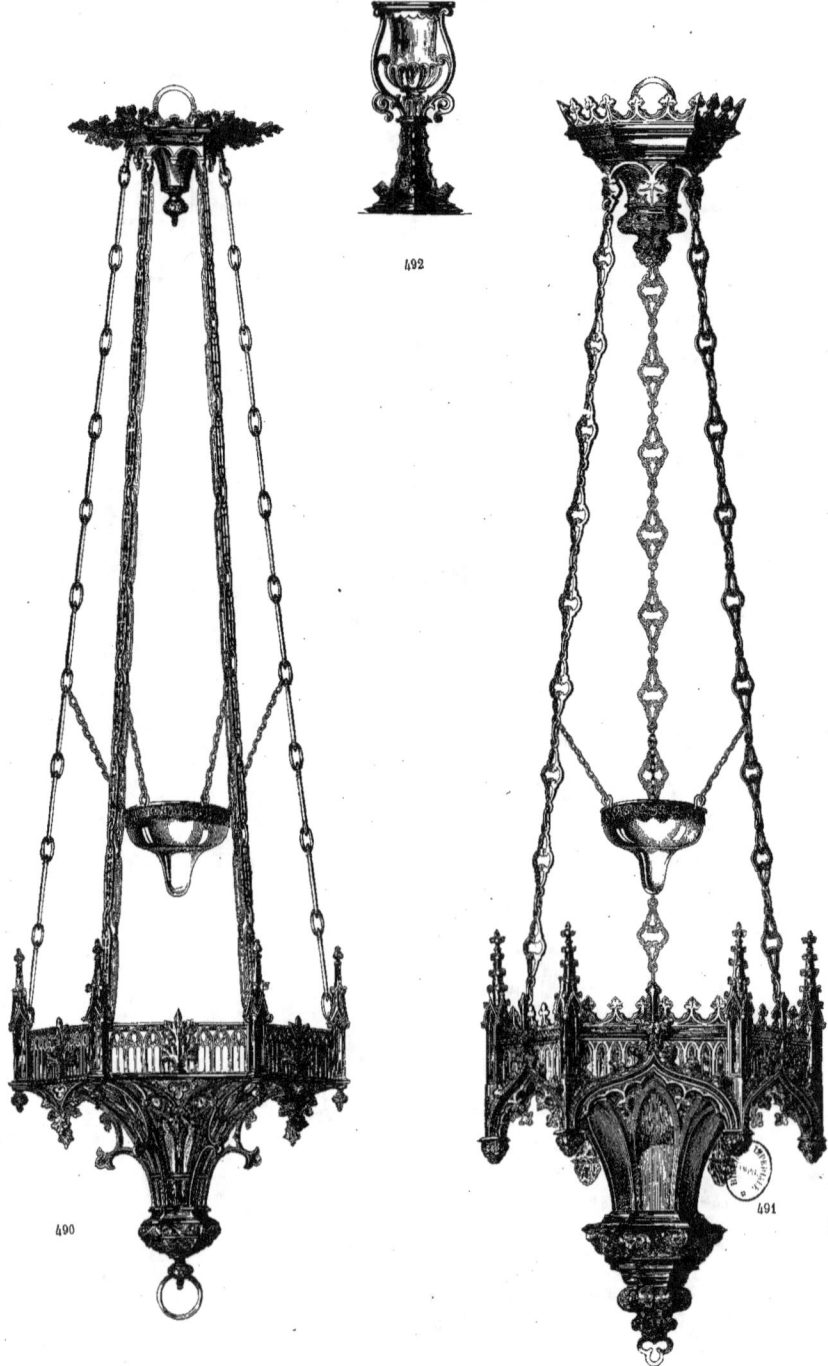

492

490

491

N° 493. — LAMPES

Style du xᵛᵉ siècle.

COMPOSITION DE LASSUS.

DIAMÈTRE D'ANGLE EN ANGLE.	NOMBRE de PANS.	PRIX DE LA PIÈCE.			POIDS TOTAL de LA PIÈCE.
		VERNIES.	ARGENTÉES.	DORÉES or moulu.	
0ᵐ45ᶜ	6				98ᵏ 00ᵈ
0,53	7				44, 00
0,62	8				55, 00

N° 494. — LAMPE

Style du xᵛᵉ siècle.

COMPOSITION DE LASSUS.

0ᵐ47ᶜ	6				22ᵏ 50ᵈ

N° 495 — LAMPE

Style du xᵛᵉ siècle.

0ᵐ32ᶜ	6				14ᵏ 80ᵈ

Pas de planche 98.

494

495

493

Nº 500. — LAMPES ORDINAIRES

Style Louis XIV

CHAÎNES BATTUES, DOUBLURE INTÉRIEURE EN ZINC, LE VERRE LIVRÉ AVEC LA LAMPE.

DIMENSIONS.		PRIX DE LA PIÈCE.					POIDS TOTAL.
	DIAMÈTRE	VERNIES	ARGENTÉES.			DORÉES	de
DIAMÈTRE A L'OUVERTURE.	à LA PANSE.	ENTIÈREMENT.	GARNITURES VERNIES.	ENTIÈREMENT.	GARNITURES DORÉES OR MOULU.	OR MOULU.	LA PIÈCE.
0m 13c	0m 18c						1k 50d
0, 15	0, 20						1, 75
0, 17	0, 24	—					2, 20
0, 19	0, 29						2, 90
0, 22	0, 32						3, 70
0, 25	0, 35						4, 60
0, 28	0, 38						5, 60
0, 30	0, 43						7, 40
0, 33	0, 47						7, 80
0, 36	0, 50						9, 00
0, 38	0, 54						10, 75

Nº 501. — LAMPES DITES A CHÉRUBINS

Style Louis XIV

CHAÎNES FONDUES & CISELÉES, DOUBLURE INTÉRIEURE EN ZINC, LE VERRE LIVRÉ AVEC LA LAMPE.

DIAMÈTRE A L'OUVERTURE.	DIAMÈTRE à LA PANSE.	VERNIES ENTIÈREMENT.	GARNITURES VERNIES.	ENTIÈREMENT.	GARNITURES DORÉES OR MOULU.	DORÉES OR MOULU.	POIDS TOTAL de LA PIÈCE.
0m 19c	0m 29c						4k 90d
0, 22	0, 32						6, 35
0, 25	0, 35						8, 00
0, 28	0, 38						10, 00
0, 30	0, 43						12, 85
0, 33	0, 47						14, 00
0, 36	0, 50						16, 95
0, 38	0, 54						28, 90
0, 46	0, 65						65, 00

Pas de planche 98.

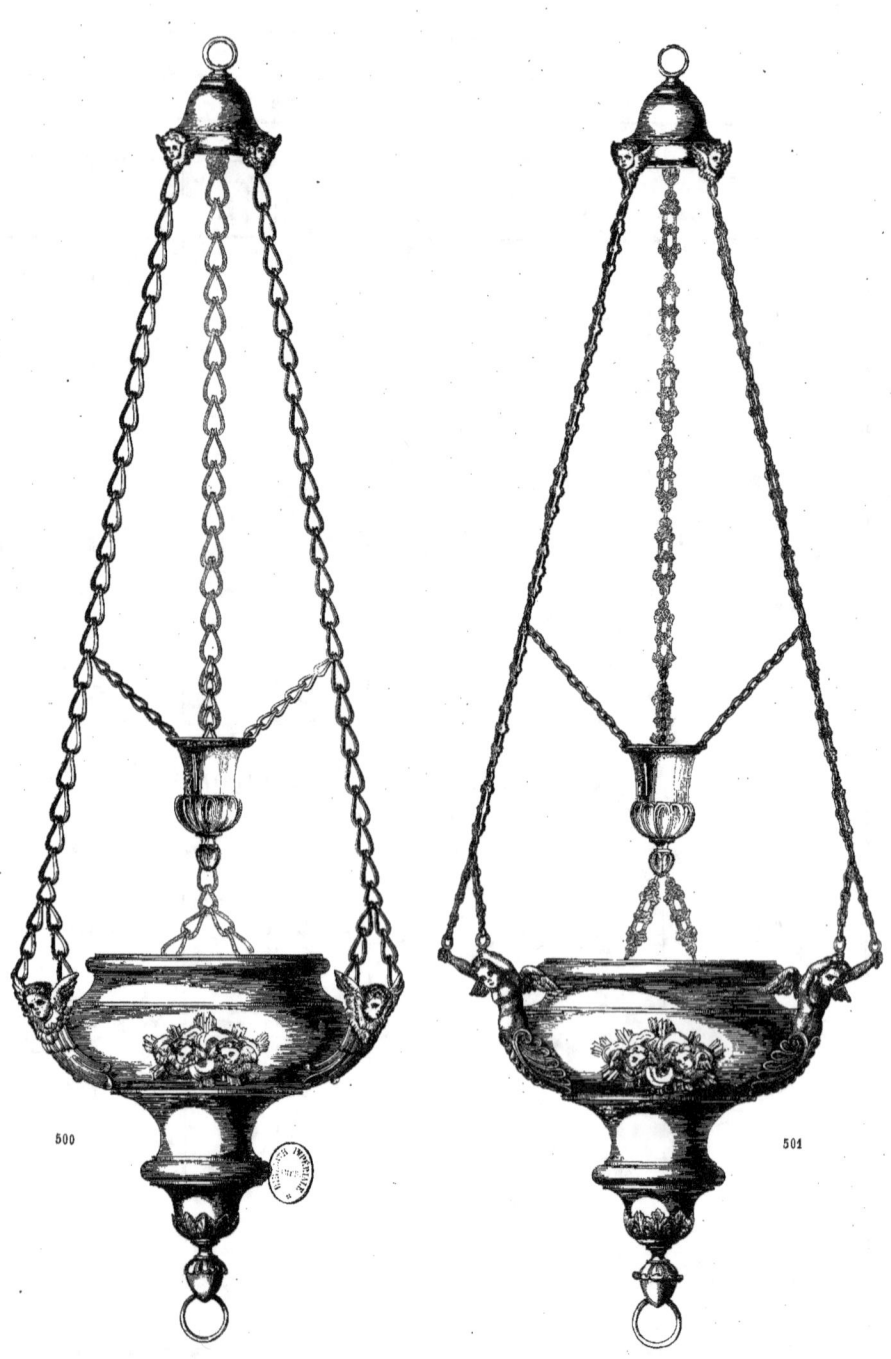

500

501

N° 502. — LAMPES DITES A LA ROMAINE

Modèle mi-riche.

CHAÎNES A BAGUETTES, DOUBLURE INTÉRIEURE EN ZINC, LE VERRE LIVRÉ AVEC LA LAMPE.

DIAMÈTRE. A L'OUVERTURE.	PRIX DE LA PIÈCE.					POIDS TOTAL de LA PIÈCE.
	VERNIES.	ARGENTÉES			DORÉES or moulu.	
		GARNITURES VERNIES.	ENTIÈREMENT.	GARNITURES DORÉES OR MOULU.		
0m 23c						2k 85l
0, 25						3, 15
0, 28						3, 55
0, 30						3, 85
0, 33						4, 65
0, 36						5, 10
0, 38						6, 15
0, 41						6, 70
0, 44						8, 25
0, 46						9, 40
0, 49						10, 50
0, 51						11, 50
0, 55						12, 00
0, 57						12, 50
0, 60						14, 00
0, 63						15, 00
0, 66						16, 00

N° 503. — LAMPES DITES A LA ROMAINE

Modèle riche.

CHAÎNES FONDUES & CISELÉES, DOUBLURE INTÉRIEURE EN ZINC, LE VERRE LIVRÉ AVEC LA LAMPE.

0m 32c						7k 75l
0, 35						8, 00
0, 40						12, 40
0, 46						14, 20
0, 49						14, 75
0, 52						22, 70
0, 56						28, 50
0, 60						29, 00
0, 65						31, 00

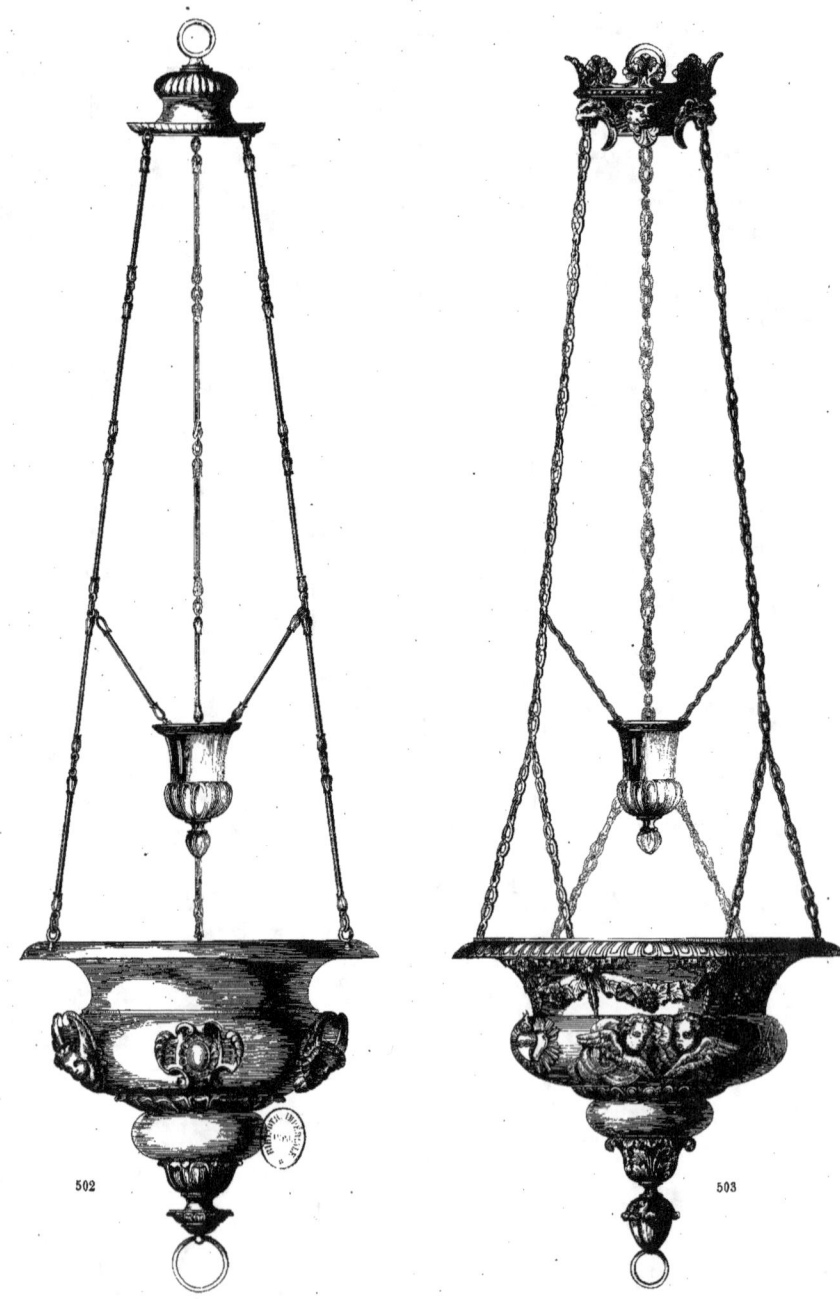

502

503

N° 504. — LAMPE A BOUGIES

Style Louis XIV.

DIMENSIONS.		NOMBRE de LUMIÈRES.	PRIX DE LA PIÈCE.						POIDS TOTAL de LA PIÈCE.
DIAMÈTRE EXTRÊME.	DIAMÈTRE de LA LAMPE.		VERNIES ENTIÈREMENT.	ARGENTÉES.				DORÉES OR MOULU	
				GARNITURES VERNIES.	ENTIÈREMENT.	GARNITURES DORÉES OR MOULU.			
0ᵐ 56ᶜ	0ᵐ 40ᶜ	8							23ᵏ 00ᵈ

N° 505. — LAMPE

Style Louis XIV.

0ᵐ 70ᶜ	0ᵐ 55ᶜ	»							64ᵏ 00ᵈ

N° 506. — LAMPE DE CHAPELLE

Forme dite à la romaine

(NON DESSINÉE).

0ᵐ 22ᶜ	0ᵐ 28ᶜ	»							1ᵏ 80ᵈ

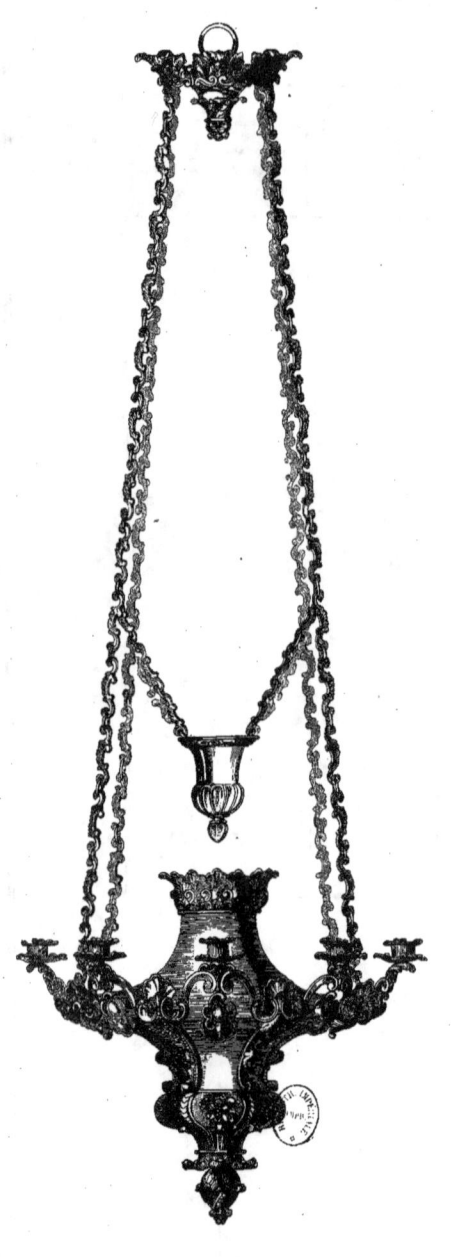

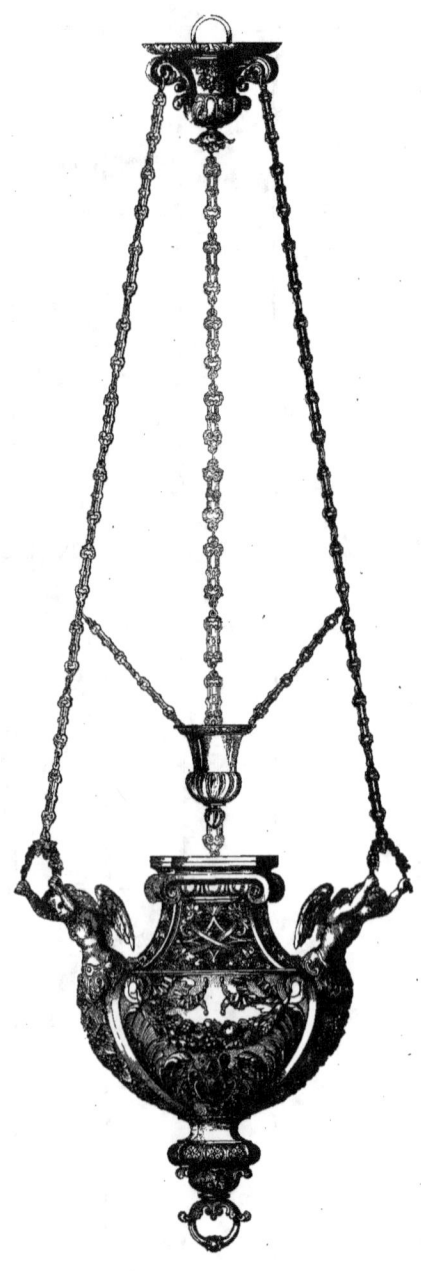

504

505

N° 507. — LAMPE

Style Louis XV.

DIMENSIONS.		PRIX DE LA PIÈCE.					POIDS TOTAL.
	DIAMÈTRE	VERNIES	ARGENTÉES.			DORÉES	de
DIAMÈTRE TOTAL.	de	ENTIÈREMENT.	GARNITURES VERNIES.	ENTIÈREMENT.	GARNITURES DORÉES OR MOULU.	OR MOULU.	LA PIÈCE.
	LA LAMPE SEULE.						
0ᵐ 75ᶜ	0ᵐ 50ᶜ						48ᵏ 80ᵈ

N° 508. — LAMPE DE CHAPELLE

Forme Médicis.

0ᵐ 24ᶜ	0ᵐ 24ᶜ						3ᵏ 25ᵈ

N° 509. — LAMPE DE CHAPELLE

Style Louis XIV.

0ᵐ 28ᶜ	0ᵐ 24ᶜ						7ᵏ 25ᵈ

N° 510. — VEILLEUSE D'AUTEL

HAUTEUR. . . . . 0ᵐ 17ᶜ.

DIAMÈTRE. . . . . 0ᵐ 08ᶜ.

POIDS TOTAL. . . . . 0ᵏ 65ᵈ.

PRIX DE LA PIÈCE. . . { Vernie. . . . . . . francs.

Argentée. . . . . . ÷

Dorée or moulu. . . —

Le verre est en cristal blanc.

N° 511. — VEILLEUSE D'AUTEL

HAUTEUR. . . . . 0ᵐ 18ᶜ.

DIAMÈTRE. . . . . 0ᵐ 08ᶜ.

POIDS TOTAL. . . . . 0ᵏ 60ᵈ.

PRIX DE LA PIÈCE. . , { Vernie. . . . . . . francs.

Argentée. . . . . —

Dorée or moulu. . . —

Le verre est en cristal blanc.

Les contre-poids sont tarifés à la planche 82, n° 436.

Pas de planches 103 & 104.

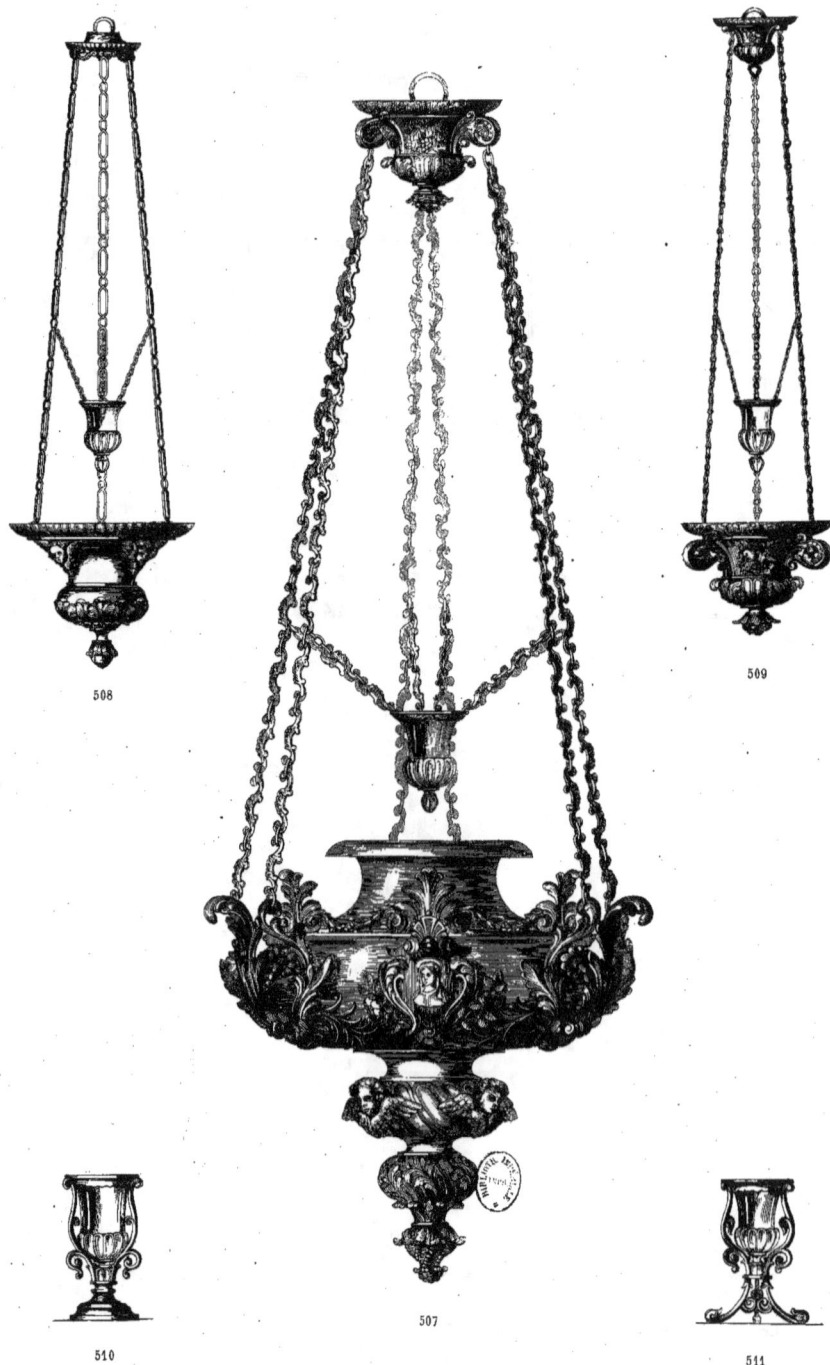

508

509

507

510

511

N° 520. — COURONNE DE LUMIÈRE

Style du XIII' siècle.

COMPOSÉE DE 2 COURONNES SUPERPOSÉES A 6 LOBES CHACUNE, PORTANT ENSEMBLE 48 BOUGIES
ET D'UNE LAMPE INTÉRIEURE SUSPENDUE A UN CONTRE - POIDS.

DIMENSIONS.

DIAMÈTRE DE LA GRANDE COURONNE. . . $1^m 10^c$.

DIAMÈTRE DE LA PETITE COURONNE. . . $0^m 65^c$.

DIAMÈTRE DE LA LAMPE INTÉRIEURE. . . $0^m 30^c$.

POIDS TOTAL. . . . . $67^k 00^d$.

PRIX DE LA PIÈCE. . . .

Vernie. . . . . francs.

Vernie, avec décor d'émaux à froid. . . . . —

Argentée. . . . . —

Dorée or moulu. . . . . —

Dorée or moulu, avec décor d'émaux à froid . . . . —

La lampe suspendue à l'intérieur de cette couronne de lumière peut être remplacée par une croix, dans le genre de ce qui est dessiné aux n°s 521 & 522.

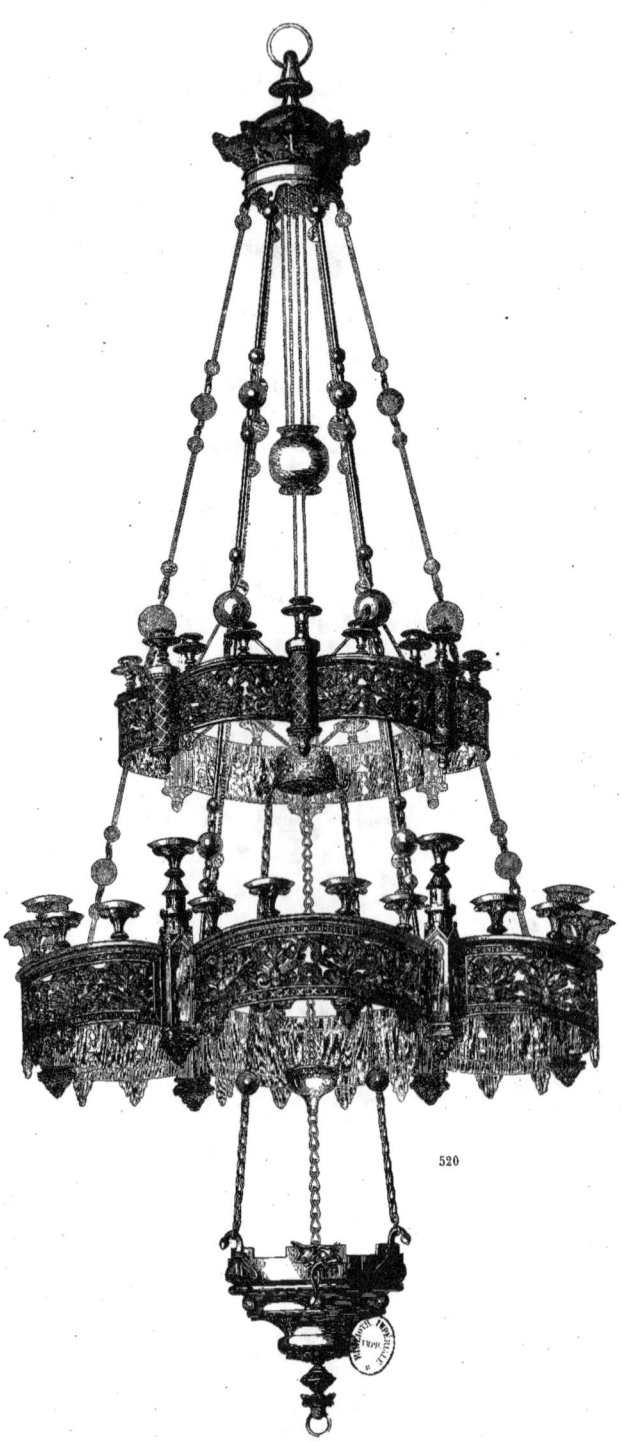

520

Nº 521. — COURONNE DE LUMIÈRE

Style du XIIIᵉ siècle

A 6 LOBES ET 36 LUMIÈRES

DIAMÈTRE. . . . . 1ᵐ 00ᶜ.

POIDS TOTAL. . . . . 42ᵏ 00ᵈ.

PRIX DE LA PIÈCE. . . .
Vernie.	francs.
Vernie, avec décor d'émaux à froid.	—
Argentée.	—
Dorée or moulu.	—
Dorée or moulu, avec décor d'émaux à froid.	—

A 8 LOBES ET 48 LUMIÈRES

DIAMÈTRE. . . . . 1ᵐ 20ᶜ.

POIDS TOTAL. . . . . 60ᵏ 00ᵈ.

PRIX DE LA PIÈCE. . . .
Vernie.	francs.
Vernie, avec décor d'émaux à froid.	—
Argentée.	—
Dorée or moulu	—
Dorée or moulu, avec décor d'émaux à froid.	—

La croix qui est suspendue sous cette couronne de lumière peut être remplacée par une lampe intérieure, dans le genre de ce qui est dessiné au nº 525.

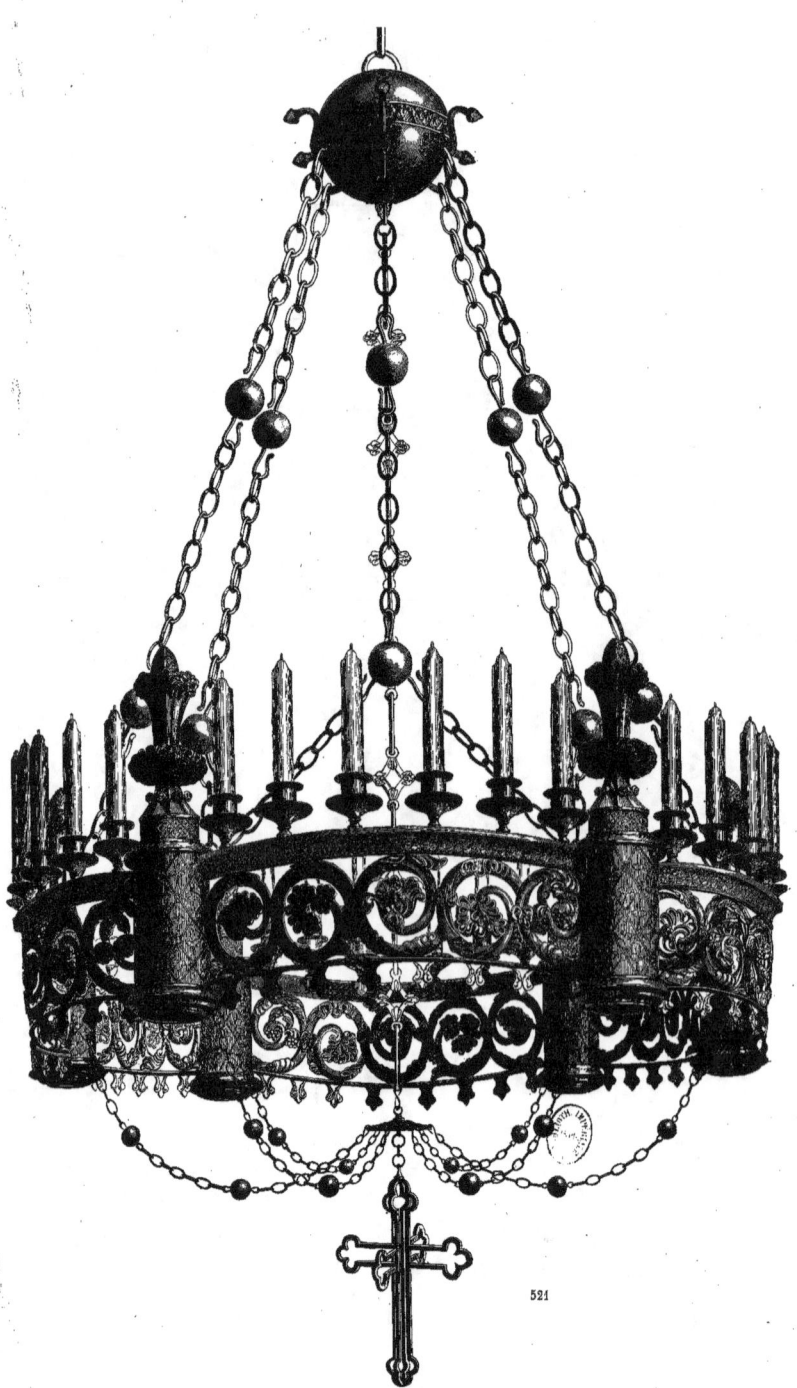

521

N° 522. — COURONNE DE LUMIÈRE

Style du XIII° siècle

A 12 LOBES ET 96 LUMIÈRES

DIAMÈTRE TOTAL. . . . . 2ᵐ 00ᶜ.

POIDS TOTAL. . . . . 185ᵏ 00ᵍ.

PRIX DE LA PIÈCE. . . .

Vernie. . . . .   francs.

Vernie, avec décor d'émaux à froid. . . . .   —

Argentée. . . . .   —

Dorée or moulu. . . . .   —

Dorée or moulu, avec décor d'émaux à froid. . . . .   —

Les chaînes ont 2ᵐ 50ᶜ de longueur.

N° 523. — COURONNE DE LUMIÈRE

(NON DESSINÉE)

MÊME MODÈLE QUE LE N° 522,

MAIS AVEC ADDITION DE 24 BRANCHES RAPPORTÉES PAR DEUX SUR CHACUNE DES 12 TOURELLES.

A 12 LOBES ET 120 LUMIÈRES

DIAMÈTRE DE LA COURONNE SEULE. . . . . 1ᵐ 90ᶜ.

DIAMÈTRE, Y COMPRIS LES BRANCHES. . . 2ᵐ 55ᶜ.

POIDS TOTAL. . . . . 240ᵏ 00ᵈ.

PRIX DE LA PIÈCE. . . .

Vernie. . . . .   francs.

Vernie, avec décor d'émaux à froid. . . . .   —

Argentée. . . . .   —

Dorée or moulu. . . . .   —

Dorée or moulu, avec décor d'émaux à froid. . . . .   —

Les branches qui se rapportent à cette couronne sont dans le genre du dessin n° 433.

Les chaînes ont 2ᵐ 65ᶜ de longueur.

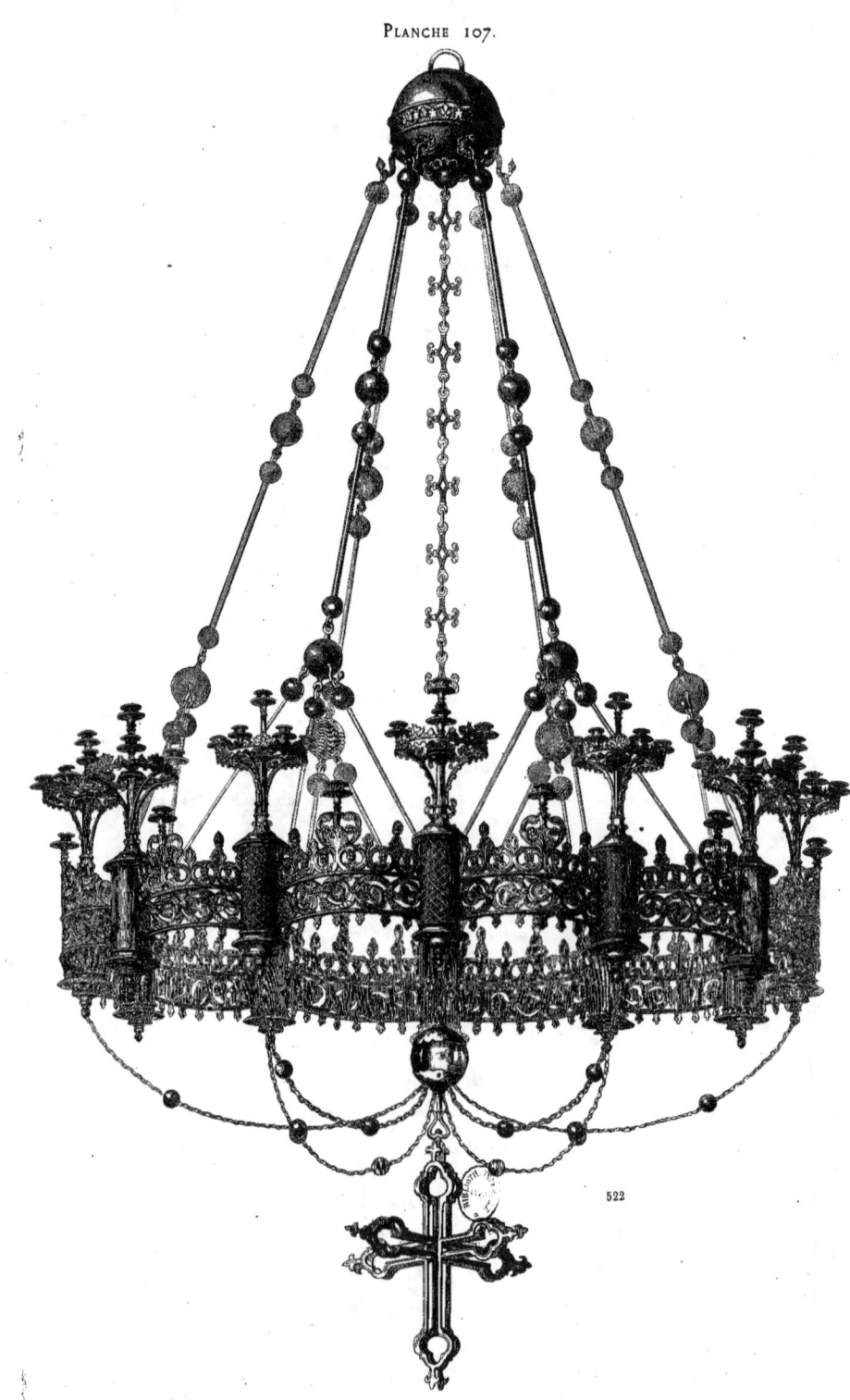

522

N° 524. — COURONNES DE LUMIÈRE

Style du XIIIᵉ siècle.

| DIAMÈTRE TOTAL. | NOMBRE | | PRIX DE LA PIÈCE. | | | | | POIDS |
	de LOBES.	de LUMIÈRES.	VERNIES.	VERNIES avec DÉCOR D'ÉMAUX à froid.	ARGENTÉES.	DORÉES or moulu.	DORÉES OR MOULU avec DÉCOR D'ÉMAUX à froid	de LA PIÈCE.
0ᵐ64ᶜ	4	16						28ᵏ 00ᵈ
0,80	5	20						86,00
1,00	6	24						47,00
1,20	6	30						80,00
1,55	8	40						130,00

Le récipient qui est suspendu sous ces Couronnes de lumière peut être remplacé par une croix, dans le genre de celle qui est dessinée aux nᵒˢ 521 & 522.

La couronne n° 524 de 1ᵐ 55ᶜ de diamètre diffère un peu du dessin. — Les tourelles qui séparent les lobes sont plus fortes & ornées, & le pavillon est en forme de boule.

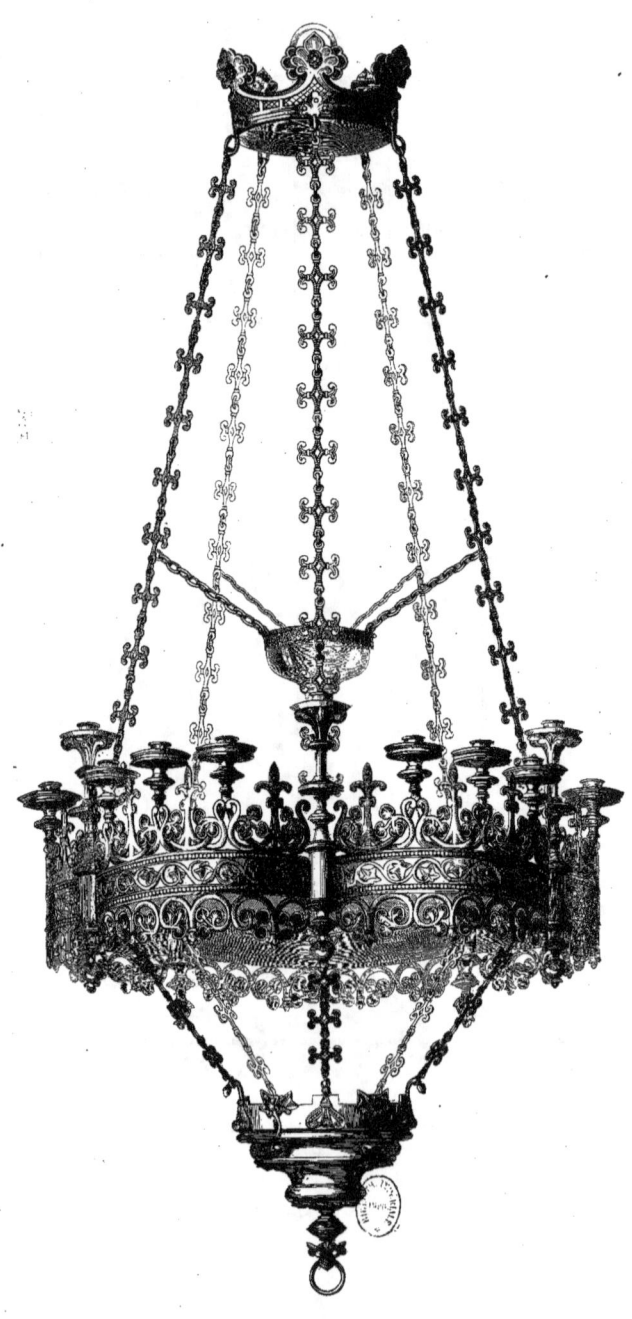

N° 525. — COURONNE DE LUMIÈRE

Style du xiv siècle.*

COMPOSITION DE M. ALFRED DARCEL.

DIAMÈTRE.	NOMBRE		PRIX DE LA PIÈCE.						POIDS
	de LOBES.	de LUMIÈRES.	VERNIES.	VERNIES avec DÉCOR D'ÉMAUX à froid.	ARGENTÉES.	DORÉES or moulu.	DORÉES OR MOULU avec DÉCOR D'ÉMAUX à froid.		de LA PIÈCE.
0m 80c	6	30							30k 004

Le verre & le récipient de cette couronne de lumière peuvent être remplacés par une croix, dans le genre de celle qui est dessinée au n° 521.

N° 526. — COURONNE DE LUMIÈRE

Style roman.

0m 55c	5	10							18k 004

Le récipient suspendu sous cette couronne de lumière peut être placé dans l'intérieur des chaînes, dans le genre de ce qui est dessiné au n° 525.

N° 527. — COURONNE DE LUMIÈRE

Style du xiii siècle.*

0m 50c	»	12							7k 004

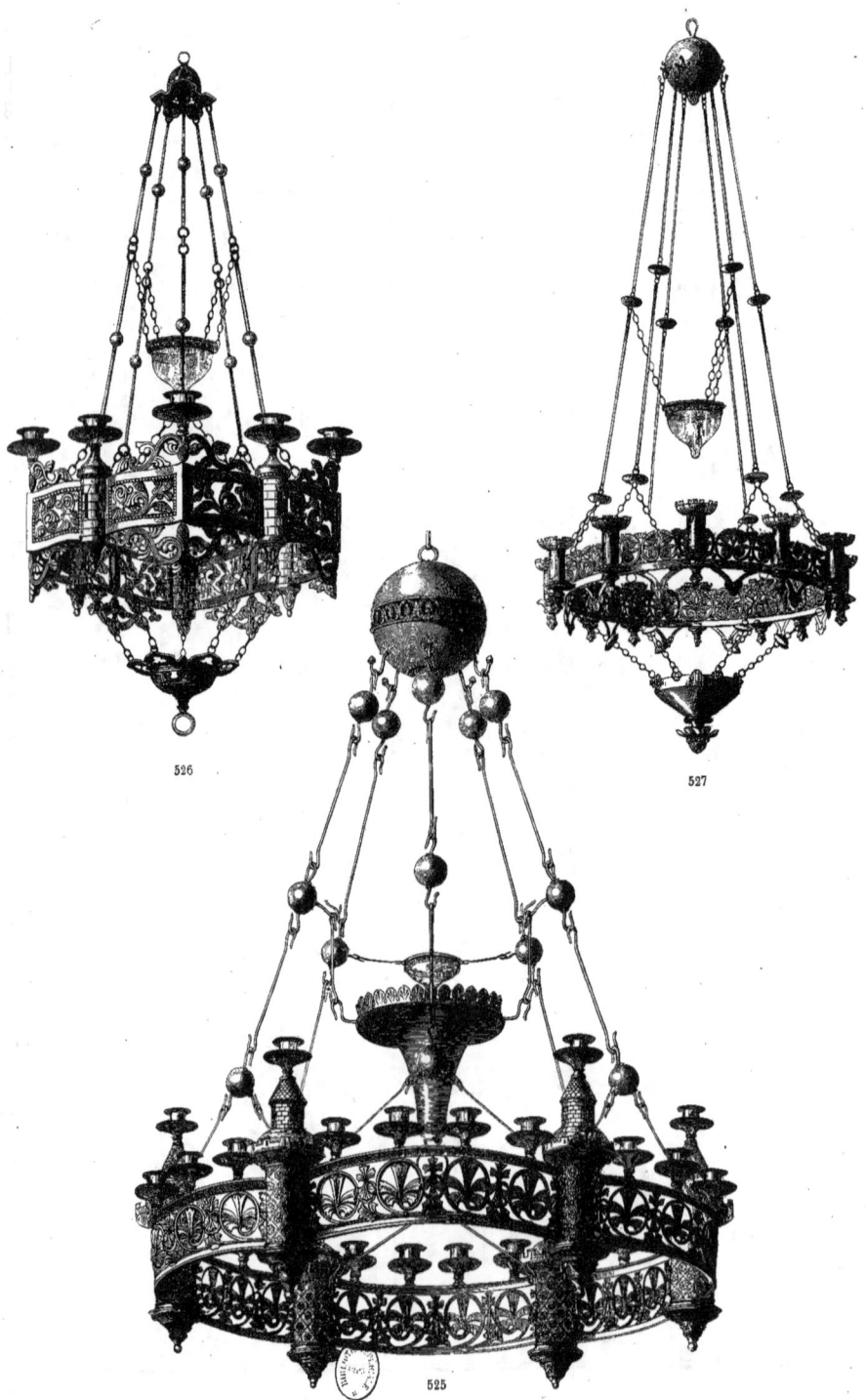

526

527

525

N° 528. — COURONNÉ DE LUMIÈRE

Style du xv⁵ siècle.

COMPOSITION DE M. ALFRED DARCEL.

| DIAMÈTRE. | NOMBRE | | PRIX DE LA PIÈCE. | | | POIDS TOTAL |
	de PANS.	de LUMIÈRES	VERNIES.	ARGENTÉES.	DORÉES or moulu.	de LA PIÈCE.
1ᵐ05ᶜ	6	48				75ᵏ00ᵈ

N° 529. — COURONNE DE LUMIÈRE

Style du xv⁵ siècle.

FORMÉE DU GRAND CERCLE DE LA COURONNE N° 528.

1ᵐ05ᶜ	6	30				54ᵏ00ᵈ

N° 530. — COURONNE DE LUMIÈRE

Style du xv⁵ siècle.

FORMÉE DU PETIT CERCLE DE LA COURONNE N° 528

0ᵐ70ᶜ	6	18				82ᵏ00ᵈ

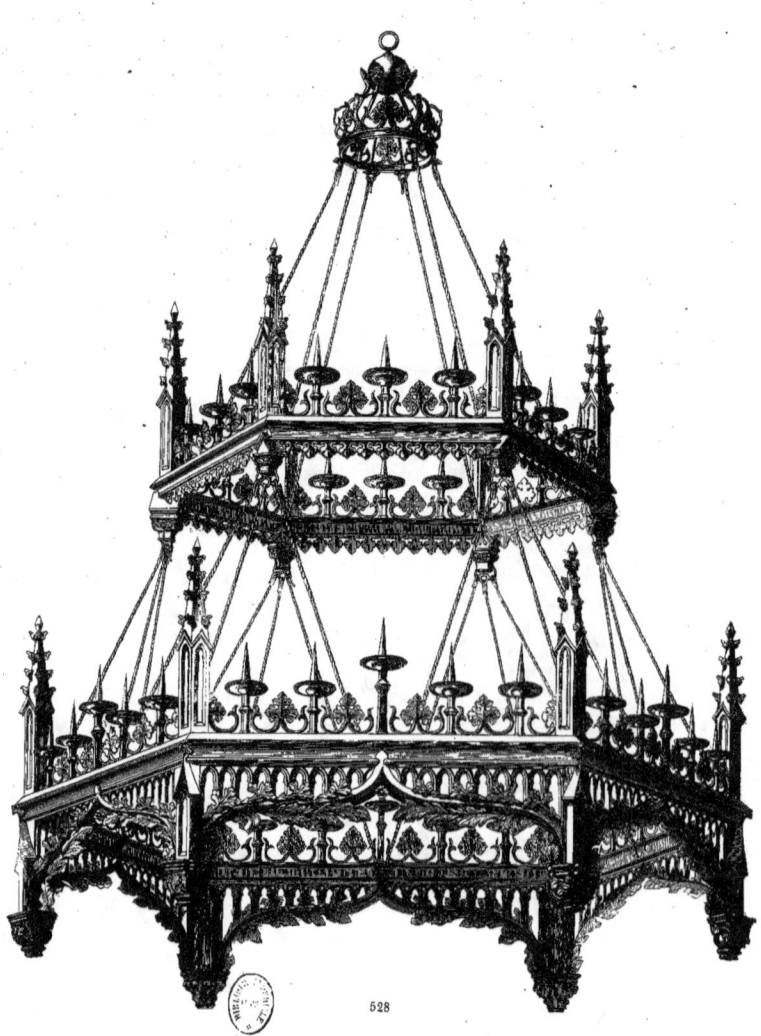

528

N° 531. — LUSTRE A CERCLE ET BRANCHES

Style du XIIIe siècle.

A 20 LUMIÈRES

HAUTEUR.	1^m 20^c.
DIAMÈTRE TOTAL.	0^m 70^c.
DIAMÈTRE DU CERCLE.	0^m 45^c.
POIDS.	21^k 00^d.

	Verni.	francs.
PRIX DE LA PIÈCE.	Argenté.	—
	Doré or moulu.	—

A 24 LUMIÈRES

HAUTEUR.	1^m 30^c.
DIAMETRE TOTAL.	0^m 75^c.
DIAMÈTRE DU CERCLE.	0^m 51^c.
POIDS.	26^k 50^d.

	Verni.	francs.
PRIX DE LA PIÈCE.	Argenté.	—
	Doré or moulu.	—

N° 532. — LUSTRE

Style du XIIe siècle.

A 27 LUMIÈRES

HAUTEUR.	1^m 10^c.
DIAMÈTRE TOTAL.	0^m 85^c.
POIDS.	26^k 50^d.

	Verni.	francs.
PRIX DE LA PIÈCE.	Argenté.	—
	Doré or moulu.	—

A 30 LUMIÈRES

HAUTEUR.	1^m 10^c.
DIAMÈTRE TOTAL.	0^m 85^c.
POIDS.	28^k 00^d.

	Verni.	francs.
PRIX DE LA PIÈCE.	Argenté.	—
	Doré or moulu.	—

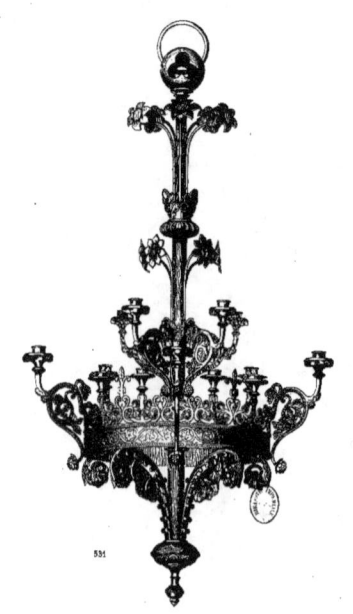

531

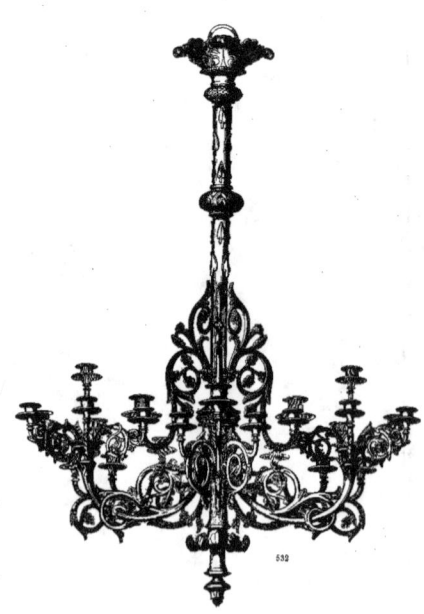

532

N° 533. — LUSTRES EN CERCLES

Style du XIII⁰ siècle.

DIMENSIONS.		NOMBRE de LUMIÈRES.	PRIX DE LA PIÈCE.			POIDS de LA PIÈCE.
HAUTEUR.	DIAMÈTRE.		VERNIS.	ARGENTÉS.	DORÉS or moulu.	
0ᵐ80ᶜ	0ᵐ 35ᶜ	6				5ᵏ 00ᵈ
0, 85	0, 40	9				8, 00
1, 10	0, 50	12				10, 50
1, 15	0, 55	18				14, 50

N° 534. — LUSTRES

Style roman.

0ᵐ72ᶜ	9ᵐ 55ᶜ	10				12ᵏ 00ᵈ
0, 72	0, 55	12				14, 00
0, 72	0, 55	14				15, 50

N° 535. — LUSTRES UNIS

Genre moderne.

0ᵐ61ᶜ	0ᵐ 48ᶜ	10				5ᵏ 50ᵈ
0, 61	0, 52	12				6, 20

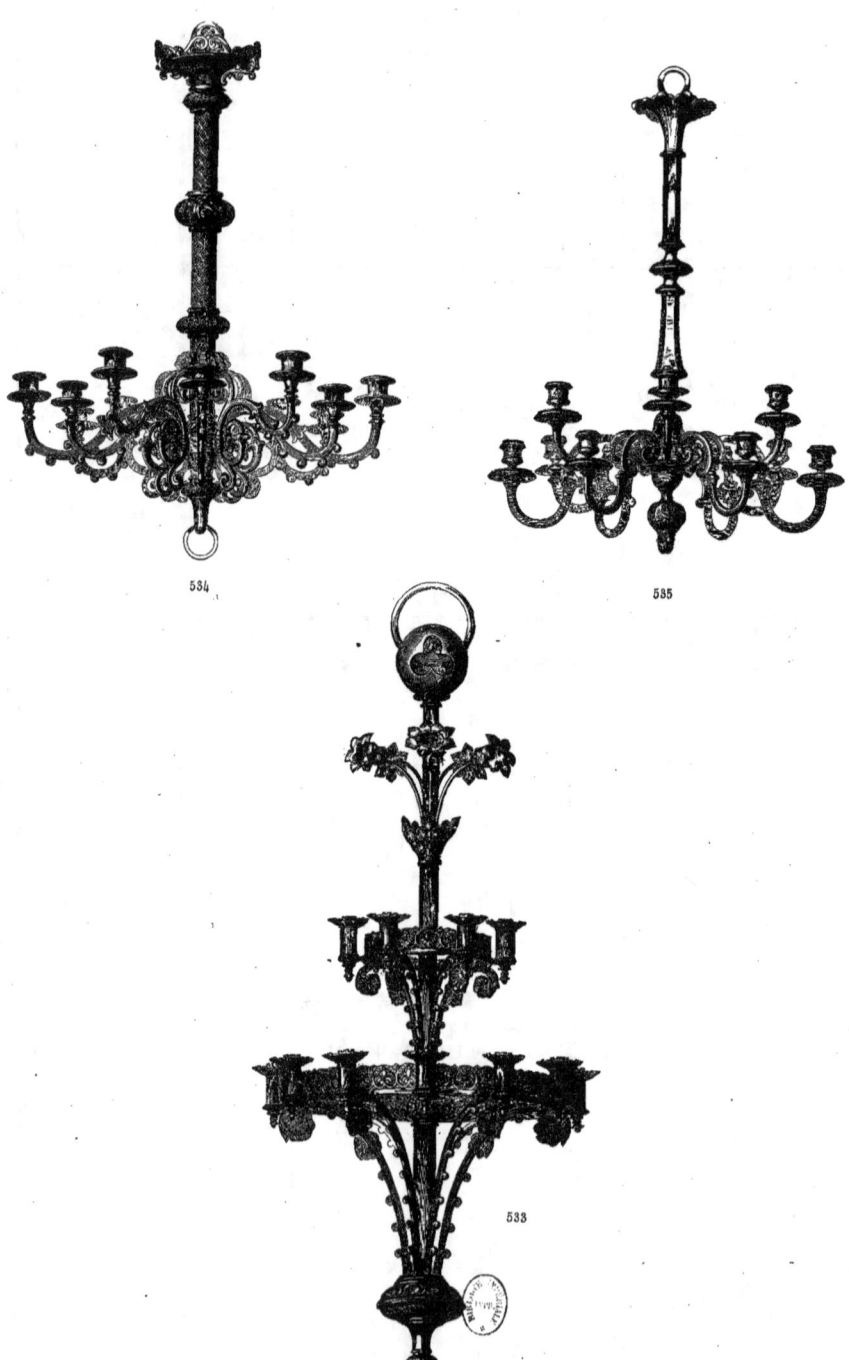

534

535

533

N° 536. — LAMPADAIRE SUSPENDU

Style du xiii° siècle

POUR 2 LAMPES

HAUTEUR. . . . . 0ᵐ 95ᵉ.

LARGEUR. . . . . 0ᵐ 70ᵉ.

POIDS. . . . . 11ᵏ 50ᵉ.

PRIX DE LA PIÈCE. . . .
- Verni. . . . . francs.
- Argenté. . . . . —
- Doré or moulu. . . . . —

POUR 3 LAMPES

HAUTEUR. . . . . 0ᵐ 95ᵉ.

DIAMÈTRE. . . . . 0ᵐ 70ᵉ.

POIDS. . . . . 14ᵏ 00ᵈ.

PRIX DE LA PIÈCE. . . .
- Verni. . . . . francs.
- Argenté. . . . . —
- Doré or moulu. . . . . —

N° 537. — SUSPENSION POUR UNE LAMPE

Style du xiii° siècle.

DIAMÈTRE TOTAL. . . . . 0ᵐ 50ᵉ.

POIDS. 4ᵏ 00ᵈ

PRIX DE LA PIÈCE. . . . .
- Vernie. . . . . francs.
- Argentée. . . . . —
- Dorée or moulu. . . . . —

N° 538. — SUSPENSION POUR UNE LAMPE

Style du xv° siècle.

DIAMÈTRE TOTAL. . . . . 0ᵐ 53ᵉ.

POIDS. . . . . 4ᵏ 60ᵈ.

PRIX DE LA PIÈCE. . . . .
- Vernie. . . . . francs.
- Argentée. . . . . —
- Dorée or moulu. . . . . —

538

537

536

N° 539. — LUSTRES

Style du xiv° siècle.

DIMENSIONS.		NOMBRE de LUMIÈRES.	PRIX DE LA PIÈCE.			POIDS de LA PIÈCE.
HAUTEUR.	DIAMÈTRE.		VERNIS.	ARGENTÉS.	DORÉS or moulu.	
1ᵐ15ᶜ	1ᵐ 05ᶜ	30				89ᵏ 50ᵈ
1, 15	1, 05	36				35, 00

N° 540. — LUSTRES

Style du xv° siècle.

1ᵐ00ᶜ	0ᵐ 75ᶜ	6				15ᵏ 25ᵈ
1, 00	0, 75	12				17, 50

N° 541. — LUSTRES

Style du xv° siècle.

1ᵐ00ᶜ	0ᵐ 80ᶜ	6				17ᵏ 50ᵈ
1, 00	0, 80	12				21, 00

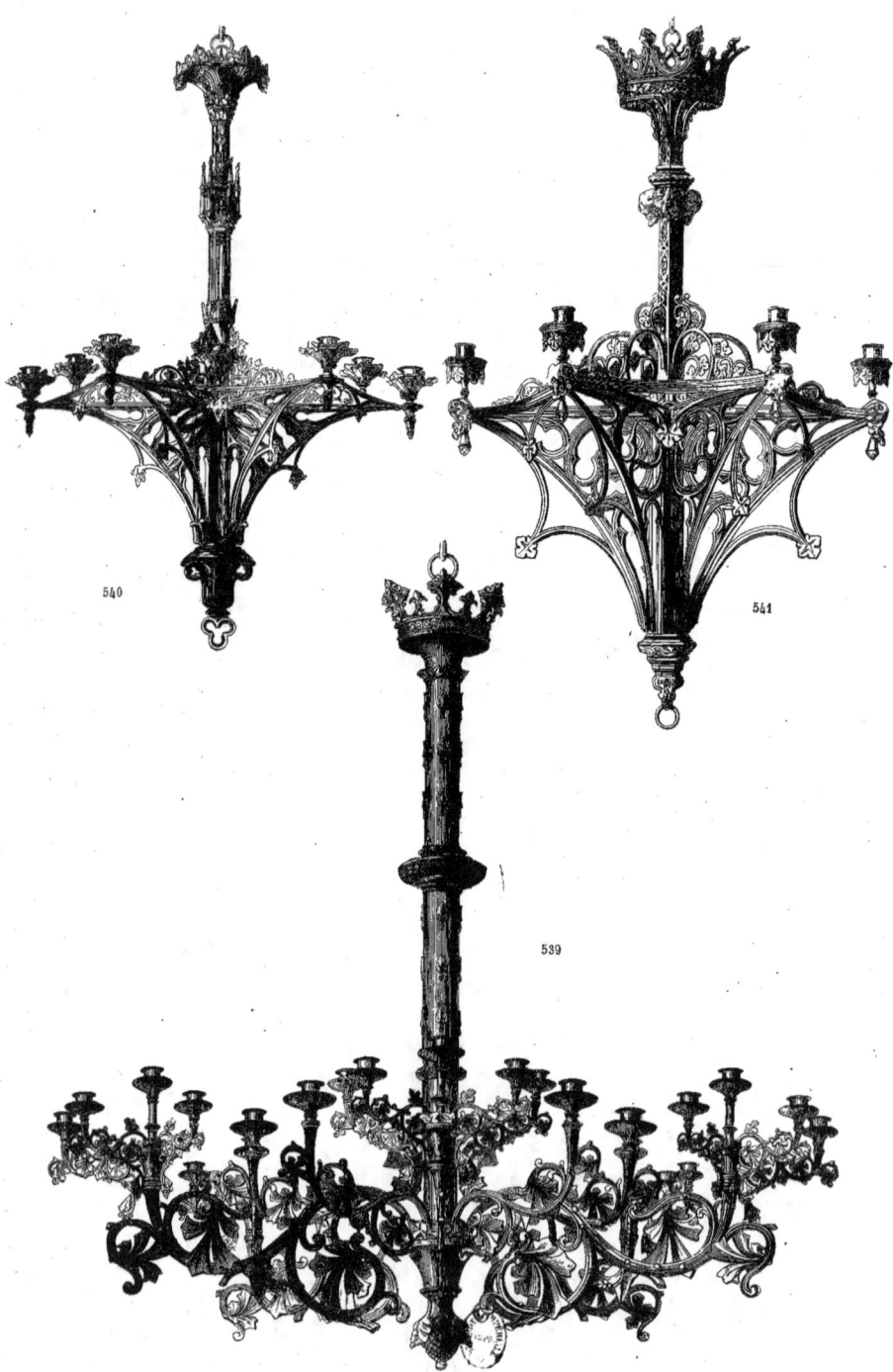

540

541

539

N° 542. — LUSTRES

Style du xv⁴ siècle.

DIMENSIONS.		NOMBRE de LUMIÈRES.	PRIX DE LA PIÈCE.			POIDS de LA PIÈCE.
HAUTEUR.	DIAMÈTRE.		VERNIS.	ARGENTÉS.	DORÉS or moulu.	
1ᵐ60ᶜ	0ᵐ 88ᶜ	12				34ᵏ 004
1, 60	0, 92	18				37, 00
1, 60	1, 00	24				39, 00
1, 65	1, 00	30				41, 00

Il est possible de remplacer 3 ou 6 des bougies de ces lustres par des plateaux de même style, disposés pour recevoir des lampes. Ce changement fait une augmentation de prix, pour chaque plateau :

Verni. . . . .   francs.

Argenté. . . . .   —

Doré or moulu. . . . .   —

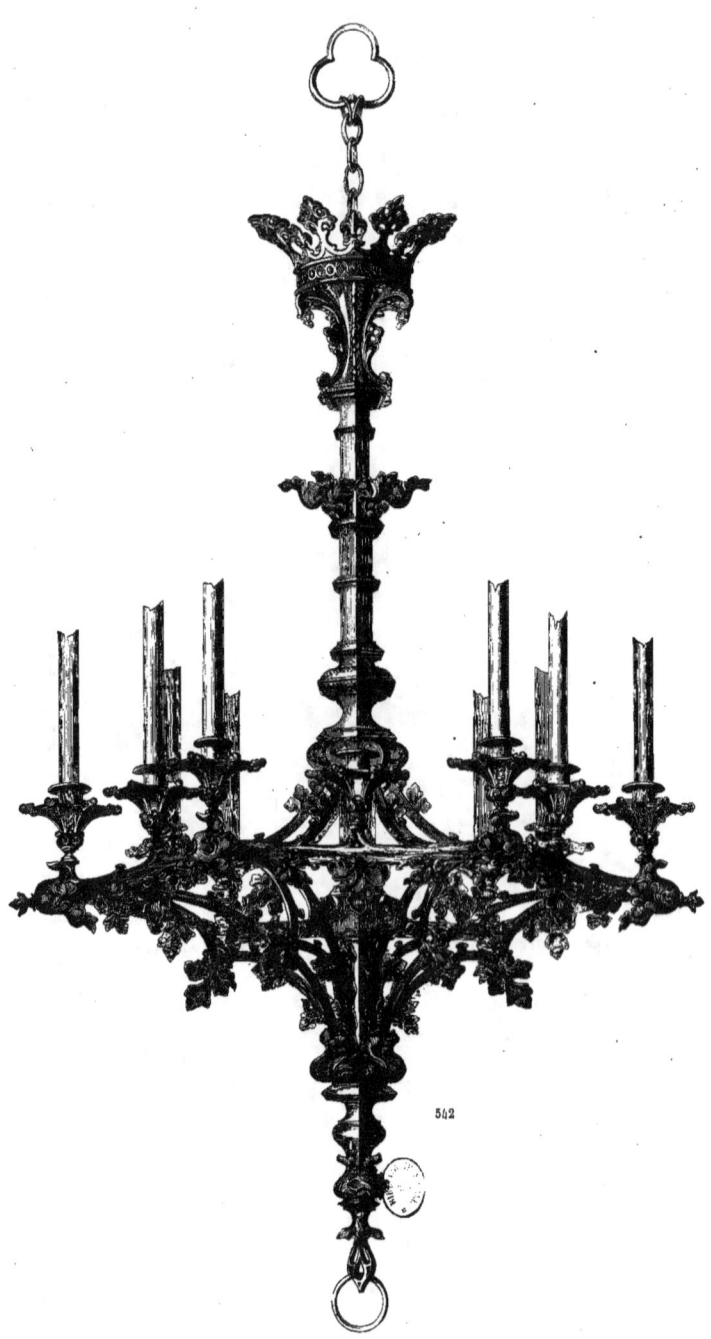

542

N° 543. — LUSTRES

Style du xv⁺ siècle.

DIMENSIONS.		NOMBRE	PRIX DE LA PIÈCE.			POIDS
		de			DORÉS	de
HAUTEUR.	DIAMÈTRE.	LUMIÈRES.	VERNIS.	ARGENTÉS.	or moulu.	LA PIÈCE.
1ᵐ10ᶜ	0ᵐ 60ᶜ	18				99ᵏ 00ᵈ
1, 30	0, 80	24				40, 00
1, 35	0, 95	30				45, 00
1, 60	1, 35	30				72, 00

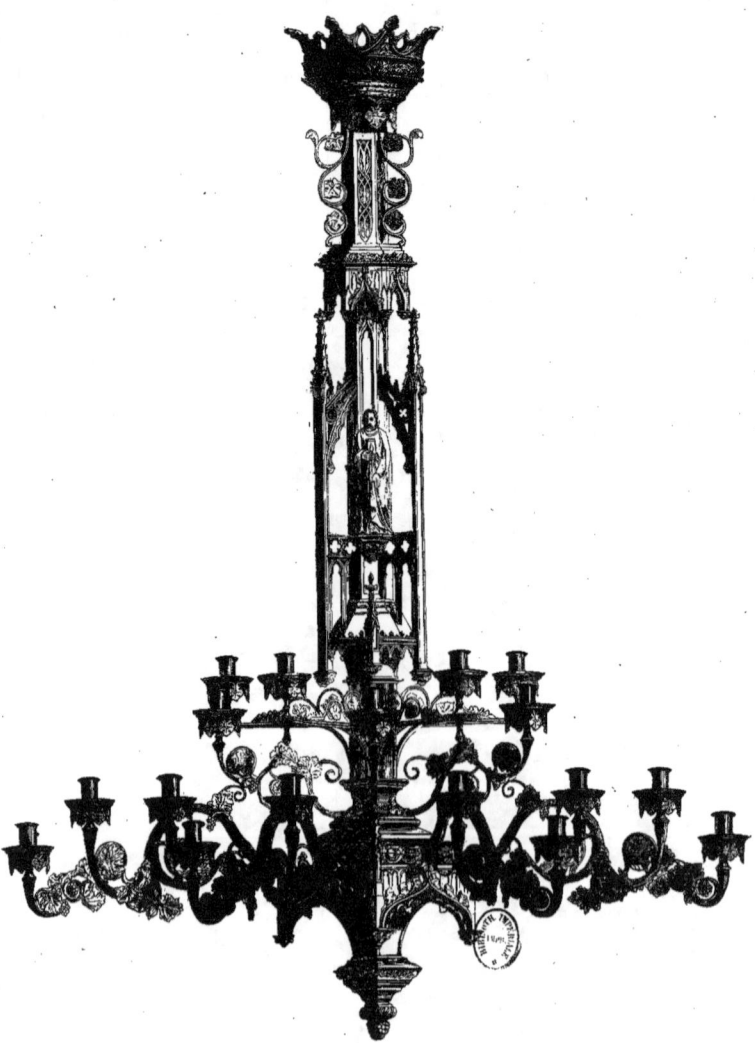

N° 544. — LAMPADAIRES SUSPENDUS

Style du xv° siècle.

DIMENSIONS.		NOMBRE de BRANCHES ou de LUMIÈRES.	PRIX DE LA PIÈCE.			POIDS de LA PIÈCE.
HAUTEUR.	DIAMÈTRE.		VERNIS.	ARGENTÉS.	DORÉS or moulu.	
1ᵐ 30ᶜ	1ᵐ 20ᶜ	3				87ᵏ 00ᵈ
1, 30	1, 20	6				50, 00

N° 545. — LUSTRE UNI

Genre flamand.

0ᵐ 85ᶜ	0ᵐ 68ᶜ	12				14ᵏ 70ᵈ

N° 546. — LUSTRES

Style Renaissance.

0ᵐ 65ᶜ	0ᵐ 50ᶜ	9				9ᵏ 80ᵈ
0, 82	0, 60	9				14, 50

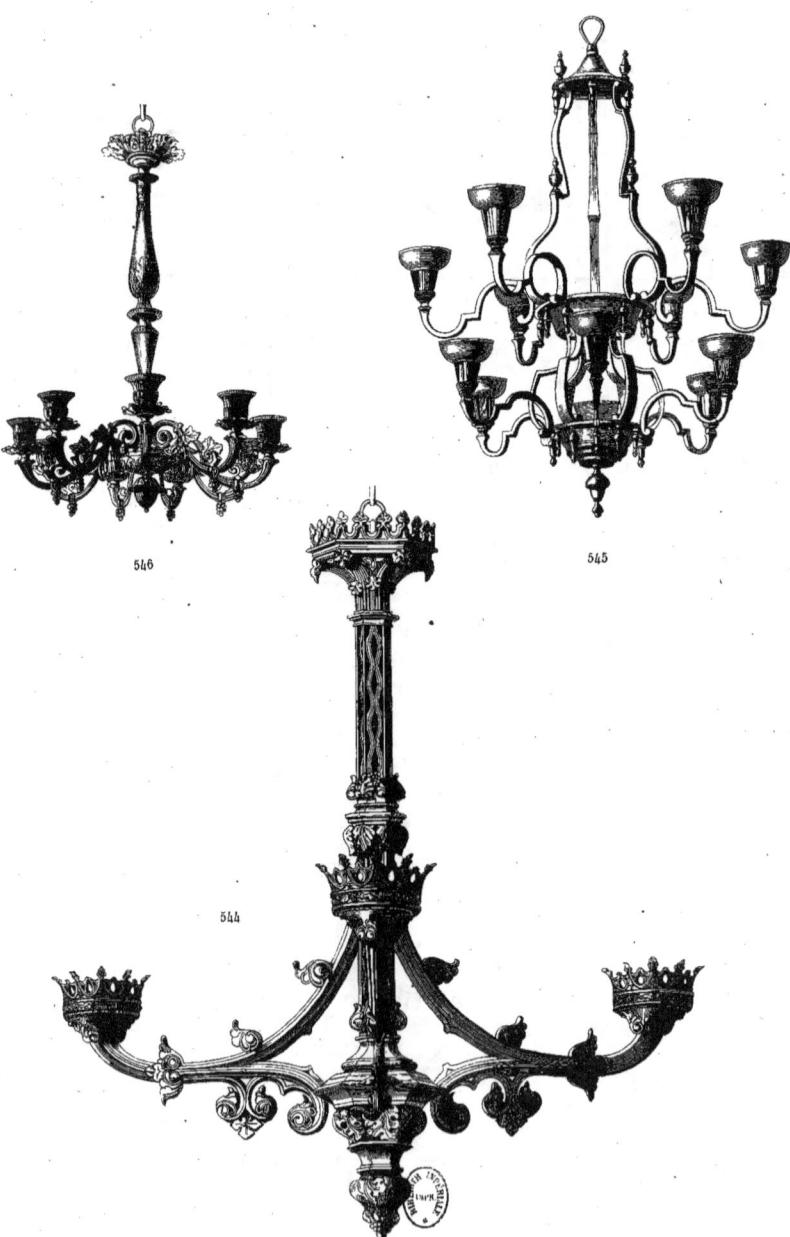

546

545

544

Nº 547. — LUSTRES

Style Louis XV.

DIMENSIONS.		NOMBRE de LUMIÈRES.	PRIX DE LA PIÈCE.			POIDS de LA PIÈCE.
HAUTEUR.	DIAMÈTRE.		VERNIS.	ARGENTÉS.	DORÉS or moulu.	
1ᵐ 20ᶜ	1ᵐ 05ᶜ	30				38ᵏ 50ᵈ
1, 20	1, 05	36				39, 00

Nº 548. — LUSTRE

Style Renaissance.

0ᵐ 53ᶜ	0ᵐ 50ᶜ	6				7ᵏ 15ᵈ

Nº 549. — LUSTRES

Style Louis XV.

0ᵐ 60ᶜ	0ᵐ 45ᶜ	10				6ᵏ 80ᵈ
0, 60	0, 45	12				7, 75

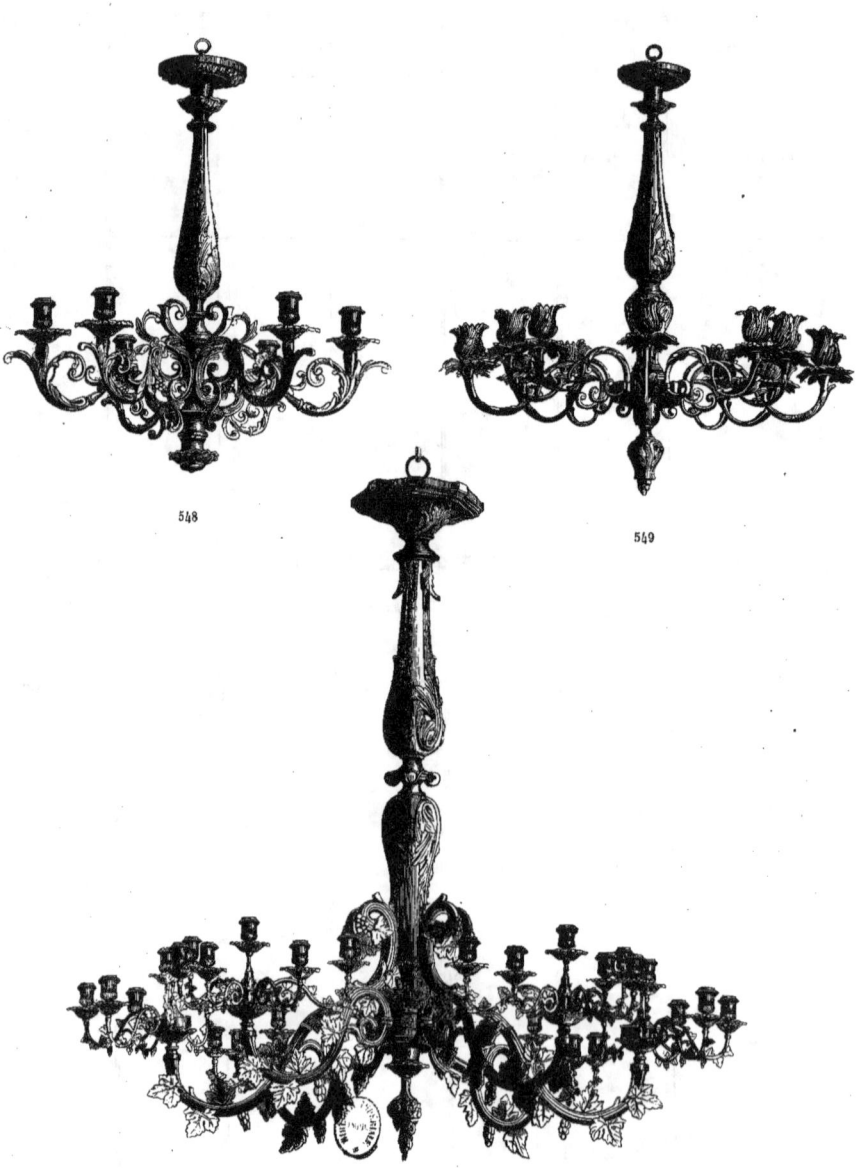

548

549

547

N° 550. — LAMPADAIRES SUSPENDUS

Style Louis XIV.

DIMENSIONS.		NOMBRE de BRANCHES.	PRIX DE LA PIÈCE.			POIDS de LA PIÈCE.
HAUTEUR.	DIAMÈTRE.		VERNIS.	ARGENTÉS.	DORÉS or moulu.	
1ᵐ10ᶜ	0ᵐ68ᶜ	2				22ᵏ 75ᶜ
1, 25	1, 10	2				48, 25
1, 10	0, 88	3				27, 50
1, 25	1, 10	3				56, 00
1, 10	0, 88	4				33, 00
1, 25	1, 10	4				64, 00
1, 25	1, 10	6				76, 00

N° 551. — LAMPADAIRES SUSPENDUS

Style Louis XV.

COMPOSITION DE LIÉNARD.

DIMENSIONS.		NOMBRE de BRANCHES.	PRIX DE LA PIÈCE.			POIDS de LA PIÈCE.
1ᵐ25ᶜ	1ᵐ00ᶜ	3				50ᵏ 00ᶜ
1, 25	1, 00	6				75, 00

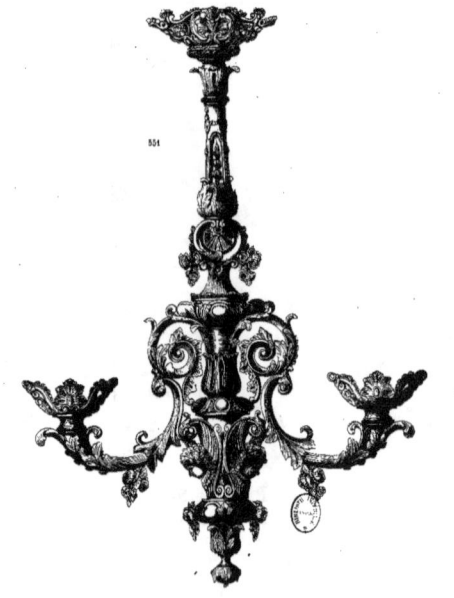

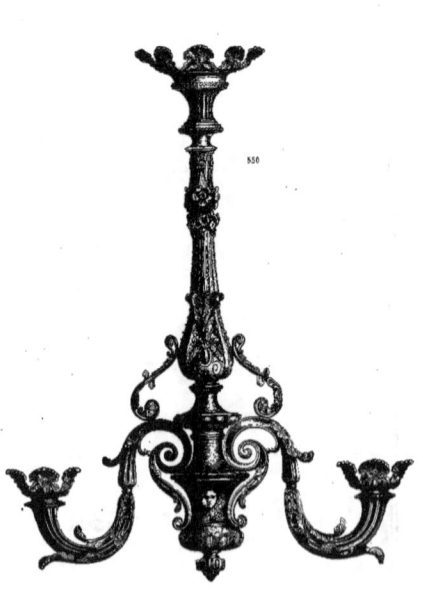

N° 552. — LUSTRES

Style Renaissance.

DIMENSIONS.		NOMBRE de LUMIÈRES.	PRIX DE LA PIÈCE.			POIDS de LA PIÈCE.
HAUTEUR.	DIAMÈTRE.		VERNIS.	ARGENTÉS.	DORÉS or moulu.	
0ᵐ65ᵉ	0ᵐ53ᵉ	12				11ᵏ25ᵈ
0,82	0, 60	12				17, 00

N° 553. — LUSTRES

Style Renaissance.

HAUTEUR.	DIAMÈTRE.	NOMBRE de LUMIÈRES.	VERNIS.	ARGENTÉS.	DORÉS or moulu.	POIDS de LA PIÈCE.
0ᵐ90ᵉ	0ᵐ90ᵉ	20				27ᵏ50ᵈ
0, 92	0, 90	25				28, 00
0, 95	0, 92	30				35, 00

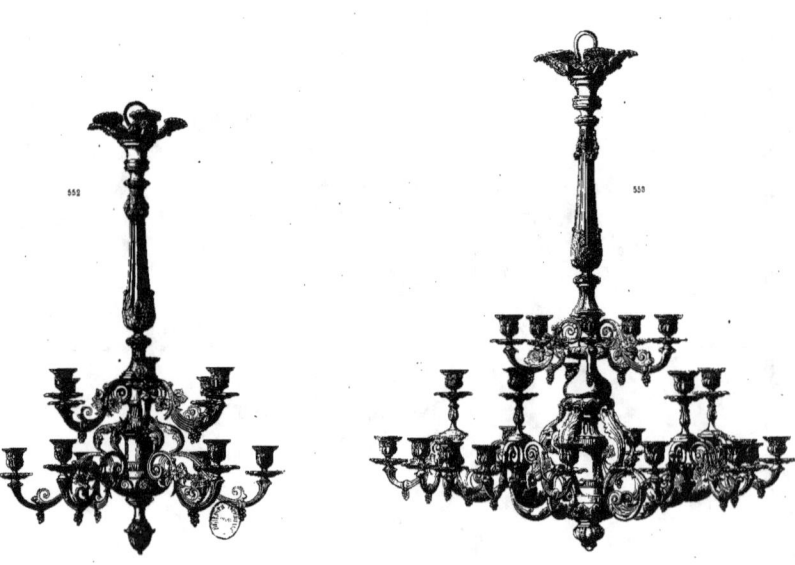

552

550

N° 554. — LUSTRE

Style Renaissance.

COMPOSITION DE LIÉNARD.

A 72 LUMIÈRES

HAUTEUR, ... 1ᵐ 60ᶜ.

DIAMÈTRE. 1ᵐ 45ᶜ.

POIDS. . . . . 140ᵏ 00ᵈ.

PRIX DE LA PIÈCE. . . . { Verni. . . . . francs.

Bronzé, avec parties dorées. —

Doré or moulu. . . . . —

On peut ajouter à ce lustre de beaux cristaux taillés, pour   francs environ.

A 120 LUMIÈRES

HAUTEUR. . . . . 2ᵐ 00ᶜ.

DIAMÈTRE. . . . . 1ᵐ 90ᶜ.

POIDS. . . . . 290ᵏ 00ᵈ.

PRIX DE LA PIÈCE. . . . { Verni. . . . . francs.

Bronzé, avec parties dorées. . . . . —

Doré or moulu. . . . . —

On peut ajouter à ce lustre de beaux cristaux taillés, pour   francs environ.

Pas de planches 122 & 123.

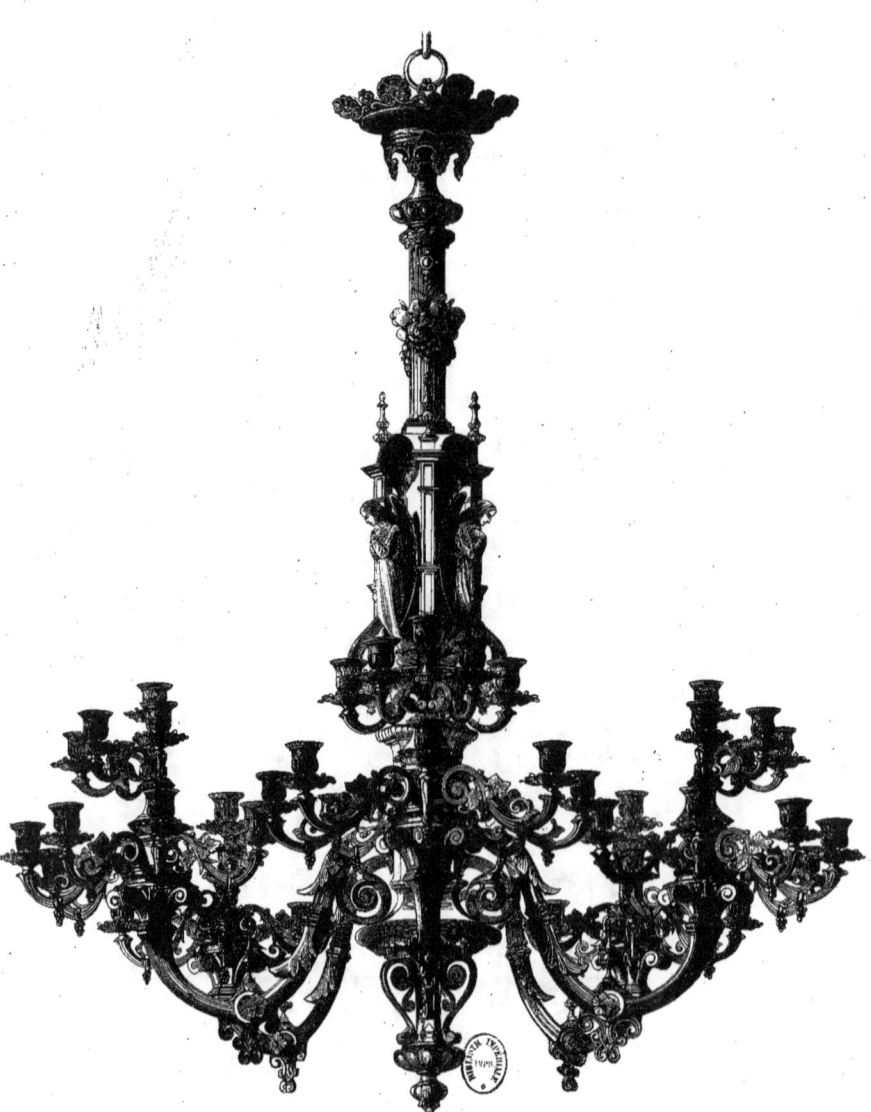

554

N° 560. — BRAS D'AUTEL, ROMANS

SAILLIE du mur A LA LUMIÈRE.	NOMBRE de BRANCHES.	PRIX DE LA PAIRE.			POIDS de LA PIÈCE.
		VERNIS.	ARGENTÉS.	DORÉS or moulu.	
0m 20c	1				1k 254
	2				2, 30
	3				3, 95

N° 561. — BRAS D'AUTEL
Style du XIII' siècle.

0m 13c	1				0k 50d
	2				0, 90
	3				1, 40
0m 23c	1				1, 05
	2				2, 00
	3				2, 95

N° 562. — BRAS D'AUTEL
Style du XIII' siècle.

0m 17c	1				0k 41d
	2				0, 75
	3				1 05
0m 23c	1				0, 58
	2				1, 05
	3				1, 55
0m 27c	1				0, 97
	2				1, 74
	3				2, 50
0m 31c	1				1, 37
	2				2, 54
	3				3, 65

N° 563. — BRAS D'AUTEL
Style du XIII' siècle.

0m 27c	1				2k 20d
	2				4, 30
	3				5, 95

N° 564. — BRAS D'AUTEL
Style du XIV' siècle.

0m 26c	1				1k 40d
	2				2, 30
	3				3, 20
0m 31c	1				1, 65
	2				2, 70
	3				3, 70
0m 37c	1				2, 65
	2				4, 05
	3				5, 60

N° 565. — BRAS D'AUTEL
Style du XIV' siècle.

SAILLIE du mur A LA LUMIÈRE.	NOMBRE de BRANCHES.	PRIX DE LA PAIRE.			POIDS de LA PIÈCE.
		VERNIS.	ARGENTÉS.	DORÉS or moulu.	
0m 14c	1				0k 40d
	2				0, 75
	3				1, 06
0m 17c	1				0, 55
	2				1, 00
	3				1, 43
0m 25c	1				1, 08
	2				1, 80
	3				2, 87
0m 37c	1				2, 85
	2				3, 40
	3				5, 95

N° 566. — BRAS D'AUTEL
Style du XV' siècle.

0m 17c	1				0k 46d
	2				0, 77
	3				1, 13

N° 567. — BRAS D'AUTEL
Style du XV' siècle.

0m 16c	1				0k 50d
	2				0, 85
	3				1, 20
0m 20c	1				0, 95
	2				1, 70
	3				2, 45
0m 26c	1				1, 40
	2				2, 50
	3				3, 60

Les bras d'autel n° 560 sont fixes ; tous les autres sont tournants.

Tous les bras d'autel sont dessinés avec bobèches, mais ils peuvent être, sur demande, livrés avec pointes.

Bien qu'ils soient désignés seulement sous le nom de bras d'autel, tous ces bras servent pour tabernacles, expositions & croix de consécration.

Les souches-bougies pour bras d'autel sont tarifées au n° 409.

Pas de planches 122 & 123.

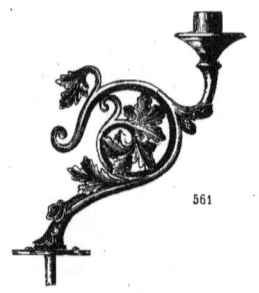

561

566

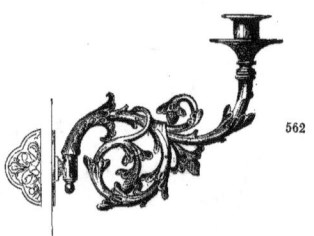

562

567

565

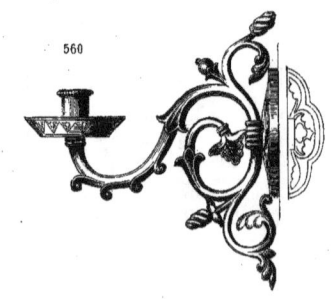

560

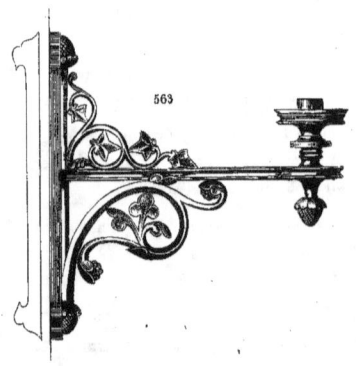

563

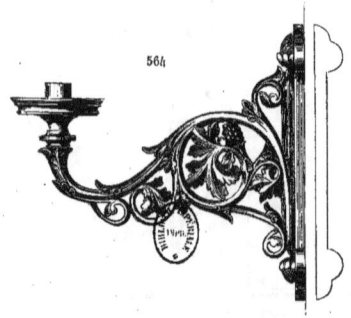

564

N° 568. — BRAS D'AUTEL
Style du XIIIᵉ siècle.

SAILLIE du mur A LA LUMIÈRE.	NOMBRE de BRANCHES.	PRIX DE LA PAIRE.			POIDS de LA PIÈCE.
		VERNIS.	ARGENTÉS.	DORÉS or moulu.	
0ᵐ40ᶜ	1				8ᵏ 60ᵈ
	2				6, 20
	3				8, 60

N° 569. — BRAS D'AUTEL
Style du XVᵉ siècle.

SAILLIE du mur A LA LUMIÈRE.	NOMBRE de BRANCHES.	PRIX DE LA PAIRE.			POIDS de LA PIÈCE.
		VERNIS.	ARGENTÉS.	DORÉS or moulu.	
0ᵐ30ᶜ	1				1ᵏ 90ᵈ
	2				3, 30
	3				4, 70
0ᵐ39ᶜ	1				3, 50
	2				6, 00
	3				8, 50

N° 570. — BRAS D'AUTEL
Style du XVᵉ siècle.

SAILLIE du mur A LA LUMIÈRE.	NOMBRE de BRANCHES.	PRIX DE LA PAIRE.			POIDS de LA PIÈCE.
		VERNIS.	ARGENTÉS.	DORÉS or moulu.	
0ᵐ21ᶜ	1				1ᵏ 15ᵈ
	2				2, 15
	3				3, 10
0ᵐ30ᶜ	1				2, 25
	2				3, 70
	3				5, 05

N° 571. — BRAS D'AUTEL
Modèle uni.

SAILLIE du mur A LA LUMIÈRE.	NOMBRE de BRANCHES.	PRIX DE LA PAIRE.			POIDS de LA PIÈCE.
		VERNIS.	ARGENTÉS.	DORÉS or moulu.	
0ᵐ17ᶜ	1				0ᵏ 50ᵈ
	2				0, 75
	3				1, 00
0ᵐ21ᶜ	1				0, 55
	2				0, 85
	3				1, 10
0ᵐ35ᶜ	1				0, 75
	2				1, 20
	3				1, 65

N° 572. — BRAS D'AUTEL
Modèle ordinaire.

SAILLIE du mur A LA LUMIÈRE.	NOMBRE de BRANCHES.	PRIX DE LA PAIRE.			POIDS de LA PIÈCE.
		VERNIS.	ARGENTÉS.	DORÉS or moulu.	
0ᵐ15ᶜ	1				0ᵏ 35ᵈ
	2				0, 60
	3				0, 80
0ᵐ19ᶜ	1				0, 45
	2				0, 75
	3				1, 00
0ᵐ23ᶜ	1				0, 75
	2				1, 20
	3				1, 60
0ᵐ27ᶜ	1				0, 80
	2				1, 30
	3				1, 80

N° 573. — BRAS D'AUTEL
Modèle mi-riche.

SAILLIE du mur A LA LUMIÈRE.	NOMBRE de BRANCHES.	PRIX DE LA PAIRE.			POIDS de LA PIÈCE.
		VERNIS.	ARGENTÉS.	DORÉS or moulu.	
0ᵐ17ᶜ	1				0ᵏ 85ᵈ
	2				1, 05
	3				1, 50

N° 574. — BRAS D'AUTEL
Style grec.

SAILLIE du mur A LA LUMIÈRE.	NOMBRE de BRANCHES.	PRIX DE LA PAIRE.			POIDS de LA PIÈCE.
		VERNIS.	ARGENTÉS.	DORÉS or moulu.	
0ᵐ20ᶜ	1				1ᵏ 15ᵈ
	2				1, 65
	3				2, 15

N° 575. — BRAS D'AUTEL EN LYS

SAILLIE du mur A LA LUMIÈRE.	NOMBRE de BRANCHES.	PRIX DE LA PAIRE.			POIDS de LA PIÈCE.
		VERNIS.	ARGENTÉS.	DORÉS or moulu.	
0ᵐ16ᶜ	2				0ᵏ 85ᵈ
	3				1, 15
0ᵐ20ᶜ	2				1, 25
	3				1, 90
	4				2, 30
	5				2, 90
0ᵐ24ᶜ	2				1, 80
	3				2, 75
	4				3, 10
	5				4, 00

Les bras nᵒˢ 568 & 569 sont fixes, & ils ne peuvent pas être tournants.

Les bras en lys nᵒ 575 sont disposés pour s'appliquer à un plan vertical, comme un mur ou un pilier. S'ils devaient être placés sur un plan horizontal, il conviendrait de les disposer avec un tourillon s'adaptant dans une douille, dans le genre de ce qui est dessiné au nᵒ 561. Les bras en lys peuvent d'ailleurs se prêter facilement aux exigences de tous les emplacements.

Tous les bras d'autel sont dessinés avec bobèches, mais ils peuvent, sur demande, être livrés à pointes.

Voir au nᵒ 409 les prix des souches-bougies pour bras d'autel.

571

572

568

573

574

569

570

575

N° 576. — GIRANDOLES

Style du XIIIe siècle.

| DIMENSIONS. | | | | NOMBRE | PRIX DE LA PAIRE. | | | POIDS |
SAILLIE TOTALE de la GIRANDOLE.	DIAMÈTRE du bouquet.	DE L'APPLIQUE. Hauteur.	Largeur.	de LUMIÈRES.	VERNIES.	ARGENTÉES.	DORÉES or moulu.	de LA PIÈCE.
0m 36c	0m 39c	0m 250mm	0m 148mm	9				5k 50d

N° 577. — GIRANDOLES

Style du XIIIe siècle.

0m 27c	0m 28c	0m 219mm	0m 052mm	5				2k 40d

N° 578. — GIRANDOLES

Style du XIIIe siècle.

0m 55c	0m 50c	0m 382mm	0m 108mm	10				10k 25d
0, 55	0, 50	0, 380	0, 108	13				11, 50
0, 55	0, 50	0, 380	0, 108	15				12, 45

N° 579. — GIRANDOLES

Style du XIVe siècle.

0m 54c	0m 46c	0m 380mm	0m 108mm	10				11k 10d
0, 54	0, 46	0, 380	0, 108	13				12, 40
0, 54	0, 46	0, 380	0, 108	15				13, 40

N° 580. — GIRANDOLES

Style du XVe siècle.

0m 48c	0m 39c	0m 488mm	0m 090mm	10				7k 05d
0, 48	0, 39	0, 488	0, 090	13				8, 10

Les girandoles se mettent en place au moyen d'agrafes en cuivre, qui se posent par des vis ; ces agrafes sont livrées avec les girandoles. — Les bouquets se posent à contre-douille sur la branche maîtresse.

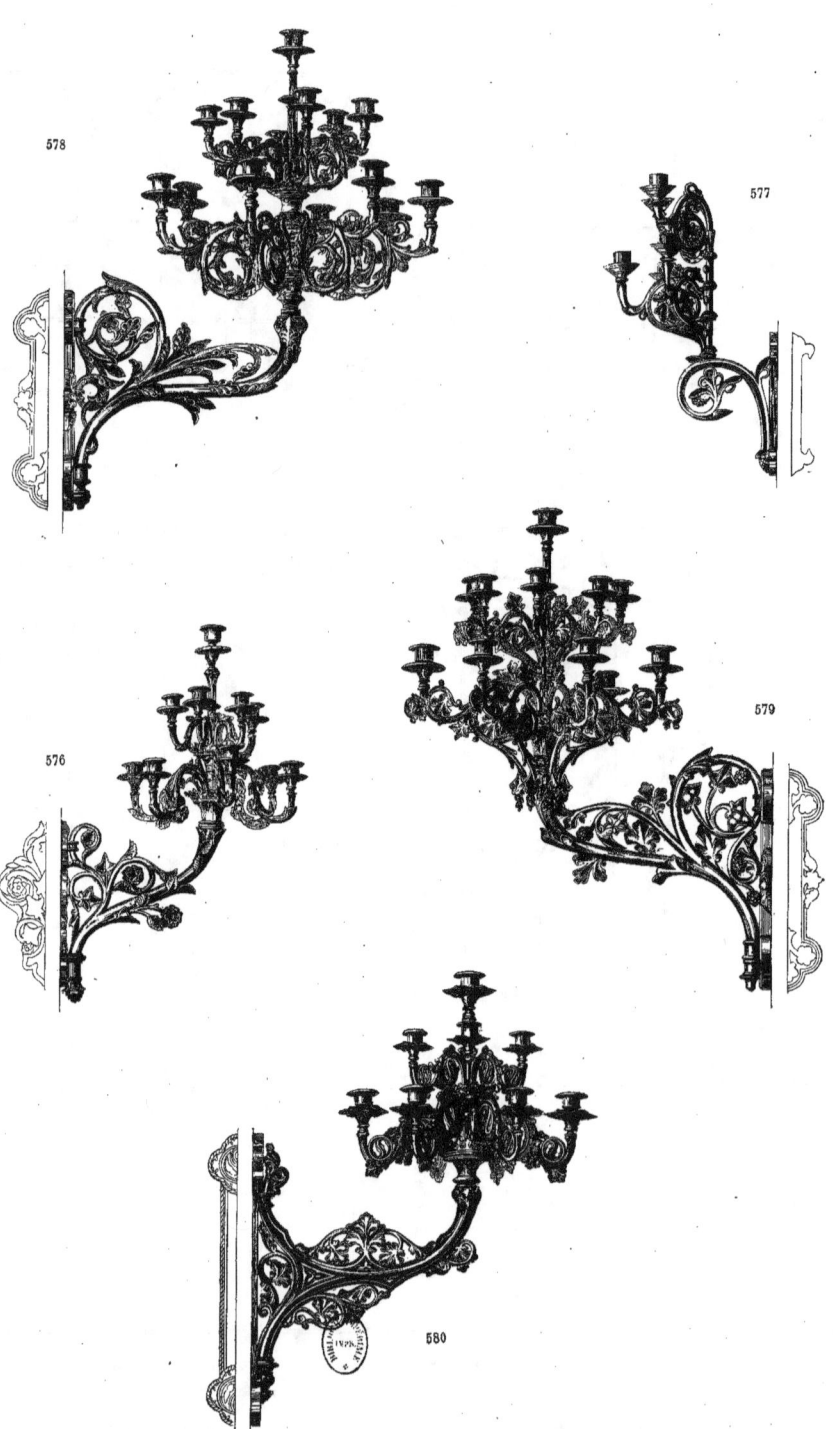

578

577

576

579

580

N° 581. — GIRANDOLES
Style du XIIIᵉ siècle.

DIMENSIONS.				NOMBRE	PRIX DE LA PAIRE.			POIDS
SAILLIE TOTALE de la GIRANDOLE.	DIAMÈTRE du bouquet.	DE L'APPLIQUE. Hauteur.	DE L'APPLIQUE. Largeur.	de LUMIÈRES.	VERNIES.	ARGENTÉES.	DORÉES or moulu.	de LA PIÈCE.
0ᵐ28ᶜ	0ᵐ43ᶜ	0ᵐ180ᵐᵐ	0ᵐ095ᵐᵐ	6				4ᵏ50ᵈ
0, 28	0, 43	0, 180	0, 095	8				5, 20

N° 582. — GIRANDOLES
Style du XIVᵉ siècle.

0ᵐ27ᶜ	0ᵐ41ᶜ	0ᵐ180ᵐᵐ	0ᵐ095ᵐᵐ	6				5ᵏ90ᵈ
0, 27	0, 41	0, 180	0, 095	8				6, 70

N° 583. — GIRANDOLES
Modèle ordinaire.

0ᵐ44ᶜ	0ᵐ28ᶜ	0ᵐ118ᵐᵐ	0ᵐ118ᵐᵐ	6				2ᵏ75ᵈ
0, 44	0, 28	0, 118	0, 118	7				3, 15

N° 584. — GIRANDOLES
Modèle ordinaire.

0ᵐ55ᶜ	0ᵐ44ᶜ	0ᵐ340ᵐᵐ	0ᵐ155ᵐᵐ	10				7ᵏ25ᵈ
0, 55	0, 44	0, 340	0, 155	13				7, 80
0, 55	0, 44	0, 340	0, 155	15				8, 40

N° 585. — GIRANDOLES
Style Renaissance.

0ᵐ55ᶜ	0ᵐ50ᶜ	0ᵐ290ᵐᵐ	0ᵐ180ᵐᵐ	13				25ᵏ00ᵈ

N° 586. — GIRANDOLES
Style Louis XIV.

0ᵐ50ᶜ	0ᵐ44ᶜ	0ᵐ555ᵐᵐ	0ᵐ290ᵐᵐ	13				13ᵏ80ᵈ

Les bouquets se posent à contre-douille sur la branche maîtresse. — Les girandoles se mettent en place au moyen d'agrafes en cuivre, qui se posent par des vis; ces agrafes sont livrées avec les girandoles.

Pas de planche 128.

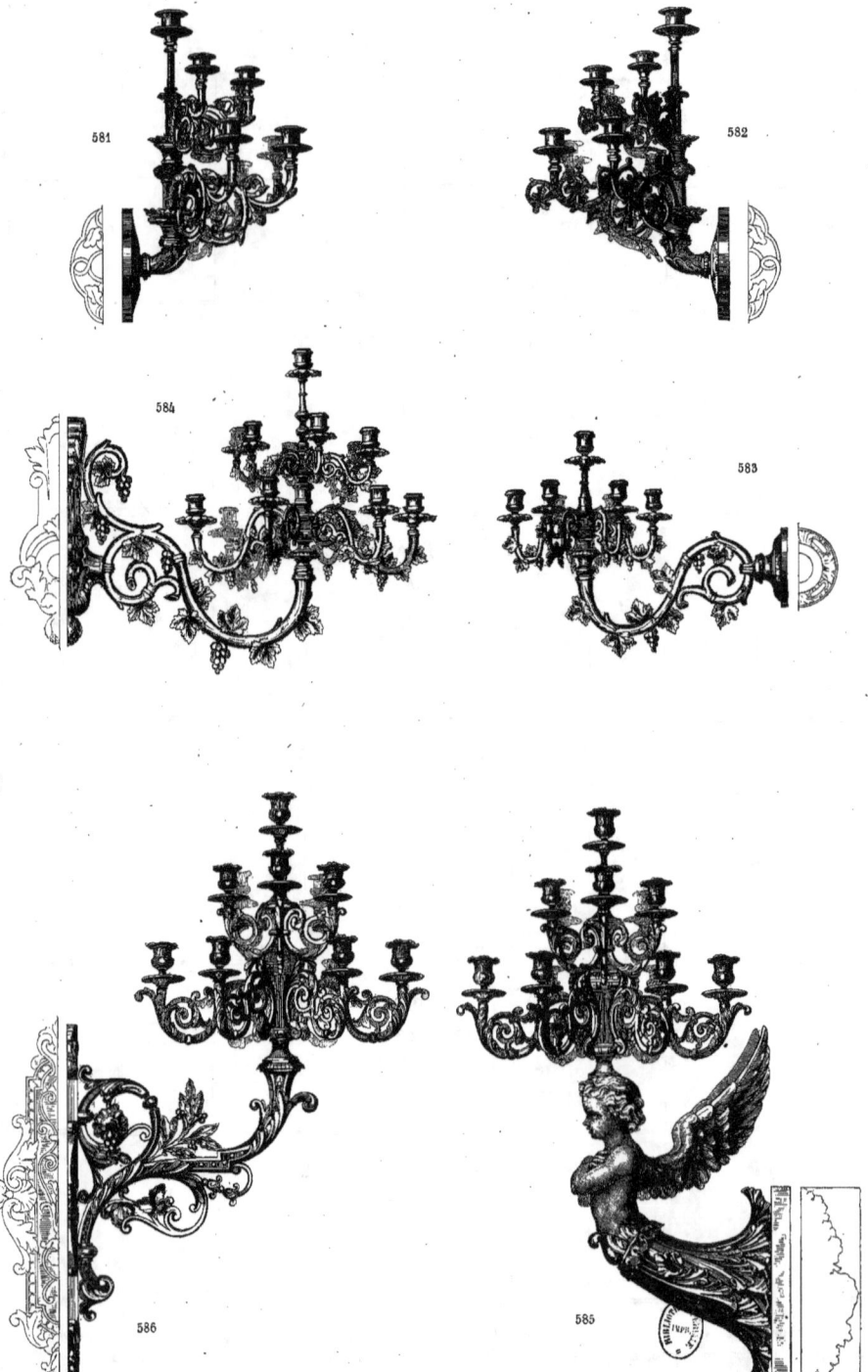

N° 591. — GRAND LUTRIN

Style du XIII' siècle.

LE PUPITRE TOURNANT SUR LA TIGE.

HAUTEUR.	DU PUPITRE.		PRIX DE LA PIÈCE.			POIDS de LA PIÈCE.
	Hauteur.	Largeur.	VERNIS.	ARGENTÉS.	DORÉS. or moulu.	
4ᵐ 70ᶜ	0ᵐ 45ᶜ	0ᵐ 49ᶜ				46ᵏ 00ᵈ

N° 592. — PUPITRE D'AUTEL

Style du XIII' siècle.

0ᵐ 40ᶜ	0ᵐ 34ᶜ	0ᵐ 34ᶜ				5ᵏ 50ᵈ

N° 593. — PUPITRE D'AUTEL

Modèle gravé.

0ᵐ 45ᶜ	0ᵐ 29ᶜ	0ᵐ 29ᶜ				7ᵏ 10ᵈ

N° 594. — PUPITRE D'AUTEL

Style Renaissance.

0ᵐ 37ᶜ	0ᵐ 29ᶜ	0ᵐ 29ᶜ				4ᵏ 70ᵈ

N° 595. — PUPITRE D'AUTEL

Style Louis XIV.

0ᵐ 50ᶜ	0ᵐ 35ᶜ	0ᵐ 34ᶜ				9ᵏ 70ᵈ

N° 596. — PETIT PUPITRE UNI, PLIANT

(NON DESSINÉ)

POUR MISSIONNAIRES.

0ᵐ 13ᶜ	0ᵐ 14ᶜ	0ᵐ 21ᶜ				0ᵏ 90ᵈ

Pas de planche 128.

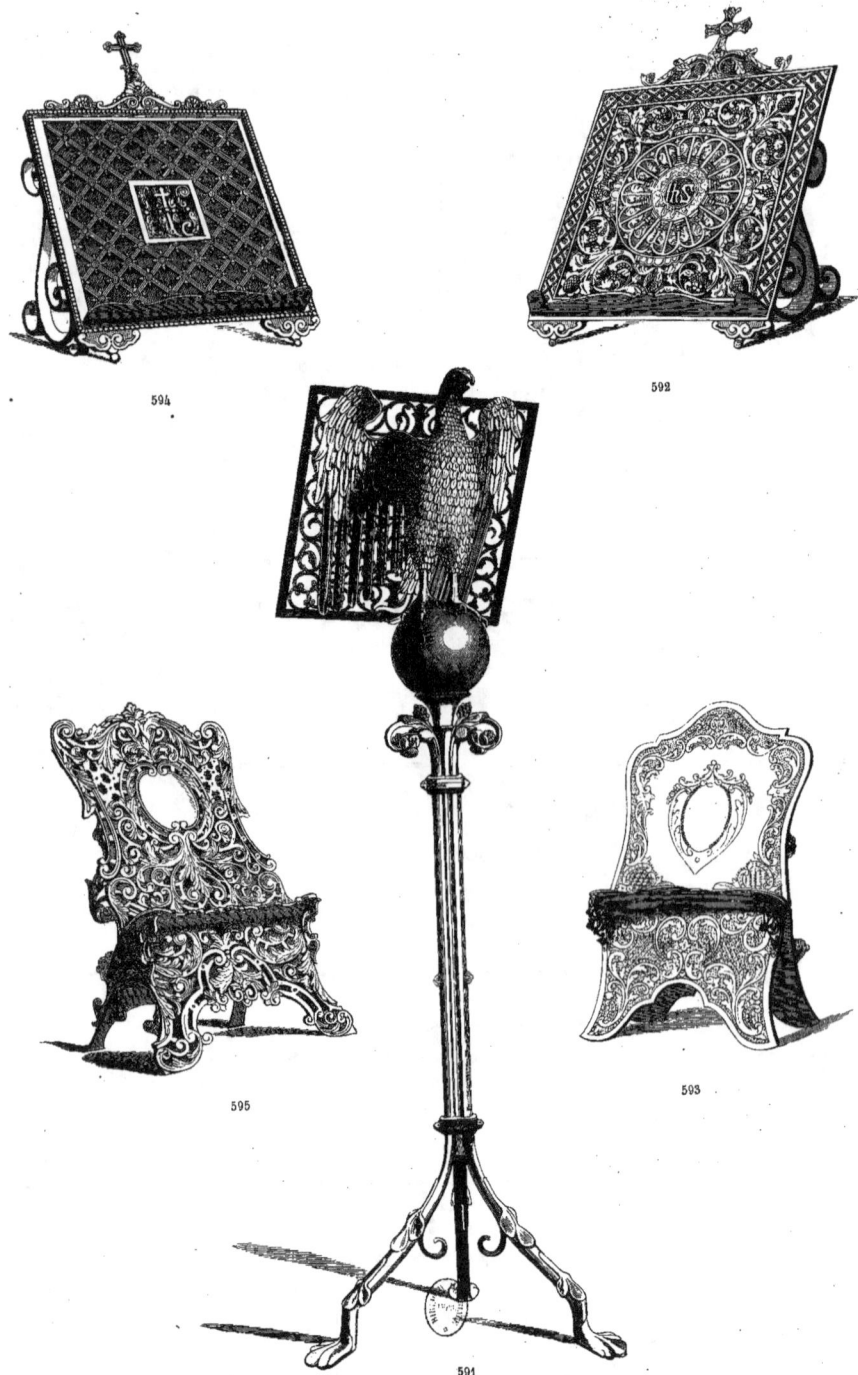

594

592

595

593

591

N° 597. — CANONS D'AUTEL
Style du xiii° siècle.
CADRES EN BRONZE CISELÉ, AVEC PIERRES-CABOCHONS.

DIMENSIONS				PRIX DES TROIS CANONS.			POIDS
des grandes canons.		des petits canons.		VERNIS.	VERNIS avec ÉMAUX à froid.	DORÉS OR MOULU.	DORÉS avec ÉMAUX à froid.	des TROIS CANONS tout montés.
hauteur.	largeur.	hauteur.	largeur.				
0m 26c	0m 41c	0m 25c	0m 19c					5k 50d
0, 37	0, 48	0, 30	0, 21					7, 50
0, 40	0, 55	0, 35	0, 27					8, 50

N° 598. — CANONS D'AUTEL
Style du xv° siècle.
CADRES EN BRONZE CISELÉ, AVEC PIERRES-CABOCHONS.

0m 31c	0m 47c	0, 30c	0, 23					6k 50d
0, 46	0, 55	0, 36	0, 30					9, 50
0, 50	0, 63	0, 43	0, 34					12, 00

N° 599. — TASSE A QUÊTER

DIAMÈTRE.	PRIX DE LA PIÈCE.			POIDS de LA PIÈCE.
	VERNIS.	ARGENTÉS.	DORÉS o'r moulu.	
0m 12c				0k 450c

N° 600. — PLATS A QUÊTER, LÉGERS

0m 19c				0k 310c
0, 21				0, 360
0, 23				0, 425
0, 25				0, 525

N° 601. — PLATS A QUÊTER, BORD FONDU

0m 19c				0k 430c
0, 22				0, 680
0, 24				0, 710
0, 27				1, 200

N° 602. — PIEDS DE CALICE
MODÈLE ORDINAIRE, FONDUS.

DÉSIGNATION HABITUELLE.	DIMENSIONS.		PRIX DE LA PIÈCE.		POIDS de LA PIÈCE.
	DIAMÈTRE.	HAUTEUR.	ARGENTÉS.	DORÉS OR MOULU.	
N°s 1	0m 120mm	0m 160mm			0k 305c
2	0, 125	0, 170			0, 395
3	0, 135	0, 175			0, 445
4	0, 140	0, 190			0, 480
5	0, 148	0, 203			0, 525

N° 603. — PIEDS DE CALICE
FONDUS, POUR MISSIONNAIRES.

N°s 1	0m 090mm	0m 110mm			0k 225c
2	0, 110	0, 135			0, 310
3	0, 115	0, 145			0, 370

N° 604. — PIEDS DE CIBOIRE
MODÈLE ORDINAIRE, FONDUS.

N°s 1	0m 087mm	0m 093mm			0k 170c
2	0, 094	0, 100			0, 190
3	0, 102	0, 107			0, 230
4	0, 109	0, 111			0, 245
5	0, 115	0, 120			0, 300
6	0, 122	0, 128			0, 325
7	0, 127	0, 131			0, 360
8	0, 131	0, 143			0, 430

N° 605. — VERRES DE LAMPE, A BOULE

DÉSIGNATION HABITUELLE.	DIAMÈTRE.	PRIX DE LA PIÈCE.		
		CRISTAL BLANC.	CRISTAL BLEU.	CRISTAL ROUGE.
N°s 1	0m 100mm			
2	0, 130			
3	0, 150			

N° 606. — VERRES DE LAMPE, POINTUS

N°s 1	0m 075mm			
2	0, 090			
3	0, 110			
4	0, 125			
5	0, 160			

N° 607. — VERRES DE LAMPE, MÉDICIS

N°s 1	0m 070mm			
2	0, 080			
3	0, 090			
4	0, 100			
5	0, 110			
6	0, 120			
7	0, 130			

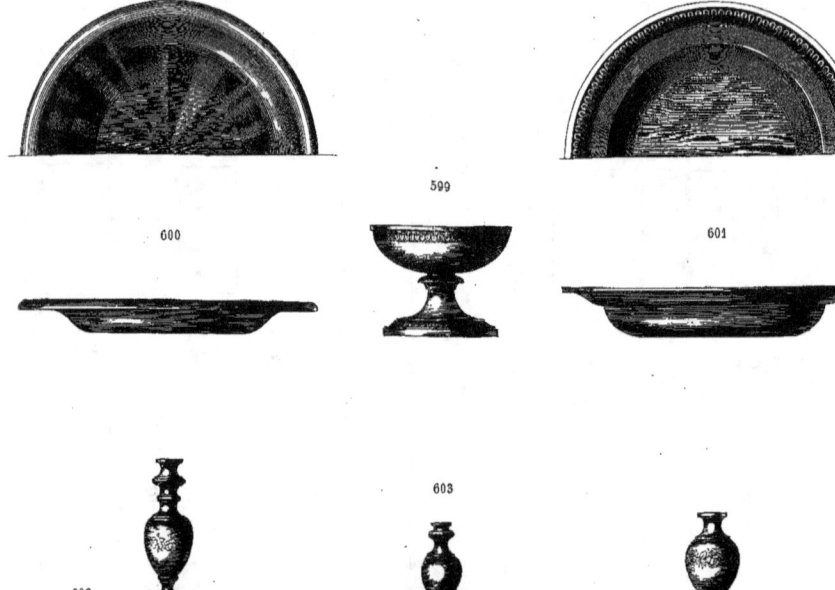

599

600

601

603

602

604

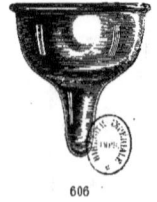

605

606

607

597

598

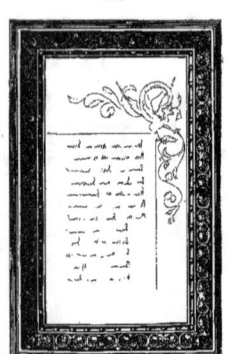

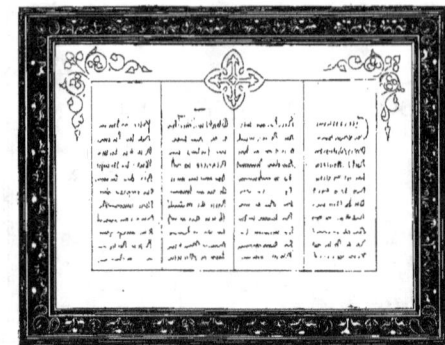

N° 608. — TORCHÈRE FUNÉRAIRE

Style grec.

COMPOSITION DE VISCONTI.

HAUTEUR, 1ᵐ 90ᶜ. — LARGEUR DU PIED, 0ᵐ 62ᶜ. — POIDS DE LA PIÈCE, 100ᵏ 00ᵍ.

Bronzée ou vernie.	francs.
PRIX DE LA PIÈCE. . . . { Argentée.	—
Dorée or moulu	—

Cette torchère peut être employée pour chandelier pascal.

N° 609. — CRÉDENCE A PIED

Style du xiiiᵉ siècle.

HAUTEUR, 0ᵐ 90ᶜ. — DIAMÈTRE DE LA TABLETTE, 0ᵐ 45ᶜ. — LARGEUR DU PIED; 0ᵐ 33ᶜ.
POIDS DE LA PIÈCE, 25ᵏ 00ᵈ.

Bronzée ou vernie.	francs.
PRIX DE LA PIÈCE. . . . { Argentée.	—
Doré or moulu.	—

N° 610. — CRÉDENCE A ACCROCHER

Style Renaissance.

HAUTEUR, 0ᵐ 35ᶜ. — DIMENSIONS DE LA TABLETTE, 0ᵐ 40ᶜ SUR 0ᵐ 30ᶜ. — POIDS DE LA PIÈCE, 25ᵏ 00ᵈ.

Bronzée ou vernie.	francs.
PRIX DE LA PIÈCE. . . . . { Argentée.	—
Dorée or moulu.	—

N° 611. — CRÉDENCE A ACCROCHER

Style Louis XIV.

HAUTEUR, 0ᵐ 50ᶜ. — DIMENSIONS DE LA TABLETTE, 0ᵐ 70ᶜ SUR 0ᵐ 35ᶜ. — POIDS DE LA PIÈCE, 40ᵏ 00ᵈ.

Bronzée ou vernie.	francs.
PRIX DE LA PIÈCE. . . . { Argentée.	—
Dorée or moulu.	—

Les crédences sont destinées à poser les burettes pendant la messe; leurs tablettes sont en marbre noir ou blanc, suivant la demande. Celles nᵒˢ 611 & 612 peuvent aussi servir de support pour un reliquaire ou une statue, & dans ce cas, la tablette de marbre peut être remplacée par du bois, ce qui réduit le prix d'environ   francs.

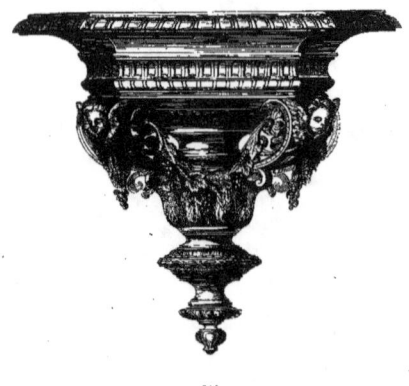

611

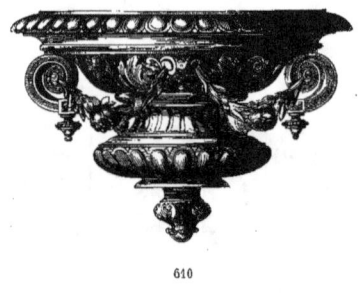

610

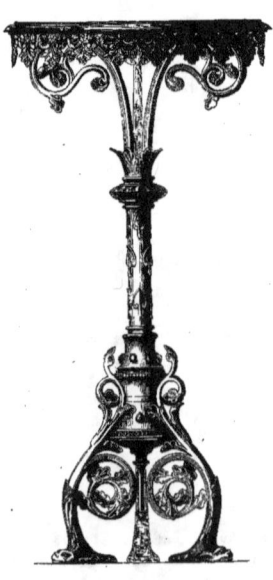

609

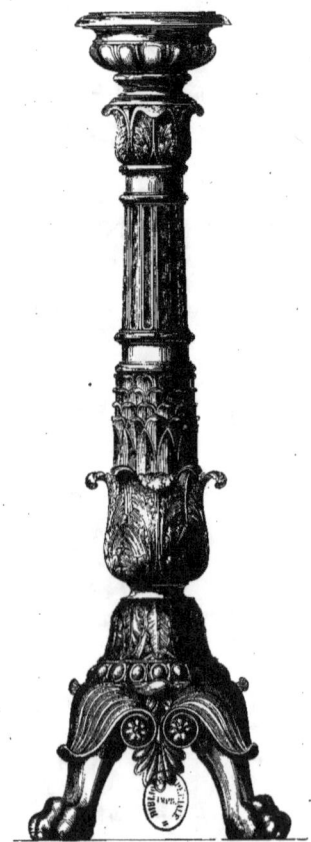

608

N° 612. — AUTEL, GRADIN ET TABERNACLE EN BRONZE

Style du xiii' siècle.

LE DESSIN, FACE ET PROFIL, EST FAIT AU DIXIÈME DE L'EXÉCUTION.

HAUTEUR A LA TABLE, 0^m 95^c.

HAUTEUR TOTALE, 2^m 10^c. — LA TABLE DE L'AUTEL PORTE 2^m 45^c DE LONGUEUR SUR 0^m 70^c DE LARGEUR.

CHACUN DES DEUX GRADINS PORTE 0^m 90^c DE LONGUEUR SUR 0^m 33^c DE LARGEUR

ET 0^m 25^c DE HAUTEUR.

POIDS TOTAL APPROXIMATIF, 500^k 00^d.

	Verni.	francs.
PRIX DE LA PIÈCE	Verni avec décor d'émaux à froid.	—
	Doré or moulu.	—
	Doré or moulu avec d'écor d'émaux à froid.	—

L'intérieur du tabernacle est garni en damas quand il est verni, ou bien en velours ou en moire de soie lorsqu'il est doré.

N° 613. — TABERNACLE EN BRONZE

Style du xiii, siècle.

HAUTEUR TOTALE, 1^m 10^c. — HAUTEUR A LA TABLETTE, 1^m 00^c.

LARGEUR, 0^m 56^c. — PROFONDEUR, 0^m 33^c. — LA PORTE A 0^m 40^c DE HAUTEUR SUR 0^m 32^c DE LARGEUR.

POIDS TOTAL, 50^k 00^d.

	Verni.	francs.
PRIX DE LA PIÈCE	Verni avec décor d'émaux à froid.	—
	Doré or moulu.	—
	Doré or moulu avec décor d'émaux à froid.	—

L'exposition n° 625 peut être placée sur ce tabernacle.

Lorsque ce tabernacle est verni, l'intérieur est garni en damas; quand il est doré, la garniture intérieure est en velours ou en moire de soie.

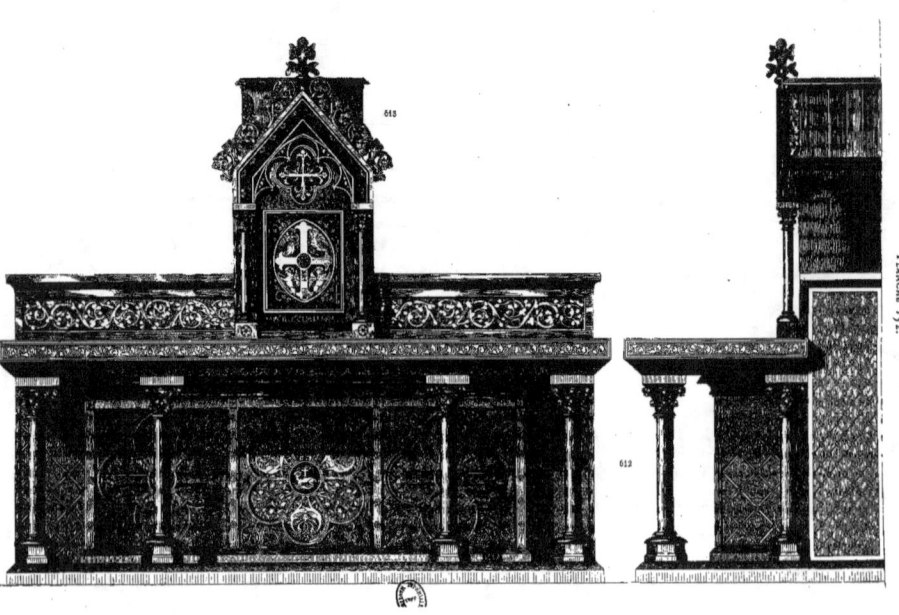

613

612

N° 614. — TABERNACLE

Style du XIIᵉ siècle.

DIMENSIONS.

HAUTEUR TOTALE, 0ᵐ 75ᶜ. — HAUTEUR JUSQU'A LA TABLETTE, 0ᵐ 70ᶜ.

LARGEUR A LA BASE, 0ᵐ 44ᶜ. — LARGEUR AU CORPS, 0ᵐ 38ᶜ. — PROFONDEUR A LA BASE, DE 0ᵐ 25ᶜ A 0ᵐ 30ᶜ.

PROFONDEUR AU CORPS, DE 0ᵐ 22ᶜ A 0ᵐ 27ᶜ.

LA PORTE A 0ᵐ 29ᶜ DE HAUTEUR, SUR 0ᵐ 15ᶜ DE LARGEUR.

POIDS TOTAL, 19ᵏ 00ᵈ

PRIX DE LA PIÈCE....

Verni. . . . .   francs.

Verni, avec décor d'émaux à froid. . . . .   —

Doré or moulu. . . . .   —

Doré or moulu, avec décor d'émaux à froid. . . . .   —

Les côtés & le derrière de ce tabernacle sont en menuiserie peinte en jaune, lorsqu'il est verni, ou dorée, lorsque le tabernacle est doré. — L'intérieur est garni en damas de laine si le tabernacle est verni, ou bien en moire de soie ou en velours, lorsqu'il est doré.

Le tympan de ce tabernacle est orné de 12 pierres-cabochons.

N° 615. — TABERNACLE

Style du XIIᵉ siècle.

AVEC UN GRAND ÉMAIL AU FEU DANS LE TYMPAN.

DIMENSIONS.

HAUTEUR TOTALE, 0ᵐ 95ᶜ.

LARGEUR A LA BASE, 0ᵐ 63ᶜ. — LARGEUR AU CORPS, 0ᵐ 55ᶜ. — PROFONDEUR A LA BASE, 0ᵐ 41ᶜ

PROFONDEUR AU CORPS, 0ᵐ 37ᶜ.

LA PORTE A 0ᵐ 39ᶜ DE HAUTEUR, SUR 0ᵐ 22ᶜ DE LARGEUR.

POIDS TOTAL, 55ᵏ 00ᵈ.

PRIX DE LA PIÈCE. . . . .

Verni. . . . .   francs.

Verni, avec décor d'émaux à froid. . . . .   —

Doré or moulu. . . . .   —

Doré or moulu, avec décor d'émaux à froid. . . . .   —

Les côtés de ce tabernacle, qui sont en bronze comme le reste, sont décorés de losanges dans le genre de l'ornementation de la face.

La garniture intérieure se fait comme au n° 614.

L'exposition qui convient le mieux pour être posée sur ce tabernacle est celle n° 625.

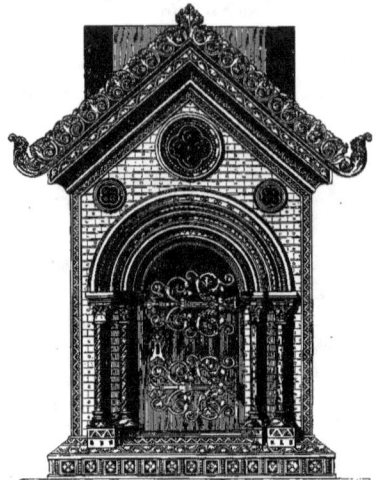

614

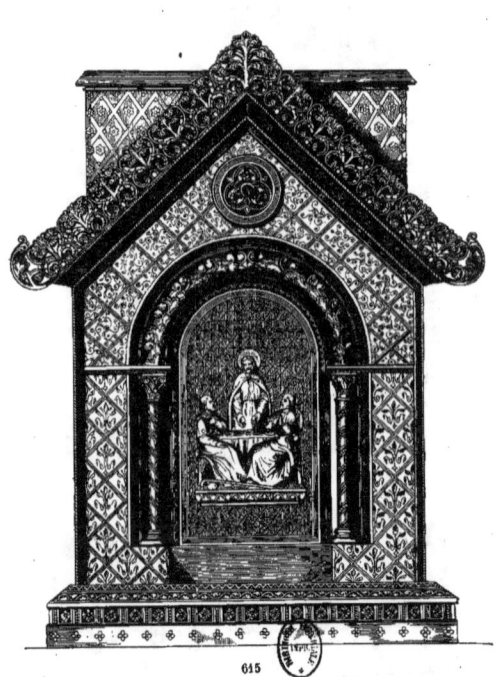

615

N° 616. — TABERNACLE

Style du xr° siècle.

DIMENSIONS.

HAUTEUR TOTALE.	1ᵐ 20ᶜ.
HAUTEUR JUSQU'A LA TABLETTE.	0ᵐ 88ᶜ.
LARGEUR.	0ᵐ 62ᶜ.
PROFONDEUR.	0ᵐ 62ᶜ.
DE LA PORTE.	0ᵐ 41ᶜ SUR 0ᵐ 20ᶜ.
POIDS TOTAL.	150ᵏ 00ᵈ.

PRIX DE LA PIÈCE. . { Verni. . . . .   francs.
{ Doré or moulu. . . .   —

Ce tabernacle est entièrement en bronze, les côtés & le derrière aussi bien que la face.

Il peut être établi avec la face & les côtés seulement en bronze, le derrière en menuiserie, ou bien avec la face seulement en bronze, les côtés & le derrière en menuiserie.

L'intérieur est garni en damas de laine lorsque le tabernacle est verni, ou bien en velours ou en moire de soie lorsqu'il est doré.

L'exposition qu'il convient de placer sur ce tabernacle est celle n° 626.

N° 617. — TABERNACLE

(NON DESSINÉ).

Style du xr° siècle.

DIMENSIONS.

HAUTEUR TOTALE.	1ᵐ 10ᶜ.
HAUTEUR JUSQU'A LA TABLETTE. .	0ᵐ 80ᶜ.
LARGEUR.	0ᵐ 60ᶜ.
PROFONDEUR.	0ᵐ 60ᶜ.
DE LA PORTE.	0ᵐ 41ᶜ SUR 0ᵐ 21ᶜ.
POIDS TOTAL.	115ᵏ 00ᵈ.

PRIX DE LA PIÈCE. . { Verni. . . . .   francs.
{ Doré or moulu. . . .   —

Ce tabernacle est fait des éléments du n° 617, mais il est simplifié en ce que les deux pilastres de la face ne font pas retour sur les côtés, & qu'ils n'ont pas de figures; ces pilastres ainsi disposés sont dans le genre de ceux dessinées au n° 619.

Les côtés & le derrière de ce tabernacle sont en menuiserie, la face seule est en bronze.

Il est possible d'ajouter deux figures avec consoles & dais, sur les deux pilastres, qui deviennent alors dans le genre du dessin n° 618.

La garniture intérieure est en damas de laine quand le tabernacle est verni, ou bien en moire de soie ou en velours lorsqu'il est doré.

L'exposition qu'il convient de placer sur ce tabernacle est celle n° 626.

N° 618. — TABERNACLE

Style du xr° siècle.

DIMENSIONS.

HAUTEUR TOTALE.	0ᵐ 82ᶜ.
HAUTEUR JUSQU'A LA TABLETTE. .	0ᵐ 67ᶜ.
LARGEUR.	0ᵐ 43ᶜ.
PROFONDEUR.	0ᵐ 33ᶜ.
DE LA PORTE.	0ᵐ 47ᶜ SUR 0ᵐ 19ᶜ.
POIDS TOTAL.	30ᵏ 00ᵈ.

PRIX DE LA PIÈCE. . { Verni. . . . .   francs.
{ Doré or moulu. . . .   —

La face de ce tabernacle est en bronze; les côtés & le derrière sont en menuiserie.

La garniture intérieure est en damas de laine lorsque le tabernacle est verni, ou bien en velours ou en moire de soie quand il est doré.

A cause de ses dimensions, ce tabernacle s'emploie pour les autels latéraux où le Saint-Sacrement n'est jamais exposé; aussi n'y a-t-il pas d'exposition qui lui soit destinée.

N° 619. — TABERNACLE

Style du xr° siècle.

DIMENSIONS.

HAUTEUR TOTALE.	0ᵐ 82ᶜ.
HAUTEUR JUSQU'A LA TABLETTE. .	0ᵐ 68ᶜ.
LARGEUR.	0ᵐ 43ᶜ.
PROFONDEUR.	0ᵐ 33ᶜ.
DE LA PORTE.	0ᵐ 47ᶜ SUR 0ᵐ 19ᶜ.
POIDS TOTAL.	24ᵏ 00ᵈ.

PRIX DE LA PIÈCE. . { Verni. . . . .   francs.
{ Doré or moulu. . . . .   —

Les côtés & le derrière de ce tabernacle sont en menuiserie, la face est en bronze.

L'intérieur est garni en damas de laine quand le tabernacle est verni, ou bien en velours ou en moire de soie lorsqu'il est doré.

A cause de ses dimensions, ce tabernacle ne s'emploie que pour les autels latéraux où le Saint-Sacrement n'est jamais exposé; il n'y a donc pas d'exposition qui lui soit destinée.

619

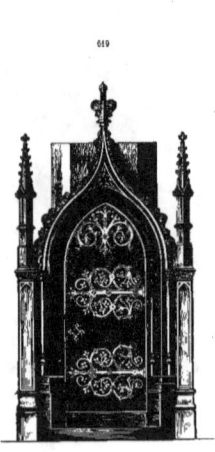

616

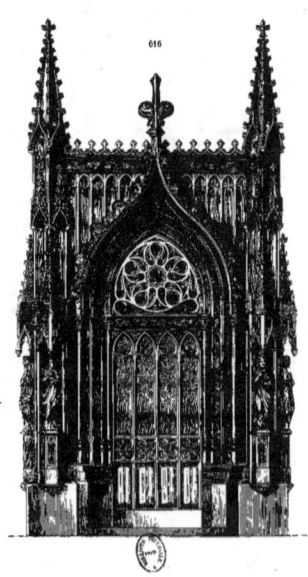

618

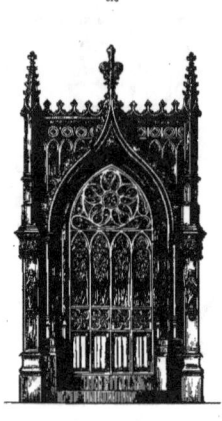

N° 620. — TABERNACLE CORINTHIEN

AVEC 4 COLONNES DÉTACHÉES.

HAUTEUR TOTALE, 0ᵐ 82ᶜ.

LA BASE PORTE 0ᵐ 65ᶜ DE FACE ET DE COTÉ; LE CORPS, 0ᵐ 56ᶜ DE FACE SUR 0ᵐ 56ᶜ DE COTÉ.

LA PORTE A 0ᵐ 46ᶜ DE HAUTEUR SUR 0ᵐ 24ᶜ DE LARGEUR.

POIDS TOTAL, 80ᵏ 00ᵈ

PRIX DE LA PIÈCE.... { Verni. . . . . francs.
Doré or moulu. —

La face & les côtés de ce tabernacle sont en bronze, le derrière seulement est en bois.

L'intérieur est garni en damas de laine quand le tabernacle est verni, ou bien en moire de soie ou en velours lorsqu'il est doré.

L'exposition qu'il convient de placer sur ce tabernacle est le modèle corinthien n° 627.

N° 621. — TABERNACLE

Style Louis XIV.

COMPOSITION DE VISCONTI.

HAUTEUR TOTALE, 1ᵐ 25ᶜ. — HAUTEUR JUSQU'À LA CORNICHE, 0ᵐ 92ᶜ.

LARGEUR A LA PLINTHE, 0ᵐ 71ᶜ. — LARGEUR AU CORPS, 0ᵐ 51ᶜ. — PROFONDEUR A LA PLINTHE, DE 0ᵐ 45ᶜ A 0ᵐ 50ᶜ.

PROFONDEUR AU CORPS, DE 0ᵐ 38ᶜ A 0ᵐ 43ᶜ.

LA PORTE A 0ᵐ 51ᶜ DE HAUTEUR SUR 0ᵐ 28ᶜ DE LARGEUR.

POIDS TOTAL, 100ᵏ 00ᵈ.

PRIX DE LA PIÈCE.... { Verni. . . . . francs.
Doré or moulu. —

Les côtés & le derrière de ce tabernacle sont en menuiserie de chêne, peinte en jaune quand le tabernacle est verni, dorée si le tabernacle est doré.

L'intérieur est garni en damas de laine quand le tabernacle est verni, ou bien en velours ou en moire de soie lorsque le tabernacle est doré.

L'exposition qui convient le mieux pour être posée sur ce tabernacle est celle en lys, n° 631, d'environ 1 mètre de hauteur.

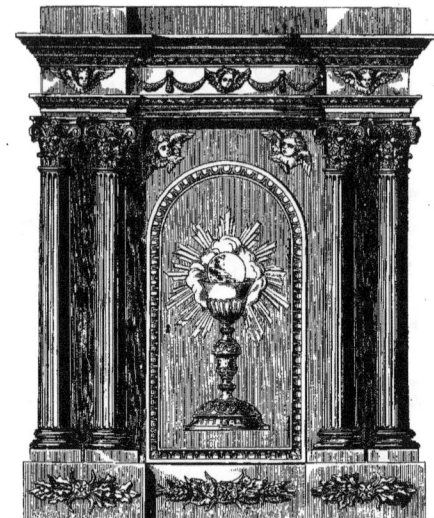

620

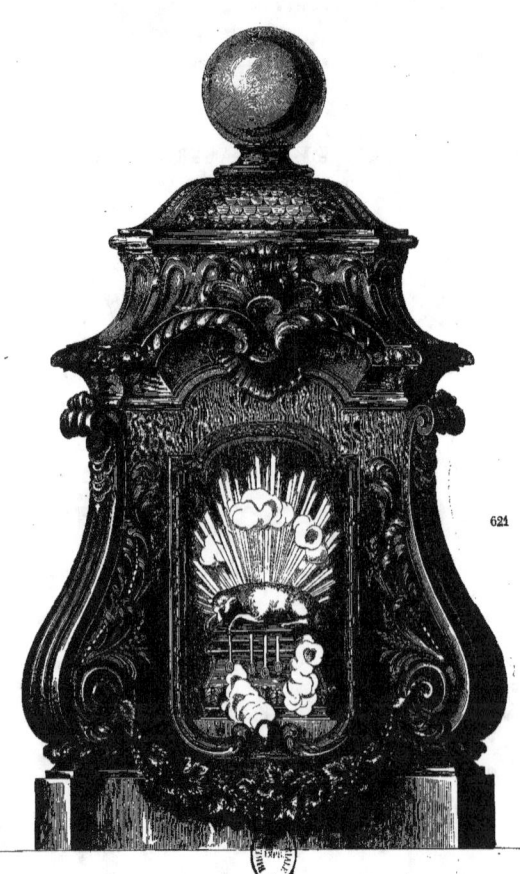

621

N° 625. — EXPOSITION

Style du XIIIe siècle.

AVEC 2 BOUQUETS DE 5 LUMIÈRES CHACUN.

HAUTEUR TOTALE, 1^m 30^c.

HAUTEUR SOUS L'ARCATURE, 0^{mc} 80^c — LARGEUR DU SOCLE, 0^m 50^c — PROFONDEUR DU SOCLE, 0^m 34^c A 0^m 40^c.

LARGEUR, Y COMPRIS LES LUMIÈRES, 0^m 75^c. — POIDS TOTAL, 31^k 00^d.

PRIX DE LA PIÈCE.....
Vernie........................... francs.
Vernie, avec décor d'émaux à froid............... —
Dorée or moulu...................... —
Dorée or moulu, avec décor d'émaux à froid........... —

Le socle de cette exposition est recouvert de damas de laine lorsqu'elle est vernie, ou bien de velours ou de moire de soie quand elle est dorée. Cette exposition est destinée au tabernacle n° 615.

N° 626. — EXPOSITION

Style du XVe siècle.

HAUTEUR TOTALE, 2^m 05^c. — HAUTEUR SOUS LA CLEF DE VOUTE, 0^m 90^c.

LE SOCLE EST OCTOGONAL, DE 0^m 48^c DE DIAMÈTRE, CHAQUE COTÉ AYANT 0^m 20^c.

POIDS TOTAL, 95^k 00^d.

PRIX DE LA PIÈCE.....
Vernie........................... francs.
Dorée or moulu..................... —

Le socle est en bronze, comme tout le reste.

Il est possible d'ajouter au socle des groupes de branches pour bougies, en style du XVe siècle, qui pourraient être le n° 567. Cette exposition est destinée au tabernacle n° 616.

N° 627. — EXPOSITION CORINTHIENNE

AVEC 4 COLONNES DÉTACHÉES

(NON DESSINÉE).

HAUTEUR TOTALE, 1^m 30^c

HAUTEUR SOUS LES VOUSSURES, 1^m 05^c. — LARGEUR DU SOCLE, 0^m 56^c. — PROFONDEUR DU SOCLE, 0^m 56^c.

POIDS TOTAL, 40^k 00^d.

PRIX DE LA PIÈCE....
Vernie........................... francs.
Dorée or moulu..................... —

Le socle est en bronze, comme tout le reste, & l'on peut y ajouter des groupes de branches pour bougies. Cette exposition est destinée au tabernacle corinthien n° 620.

Pas de planche 136.

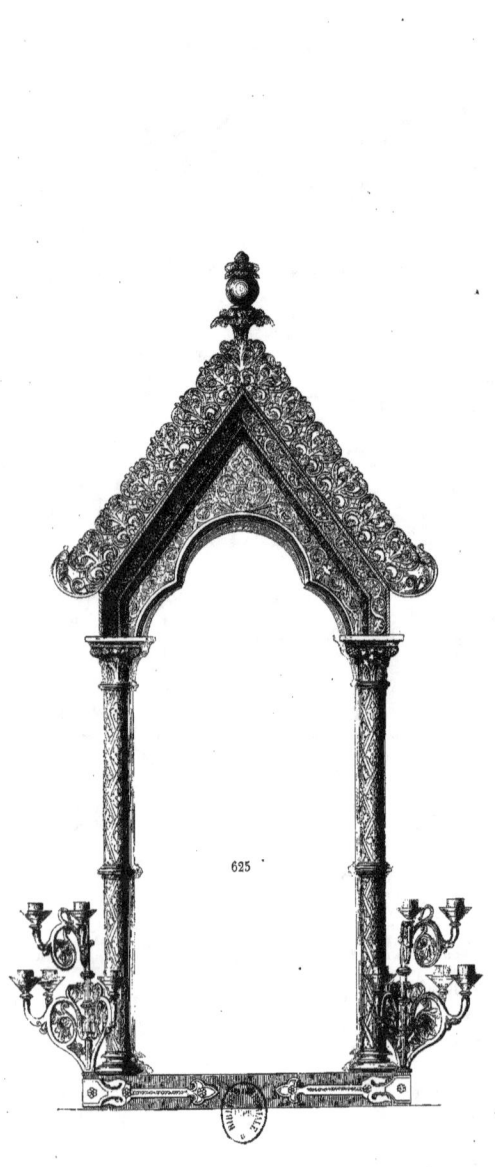

625

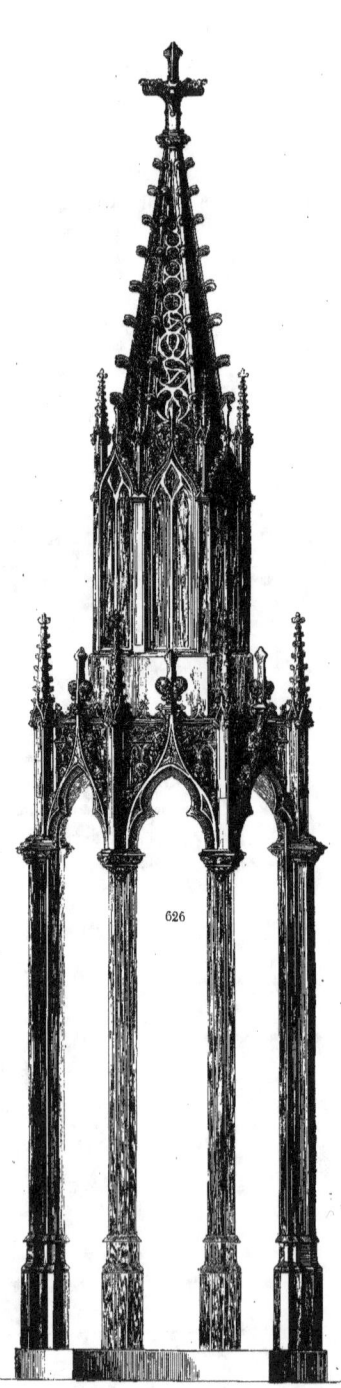

626

N° 628. — EXPOSITION A 4 COLONNES

Style Louis XIV.

HAUTEUR TOTALE, 1ᵐ 15ᶜ. — LARGEUR TOTALE, 0ᵐ 46ᶜ.

HAUTEUR, DE LA TABLETTE AU-DESSOUS DE LA COURONNE, 0ᵐ 80ᶜ.

LA TABLETTE PORTE 0ᵐ 43ᶜ CARRÉ.

POIDS TOTAL, 25ᵏ 00ᵈ.

——————

PRIX DE LA PIÈCE. . { Vernie . . . . francs.
{ Dorée or moulu. . . . —

~~~~~~~~~~~~~

La couronne est en bijouterie à pierres de couleur.

La tablette est garnie en damas quand l'exposition est vernie, ou bien en velours ou en moire de soie lorsqu'elle est dorée.

Il est possible d'ajouter des branches pour bougies, aux côtés de la tablette.

N° 629. — EXPOSITION A 4 PALMIERS

AVEC 12 LUMIÈRES

COURONNE EN BIJOUTERIE AVEC PIERRES DE COULEUR.

HAUTEUR TOTALE 1ᵐ 30ᶜ.

LARGEUR TOTALE, 0ᵐ 70ᶜ. — HAUTEUR, DE LA TABLETTE AU-DESSOUS DE LA COURONNE, 1ᵐ 00ᶜ.

LA TABLETTE PORTE 0ᵐ 60ᶜ CARRÉ.

POIDS TOTAL, 145ᵏ 00ᵈ.

——————

PRIX DE LA PIÈCE. . { Vernie. . . . . . . francs.
{ Dorée or moulu. . . . —

~~~~~~~~~~~~~

La tablette ou socle de cette exposition est en bronze comme tout le reste.

N° 630. — EXPOSITION A 2 PALMIERS

(NON DESSINÉE).

AVEC 10 LUMIÈRES

COURONNE EN BIJOUTERIE AVEC PIERRES DE COULEUR.

HAUTEUR TOTALE, 1ᵐ 30ᶜ.

LARGEUR TOTALE, 0ᵐ 70ᶜ. — HAUTEUR, DE LA TABLETTE AU-DESSOUS DE LA COURONNE, 1ᵐ 00ᶜ.

LA TABLETTE PORTE 0ᵐ 62ᶜ DE LONGUEUR SUR LA FACE;

SA PROFONDEUR PEUT VARIER DE 0ᵐ 40ᶜ A 0ᵐ 50ᶜ.

POIDS TOTAL, 85ᵏ 00ᵈ.

——————

PRIX DE LA PIÈCE. . { Vernie . . . . francs.
{ Dorée or moulu. . . . . —

~~~~~~~~~~~~~

La tablette ou socle de cette exposition est en bronze comme tout le reste.

N° 631. — EXPOSITIONS EN LYS

COURONNE
EN BIJOUTERIE A PIERRES DE COULEUR,
TABLETTE GARNIE EN DAMAS BLANC OU ROUGE
POUR CELLES VERNIES,
ET EN MOIRE DE SOIE BLANCHE
POUR CELLES DORÉES.

HAUTEUR DE LA TABLETTE au-dessous DE LA COURONNE.	NOMBRE de LUMIÈRES.	PRIX DE LA PIÈCE.		POIDS TOTAL de LA PIÈCE.
		VERNIES.	DORÉES or moulu.	
0ᵐ60ᶜ	4			12ᵏ 00ᵈ
0, 60	8			13, 75
0, 70	4			13, 50
0, 70	8			16, 00
0, 80	6			16, 00
0, 80	12			19, 00
0, 90	6			18, 50
0, 90	12			21, 00
1, 00	6			21, 60
1, 00	12			24, 50
1, 10	12			28, 00
1, 25	16			31, 70

Pas de planche 139.

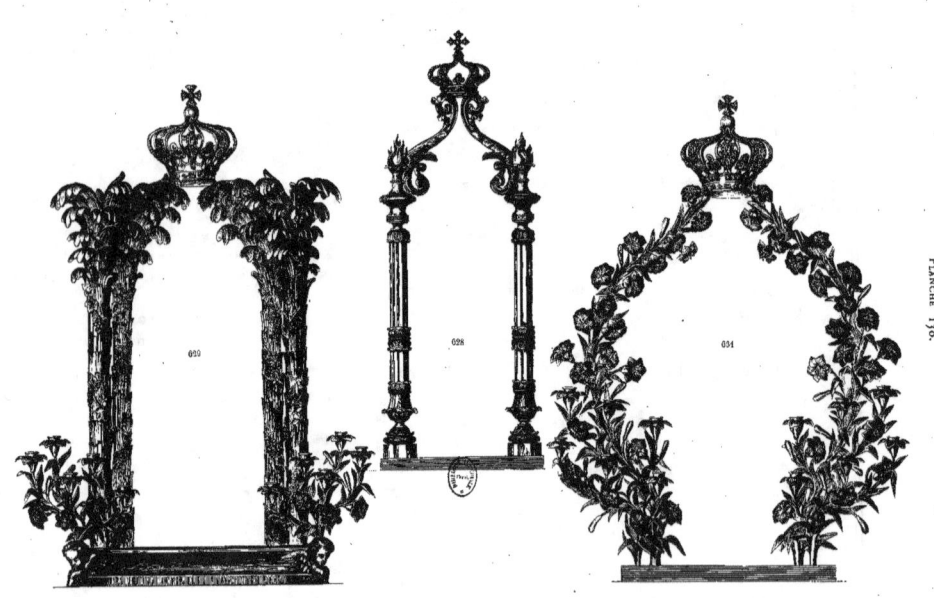

629

628

634

PORTES DE TABERNACLE

DES DIFFÉRENTS STYLES DU MOYEN AGE

N° 640, STYLE ROMAN.

N° 645, STYLE DU XII° SIÈCLE. — N°° 641, 644, 646, 647, 648 ET 649, STYLE DU XIII° SIÈCLE

N°° 642 ET 650, STYLE DU XV° SIÈCLE. — N° 643, STYLE DU XVI° SIÈCLE.

Les portes de tabernacle sont toujours faites exprès d'après les mesures indiquées, qui doivent être celles de la baie du tabernacle que la porte est destinée à fermer. Elles sont livrées avec la serrure & sa clef ornée & dorée, & elles sont munies d'un dormant en bronze, se fixant en place au moyen de vis, qui évitent les scellements dans la pierre ou le marbre.

La garniture intérieure est rouge ou blanche, suivant la demande, en damas de laine pour les portes vernies, & en moire de soie pour celles dorées.

L'encadrement est un jonc uni faisant partie du dormant; mais il peut être remplacé par une moulure ornée, ce qui augmente le prix de 15 à 40 francs, suivant la dimension & la forme de la porte.

La porte n° 649 ($0^m 53^c$ sur $0^m 22^c$) & celle n° 650 ($0^m 53^c$ sur $0^m 21^c$) sont de dimension invariable; les autres peuvent s'exécuter à peu près sur toutes les mesures, & être de forme carrée, plein cintre ou ogivale.

PRIX DE LA PIÈCE.

DIMENSIONS APPROXIMATIVES.		PORTES A PENTURES.				PORTES A SUJETS.			
		CARRÉES.		PLEIN CINTRE OU OGIVALES.		CARRÉES.		PLEIN CINTRE OU OGIVALES.	
HAUTEUR.	LARGEUR.	VERNIES.	DORÉES OR MOULU.	VERNIES.	DORÉES OR MOULU.	VERNIES.	DORÉES OR MOULU.	VERNIES.	DORÉES OR MOULU.
$0^m 30^c$	$0^m 16^c$								
0,32	0,17								
0,35	0,18								
0,38	0,19								
0,40	0,20								
0,42	0,22								
0,45	0,24								
0,48	0,26								
0,50	0,28								
0,53	0,30								
0,56	0,32								
0,60	0,35								

Pas de planche 139.

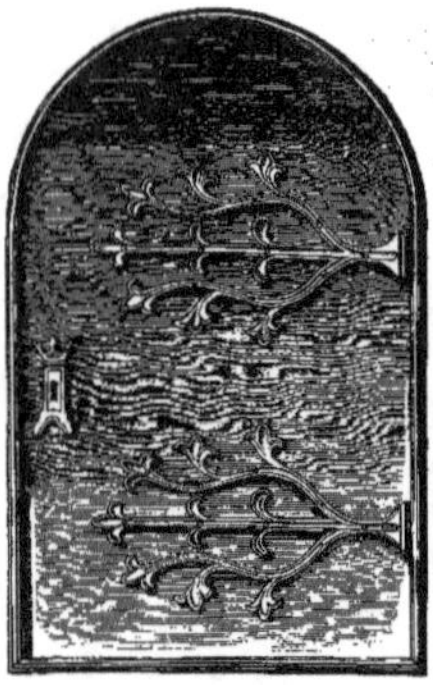

640

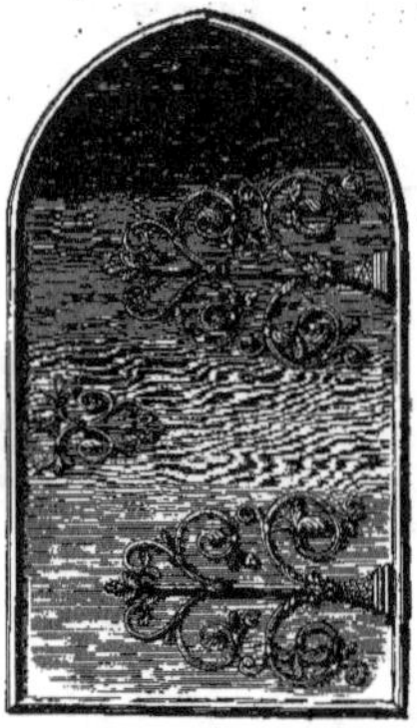

641

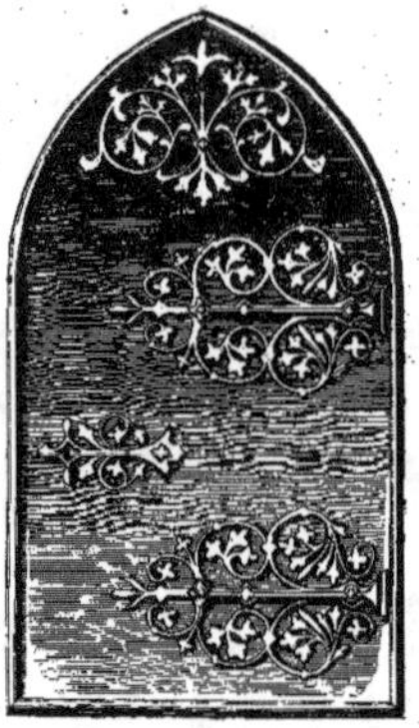

642

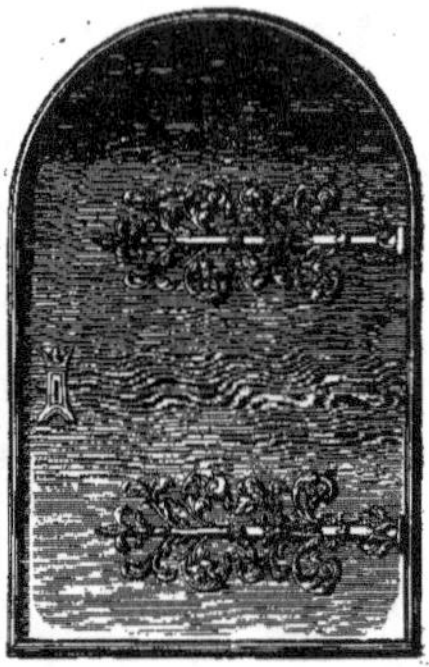

643

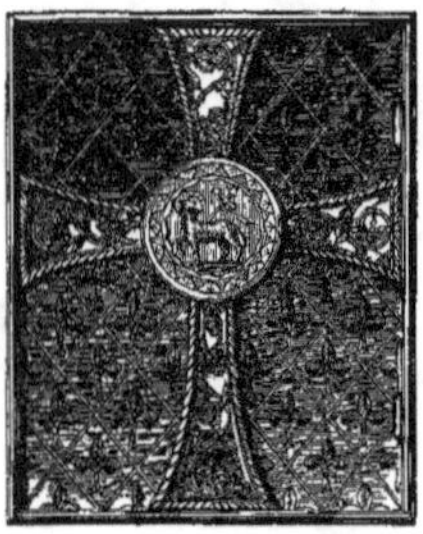

645

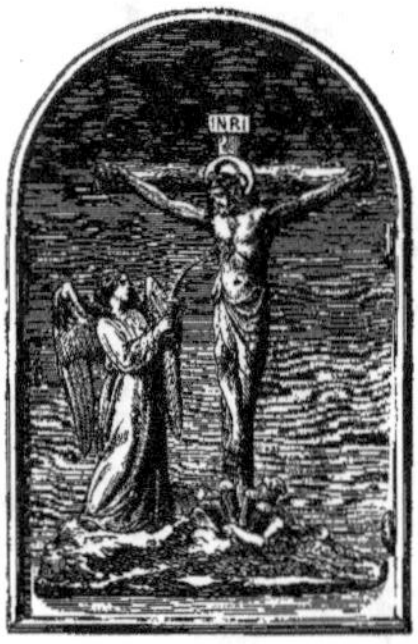

646

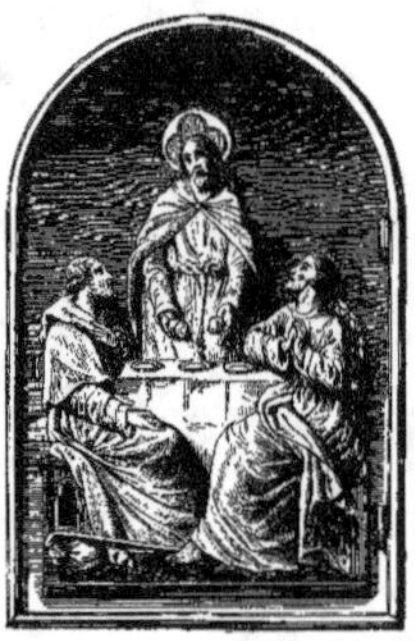

647

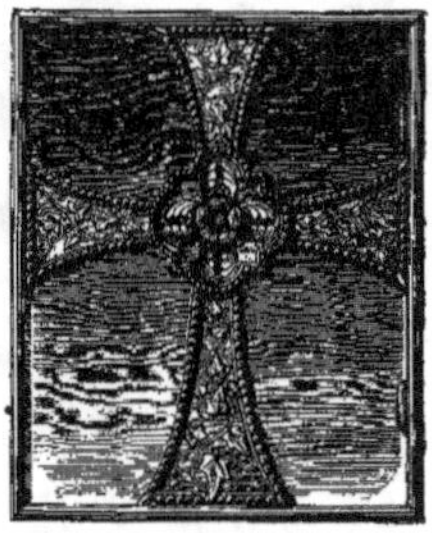

644

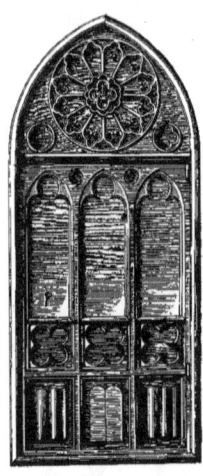

649

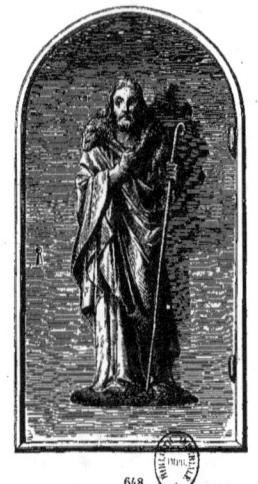

648

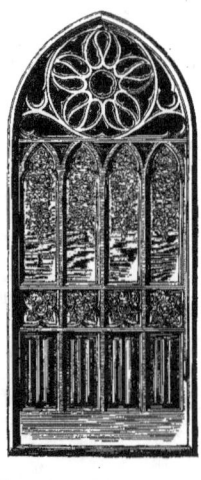

650

PORTES DE TABERNACLE

DE STYLES GREC, RENAISSANCE, LOUIS XIV ET LOUIS XV

Les portes de tabernacle sont toujours faites exprès d'après les mesures indiquées, qui doivent être celles de la baie du tabernacle que la porte est destinée à fermer. Elles sont livrées avec la serrure & sa clef ornée & dorée, & elles sont munies d'un dormant en bronze se fixant en place au moyen de vis, qui évitent les scellements dans la pierre ou le marbre.

La garniture intérieure est rouge ou blanche, suivant la demande, en damas de laine pour les portes vernies, & en moire de soie pour celles dorées.

L'encadrement peut être un *jonc uni*, comme au n° 651, ou une *moulure unie*, comme aux n⁰ˢ 654, 655, 656, 657, 659 & 660, ou enfin une *moulure ornée*, comme aux n⁰ˢ 652, 658 & 661.

Les portes n⁰ˢ 652, 653, 654 & 658 sont de dimensions invariables, & elles portent les mesures suivantes : n° **652**, L'Assomption, style Louis XV, 0ᵐ 48ᶜ sur 0ᵐ 29ᶜ; n° **653**, à panneaux, style Renaissance, 0ᵐ 43ᶜ sur 0ᵐ 19ᶜ; n° **654**, saint Pierre assis, style Renaissance, 0ᵐ 47ᶜ sur 0ᵐ 24ᶜ; n° **658**, L'Agneau pascal, style Louis XIV, 0ᵐ 46ᶜ sur 0ᵐ 26ᶜ.

Les autres portes peuvent s'exécuter à peu près sur toutes les mesures, & être carrées ou arrondies.

Les prix ci-dessous pourraient être augmentés si les portes devaient être cintrées en plan, pour se conformer aux contours d'un tabernacle.

PRIX DE LA PIÈCE

DIMENSIONS APPROXIMATIVES.		ENCADREMENT JONC UNI.				ENCADREMENT MOULURE UNIE.				ENCADREMENT MOULURE ORNÉE			
		CARRÉES.		CINTRÉES.		CARRÉES.		CINTRÉES.		CARRÉES.		CINTRÉES.	
HAUTEUR.	LARGEUR.	VERNIES.	DORÉES OR MOULU.	VERNIES.	DORÉES OR MOULU.	VERNIES.	DORÉES OR MOULU.	VERNIES.	DORÉES OR MOULU.	VERNIES.	DORÉES OR MOULU.	VERNIES.	DORÉES OR MOULU.
0ᵐ 30ᶜ	0ᵐ 16ᶜ												
0, 32	0, 17												
0, 35	0, 18												
0, 38	0, 19												
0, 40	0, 20												
0, 42	0, 22												
0, 45	0, 24												
0, 48	0, 26												
0, 50	0, 28												
0, 53	0, 30												
0, 56	0, 32												
0, 60	0, 35												

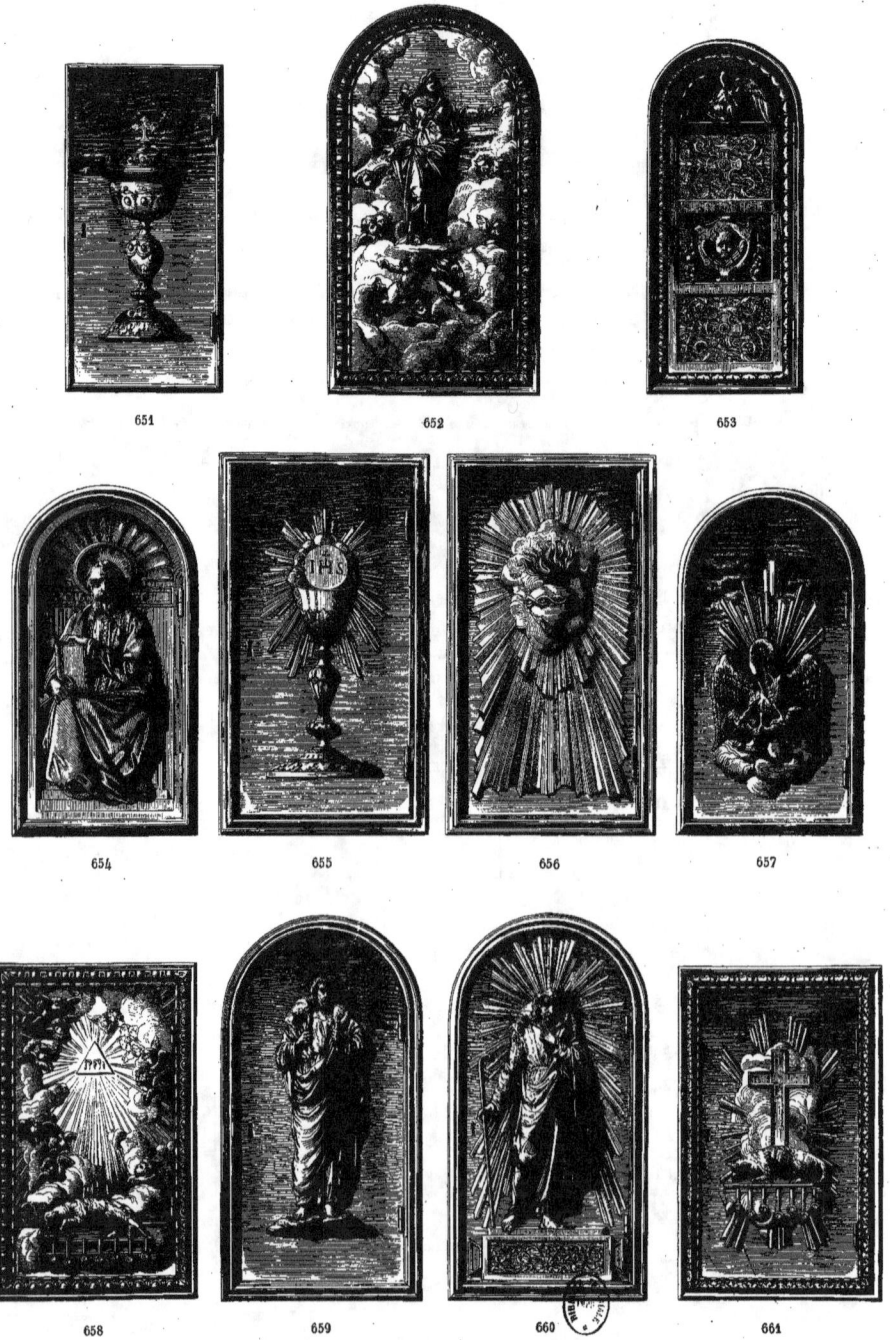

651

652

653

654

655

656

657

658

659

660

661

Nº 662. — LA RÉSURRECTION

GRAND BAS-RELIEF POUR DEVANT D'AUTEL

COMPOSITION ET SCULPTURE DE IGUEL.

9 FIGURES EN HAUT-RELIEF DE 0ᵐ 35ᶜ DE HAUTEUR

1ᵐ 75ᶜ DE LONGUEUR SUR 0ᵐ 65ᶜ DE HAUTEUR.

PRIX DE LA PIÈCE. . . . { Bronzé. . . . .   francs}
{ Doré or moulu.   —

Ce bas-relief est tarifé sans fond, c'est-à-dire qu'il est disposé pour être placé sur un fond de marbre ou de pierre. On peut l'établir avec un fond & un encadrement en bronze, & le prix varierait suivant la forme, la dimension & la richesse des parties employées pour l'entourage.

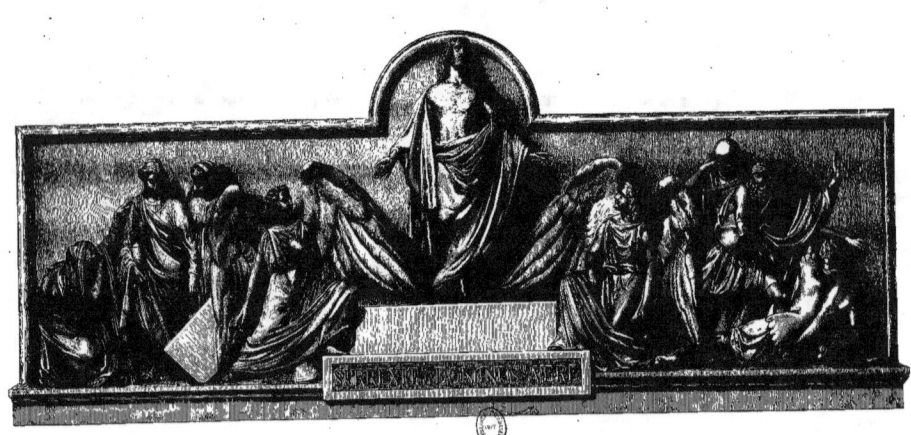

APPLIQUES ET BAS-RELIEFS DIVERS

NUMÉROS des DESSINS.	DÉSIGNATION DES MODÈLES.	DIMENSIONS.		PRIX DE LA PIÈCE.			POIDS de LA PIÈCE.
		HAUTEUR.	LARGEUR.	VERNIS.	ARGENTÉS.	DORÉS or moulu.	
663	Palmes en sautoir, bas-relief.	0m.39c	1m.30c				9k.50d
664	Palmes en sautoir, haut-relief.	0, 37	1, 30				12, 50
665	Palmes en sautoir & couronne, bas-relief. . . .	0, 37	1, 05				4, 50
666	Branches de lys en sautoir, bas-relief	0, 32	0, 90				5, 00
667	Guirlande de fruits, bas-relief.	0, 41	0, 62				6, 00
668	Guirlande de fruits, bas-relief	0, 40 / 0, 45	1, 20 / 1, 50				11, 00 / 12, 50
669	Flambeau renversé, bas-relief.	0, 42	0, 06				0, 45
670	Flambeau renversé, bas-relief.	0, 47	0, 08				0, 55
671	Chute de lys, bas-relief.	0, 62	0, 18				2, 20
672	Chute de fruits, bas-relief.	0, 55	0, 12				1, 90
673	Frise d'épis, bas-relief.	0, 46	0, 07				0, 80
674	Frise de raisins, bas-relief.	0, 46	0, 07				0, 80
675	Chiffre de la sainte Vierge, bas-relief.	0, 26 / 0, 32	0, 26 / 0, 35				0, 75 / 2, 40
676	Chiffre de la sainte Vierge, haut-relief.	0, 27	0, 31				3, 60
677	Chiffre de Jésus–Christ, bas-relief.	0, 16	0, 11				0, 45
878	Jéhova sur nuages, bas-relief.	0, 19	0, 19				0, 80
679	Croix de Malte avec rayons, bas-relief.	0, 21	0, 21				1, 60
680	Couronne d'épines, bas-relief.	0, 25	0, 28				1, 75
681	Cœurs de Jésus & de Marie, séparés, bas-relief.	0, 17	0, 10				0, 45
682	Cœurs de Jésus & de Marie, réunis, bas-relief. .	0, 15	0, 16				0, 60

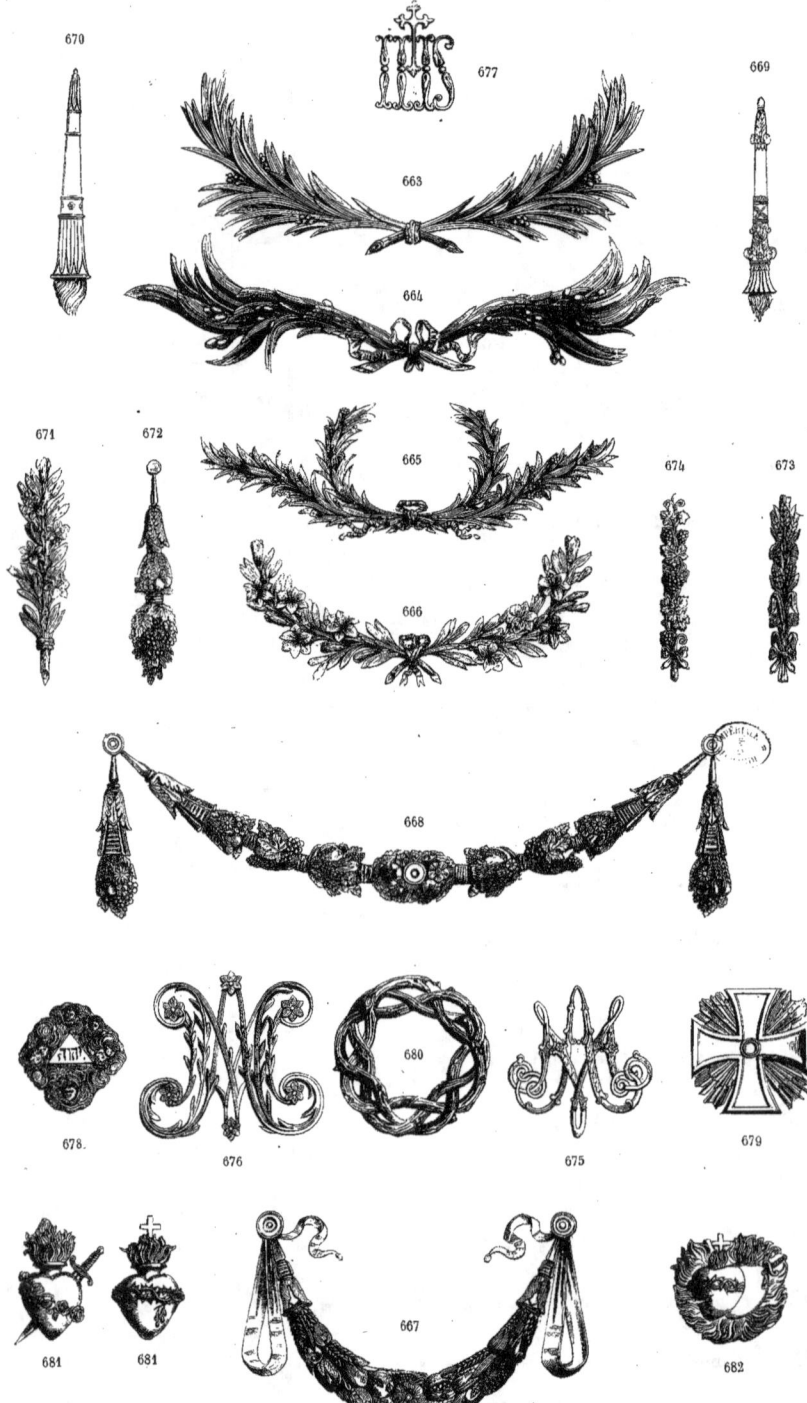

CHAPITEAUX ET BASES, APPLIQUES ET BAS-RELIEFS DIVERS

NUMÉROS des DESSINS.	DÉSIGNATION DES MODÈLES.	DIMENSIONS.		PRIX DE LA PIÈCE.			POIDS de LA PIÈCE.
		HAUTEUR.	LARGEUR.	VERNIS.	ARGENTÉS.	DORÉS or moulu.	
685	Agneau pascal sur nuages & rayons.	0ᵐ15ᵉ	0ᵐ34ᵉ				3ᵏ 354
686	Agneau pascal sur une grande gloire.	0, 46	0, 66				7, 00
687	Grande gloire avec anges & croix de Malte. . .	0, 44	1. 12				16, 00
688	Chapiteau corinthien & base, pour colonnes. . .	0ᵐ074ᵐᵐ	0ᵐ050ᵐᵐ				1, 10
689	Chapiteaux corinthiens simplifiés & bases, pour colonnes.	0, 075	0, 054				1, 00
		0, 085	0, 060				1, 50
		0, 095	0, 065				1, 80
		0, 115	0, 080				3, 35
690	Chapiteau ionique & base, pour colonnes. . . .	0, 018	0, 060				0, 75
691	Chapiteau style roman & base, pour colonnes. .	0, 130	0, 080				3, 00
692	Chapiteau renaissance & base, pour colonnes. . .	0, 133	0, 085				4, 80
693	Chapiteau corinthien & base, pour pilastres. . .	0, 074	0, 050				0, 55
694	Chapiteaux corinthiens simplifiés & bases, pour pilastres.	0, 100	0, 064				0, 75
		0, 118	0, 080				1, 10
695	Chapiteau ionique & base, pour pilastres.	0, 036	0, 054				0, 33
696	Chapiteau renaissance & base, pour pilastres. .	0, 109	0, 090				1, 70
697	Tête d'ange, *style Louis XV*, bas-relief.	0, 100	0, 335				1, 00
698	Têtes d'anges, partie & contre-partie, bas-relief. .	0, 130	0, 155				0, 50
699	Tête d'ange, de face, haut-relief.	0, 135	0, 290				1, 40
700	Tête d'ange, d'angle, *style grec*, ronde-bosse. . .	0, 185	0, 250				3, 75

Pour les chapiteaux, la dimension qui est indiquée comme largeur est celle que devrait avoir, en haut, le fût de la colonne ou du pilastre pour lesquels on aurait à employer les chapiteaux.

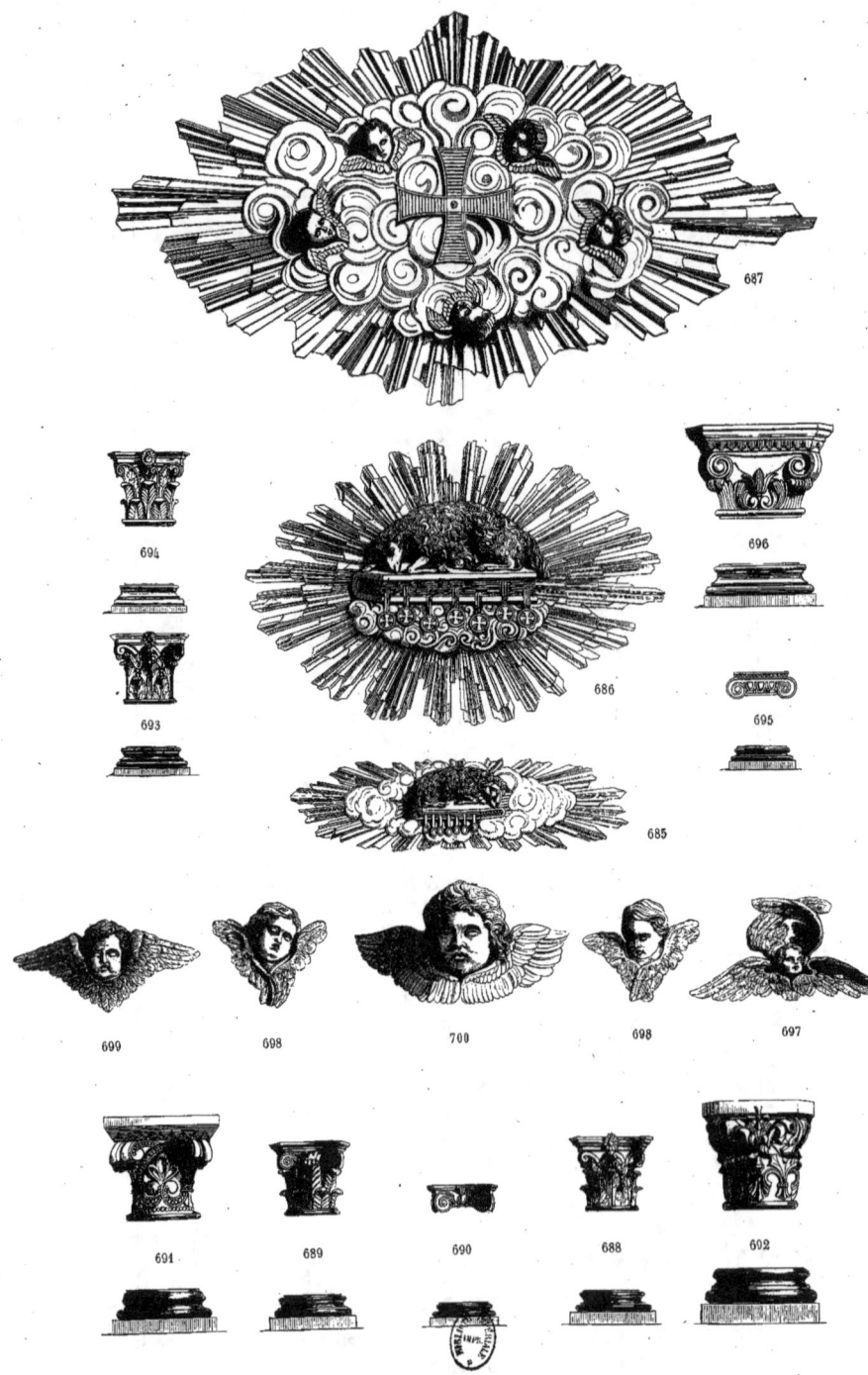

687

694

696

693

686

695

685

699   698   700   698   697

691   689   690   688   692

N° 701. — LE CHRIST PRÊCHANT

FIGURE DE HAUT-RELIEF.

HAUTEUR. . . . . $0^m 66^c$.

LARGEUR. . . . . $0^m 35^c$.

POIDS. $17^k 00^d$.

PRIX DE LA PIÈCE. . . .

Bronzé. . . . . francs.

Argenté. . . . . —

Doré or moulu. . . . . —

N° 702. — LES DOUZE APÔTRES

SAINT PIERRE, SAINT PAUL

SAINT ANDRÉ, SAINT JACOB MAJEUR

SAINT JEAN, SAINT PHILIPPE, SAINT BARTHÉLEMY, SAINT THOMAS

SAINT JACOB MINEUR, SAINT SIMON, SAINT THADDÉE

SAINT MATHIAS

FIGURES EN BAS-RELIEF

SCULPTURE DE MONTAGNY, D'APRÈS LES CARTONS DE RAPHAEL.

HAUTEUR. . . . . $0^m 30^c$.

LARGEUR. . . . . $0^m 14^c$.

POIDS DE CHAQUE FIGURE. . . . . . . $1^k 00^d$.

PRIX DES DOUZE. . . . .

Bronzés. . . . . francs.

Argentés. . . . . —

Dorés or moulu. . . . . —

Chaque figure peut être livrée isolément, aux conditions suivantes :

PRIX DE LA PIÈCE. . . . .

Bronzée. . . . . francs.

Argentée. . . . . —

Dorée or moulu. . . . . —

Les n°ˢ 701 & 702 sont livrés avec les pièces nécessaires pour être fichés dans la pierre ou le marbre. S'ils devaient être appliqués sur des panneaux de bois, ils seraient munis de montures taraudées & d'écrous.

Pas de planche 146.

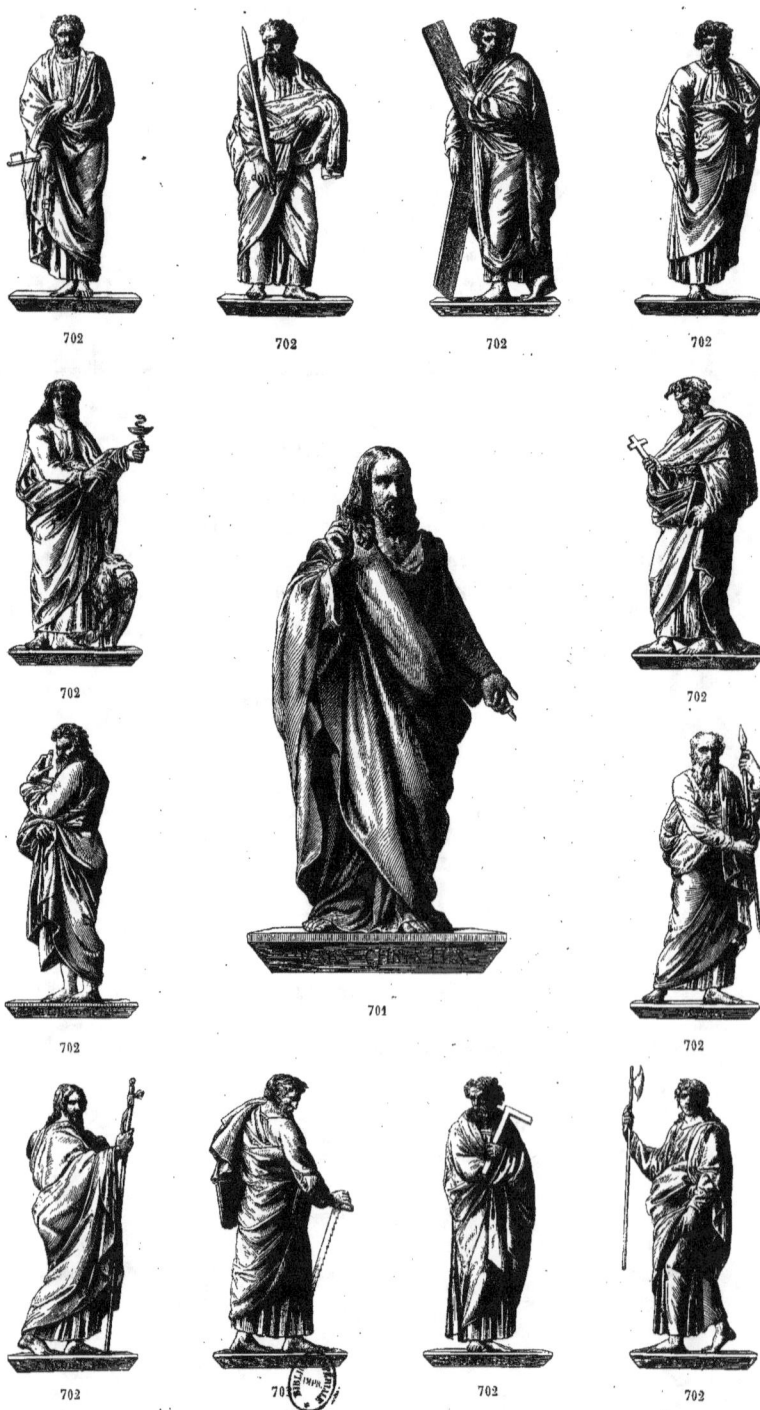

702

702

702

702

702

702

702

702

701

702

702

702

702

702

702

N° 710. — GROUPE D'ANGES ACCOUPLÉS

PARTIE ET CONTRE-PARTIE.

SCULPTURE DE HUSSON, SOUS LA DIRECTION DE VISCONTI.

———

HAUTEUR TOTALE, 1^m 20^c. — HAUTEUR DES ANGES, 0^m 97^c. — DIAMÈTRE DE LA TERRASSE, 0^m 44^c.

POIDS D'UN GROUPE, 125^k 00^d.

———

	Bronzé ou verni.	francs.
PRIX DE CHAQUE GROUPE. . . .	Argenté.	—
	Doré or moulu.	—

————

Ces groupes d'anges peuvent être employés pour établir des candélabres de 2^m 00^c à 2^m 50^c de hauteur, de 25 à 30 lumières, dans le genre de ce qui est dessiné au n° 267. Le prix de ces candélabres serait à faire.

N° 711. — ANGES ADORATEURS AGENOUILLÉS

Style Louis XV.

———

HAUTEUR TOTALE, 0^m 22^c — POIDS DE LA PIÈCE, 2^k 50^d.

———

	Bronzé.	francs.
PRIX DE CHAQUE ANGE.	Argenté.	—
	Doré ou moulu.	—

————

Ces anges peuvent être placés sur un socle à moulure de bronze; un socle en ébène vaut   francs, celui en marbre noir,   francs, celui en marbre blanc,   francs.

N°s 712 & 713. — STATUETTES D'ANGES DEBOUT

Style Renaissance.

———

HAUTEUR TOTALE, 0^m 30^c. — POIDS DE LA PIÈCE, 3^k 50^d.

———

	Bronzée.	francs.
PRIX DE CHAQUE STATUETTE. . .	Argentée.	—
	Dorée or moulu, ...	—

Pas de planche 146.

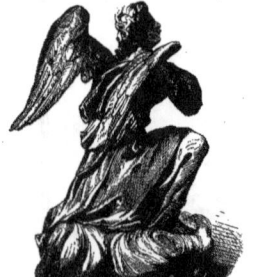

711

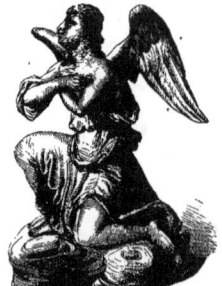

711

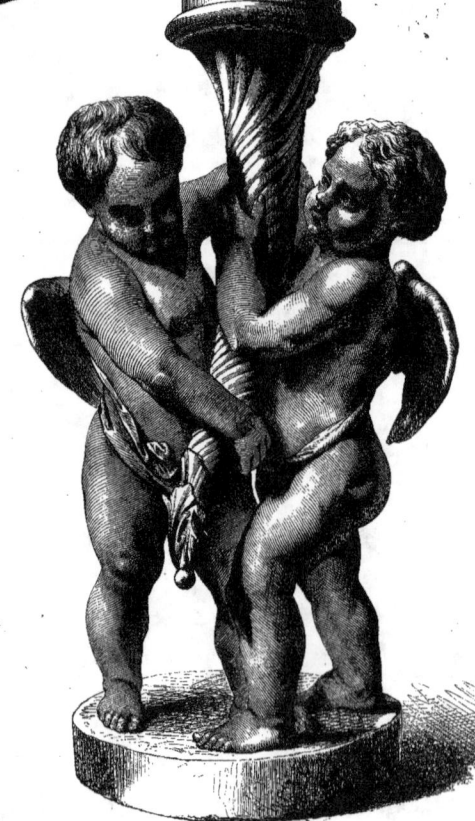

712

713

710

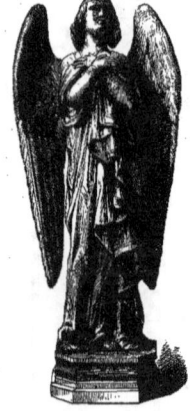

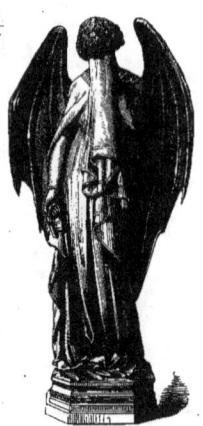

BRONZES RELIGIEUX

NUMÉROS des DESSINS.	DÉSIGNATION DES BRONZES.	DIMENSIONS.		PRIX DE LA PIÈCE.		POIDS TOTAL.
		HAUTEUR de LA FIGURE.	HAUTEUR TOTALE.	BRONZÉS.	DORÉS or moulu.	
714	Le Christ prêchant, statuette. . . . . SCULPTURE DE E. BION.	0m 32e	0m 34e			4k 75d
715	Le Christ en prière, statuette.	0, 15	0, 17			3, 00
716	Le Christ à la colonne, statuette.	0, 31	0, 33			4, 25
717	L'Assomption de la sainte Vierge, groupe.	0, 40 0, 45	0, 40 0, 45			9 , 00 12, 00
718	Saint Pierre, statuette. . . . . SCULPTURE DE TH. GRUYÈRE, D'APRÈS BRA.	0, 15	0, 16			1, 00
719	Saint Paul, statuette. . . . . SCULPTURE DE TH. GRUYÈRE, D'APRÈS BRA.	0, 15	0, 16			1, 00
720	Les quatre Évangélistes, statuettes.	0, 15	0, 16			0, 90
721	Massillon, statuette.	0, 40	0, 42			7, 00
722	Saint Jean Chrysostôme, statuette.	0, 44	0, 46			7, 00

Les groupes n⁰ˢ 715 & 717 peuvent être employés pour pendules.

Toutes ces statuettes peuvent être montées sur socles, soit en ébène, soit en marbre, dont les prix varieraient suivant les dimensions & la nature du socle qui serait demandé.

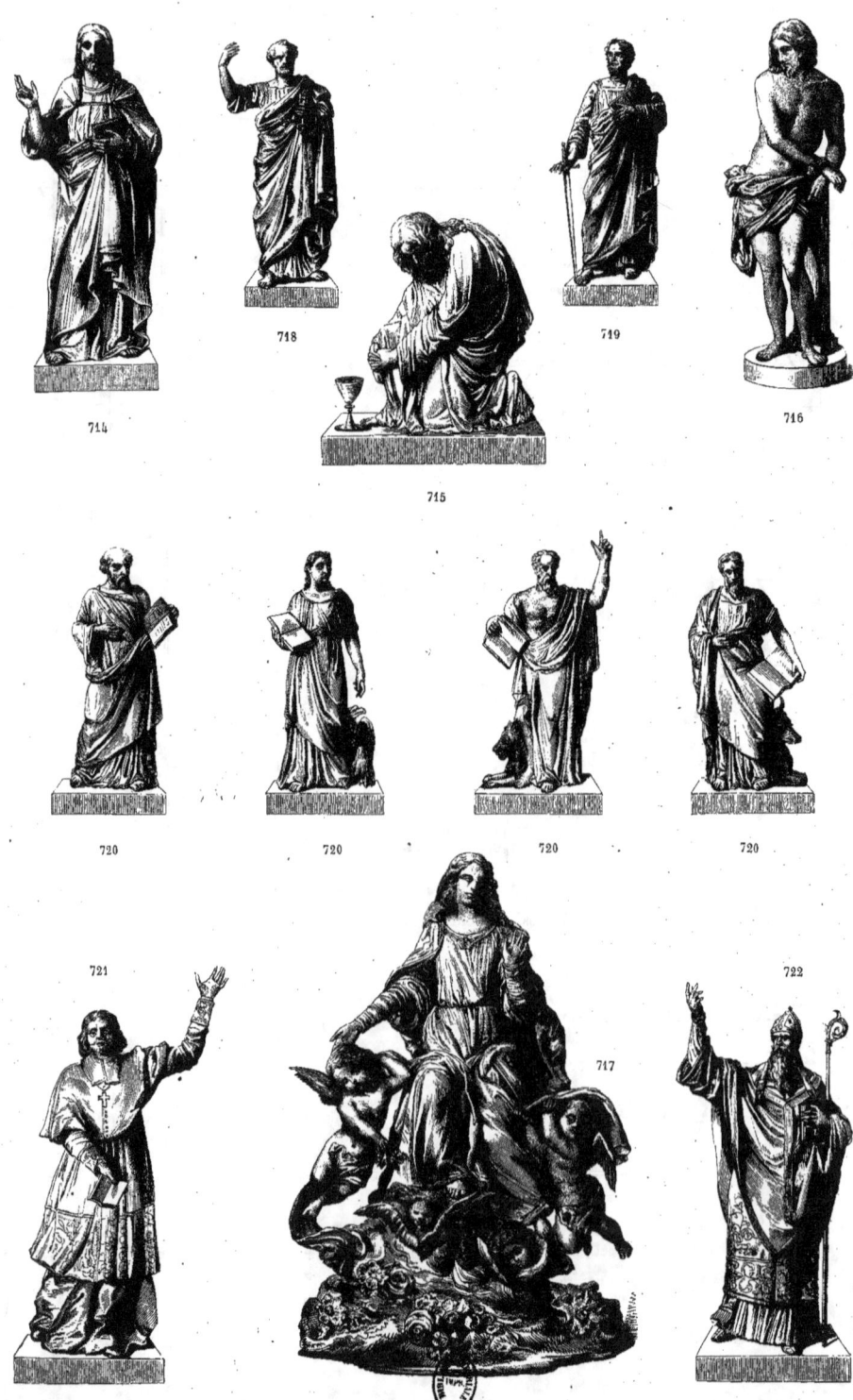

714

718

715

719

716

720

720

720

720

721

717

722

BRONZES · RELIGIEUX

NUMÉROS des DESSINS.	DÉSIGNATION DES BRONZES.	DIMENSIONS.		PRIX DE LA PIÈCE.			POIDS TOTAL.
		HAUTEUR de LA FIGURE.	HAUTEUR TOTALE.	BRONZÉS.	ARGENTÉS.	DORÉS or moulu.	
725	La sainte Vierge Immaculée, statuette. . . . . . SCULPTURE DE DOMINIQUE MOLKNECHT.	0m 45e 0, 60 0, 79	0m 50e 0, 68 0, 86				18k 000 96, 00 49, 00
726	La sainte Vierge Immaculée, statuette. . . . . . SCULPTURE DE TH. GRUYÈRE.	0, 84 0, 48	0, 59 0, 65				4, 75 6, 25
727	La sainte Vierge Immaculée, statuette.	0, 29	0, 88				4, 00
728	La sainte Vierge à l'enfant, statuette. . . . . . SCULPTURE DE TH. GRUYÈRE.	0, 14 0, 16 0, 19 0, 23 0, 28 0, 89 0, 41 0, 59	0, 27 0, 29 0, 82 0, 89 0, 48 0, 50 0, 68 0, 75				1, 00 1, 80 2, 00 8, 40 5, 00 6, 10 19, 00 29, 00
729	Notre-Dame des Victoires, groupe.	0, 88	0, 86				7, 00
730	La sainte Vierge, dite à l'oiseau, statuette. . . . D'APRÈS UNE STATUE DU XIIIᵉ SIÈCLE.	0, 83	0, 89				9, 50
731	La sainte Vierge à l'enfant, statuette. . . . . . D'APRÈS UNE STATUE DU XIIIᵉ SIÈCLE.	0, 21	0, 21				9, 25
732	La sainte Vierge assise, statuette. . . . . D'APRÈS UNE STATUETTE DU XIIIᵉ SIÈCLE.	0, 22	0, 22				8, 15

Le groupe n° 729 peut servir pour établir une pendule.

Tous ces bronzes peuvent être placés sur des socles en marbre, dont le prix varierait suivant la dimension & la nature des marbres qui seraient demandés.

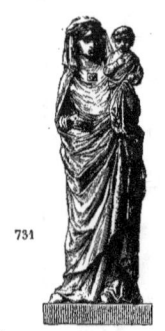

731

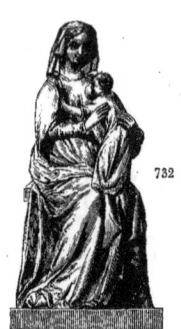

732

729

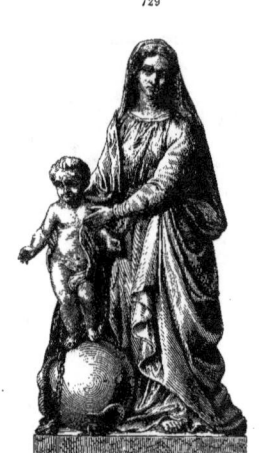

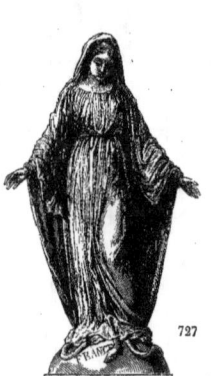

727

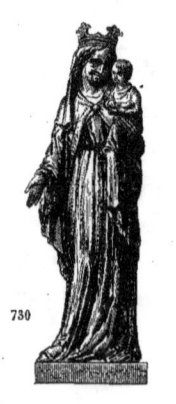

730

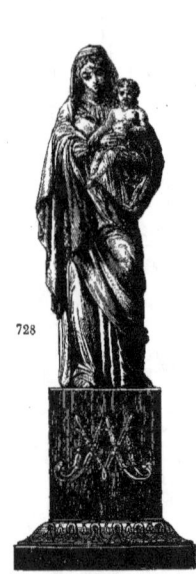

728

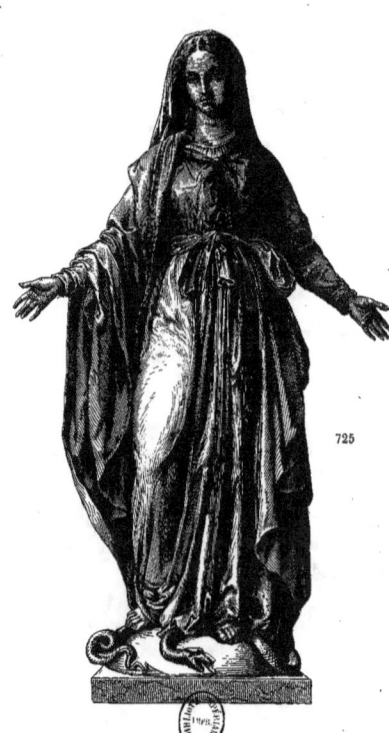

725

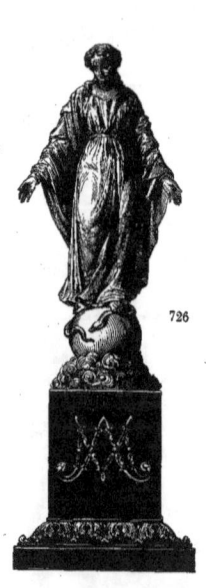

726

BÉNITIERS A ACCROCHER

NUMÉROS des DESSINS.	DÉSIGNATION DES MODÈLES.	DIMENSIONS.		PRIX DE LA PIÈCE.			POIDS de LA PIÈCE.
		HAUTEUR.	LARGEUR.	BRONZÉS.	ARGENTÉS.	DORÉS or moulu.	
733	Grand bénitier, *style Renaissance*. . . . . SCULPTURE DE JUSTIN.	0m 85c 1, 30	0m 52c 0, 80				334 004 95 00
734	Bénitier, *style du xiie siècle*. . . . . LE CHRIST ORIGINAL EST AU MUSÉE DE CLUNY. LES FIGURES SONT MOULÉES SUR DES SCULPTURES ORIGINALES EN IVOIRE DU XIIe SIÈCLE.	0, 60	0, 39				4, 00
735	Bénitier dit de LA PASSION, *style Louis XIV*.	0, 45	0, 18				1, 90
736	Bénitier dit ECCE HOMO, *style Louis XV*.	0, 26	0, 16				1, 00
737	Bénitier dit du SAINT-ESPRIT, *style Louis XV*.	0, 30	0, 18				0, 90

Au grand modèle du n° 733, il est possible de remplacer la coquille & la figure du démon qui la supporte, par une vasque en style Renaissance, comme celle qui est dessinée au n° 739.

Lorsque le bénitier n° 734 est bronzé, il est possible de dorer la figure du Christ, pour une augmentation de   francs.

Lorsque le bénitier n° 736 est bronzé, il est possible de dorer le médaillon, pour une augmentation de   francs.

Lorsque le bénitier n° 737 est bronzé, il est possible de dorer le Saint-Esprit, pour une augmentation de   francs.

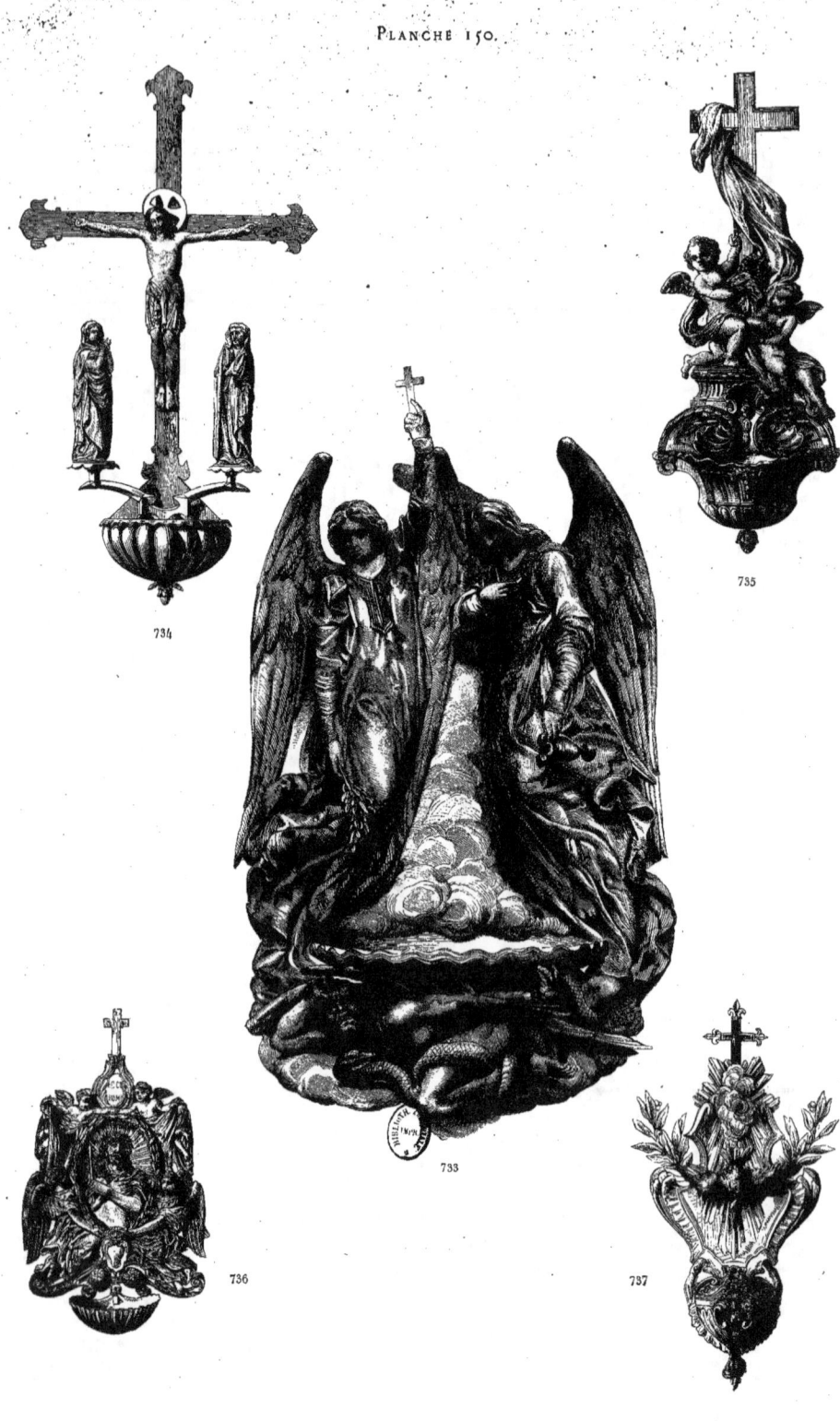

734

735

733

736

737

BRONZES RELIGIEUX

NUMÉROS des DESSINS.	DÉSIGNATION DES MODÈLES.	DIMENSIONS.		PRIX DE LA PIÈCE.			POIDS de LA PIÈCE.
		HAUTEUR.	LARGEUR.	BRONZÉS OU VERNIS.	ARGENTÉS.	DORÉS or moulu.	
738	Bénitier à accrocher, *style du xiii° siècle* . . . . . . D'APRÈS UNE SCULPTURE DE LA SAINTE-CHAPELLE, A PARIS.	0=21°	0=25°				7k 60d
739	Bénitier à accrocher, *style Renaissance.* . . . . . . COMPOSITION DE LIÉNARD.	0, 35	0, 48				21, 00
740	Crucifix, *style du xii° siècle.* . . . . L'ORIGINAL EST AU MUSÉE DE CLUNY, A PARIS.	0, 16	»				1, 00
		0, 18	»				1, 15
		0, 20	»				1, 30
		0, 22	»				1, 90
741	Crucifix, *style moderne.*	0, 17	»				1, 00
		0, 22	»				1, 35
		0, 24	»				1, 90
		0, 28	»				2, 60
742	Crucifix, sculpture de M. Jules Dumoutet.	0, 45	»				7, 50
743	Crucifix, *style Louis XV.*	0, 37	»				7, 25
744	Crucifix, *style moderne.*	0, 37	»				6, 90

Pour les crucifix, la hauteur indiquée est celle du christ seulement.

Les croix sont en ébène et de bonne exécution. On peut faire les croix en bronze comme les christs, ce qui fait une augmentation de prix d'environ 20 pour cent.

Suivant leur dimension, les crucifix peuvent s'employer pour appartement, pour oratoire, ou pour une église devant la chaire à prêcher.

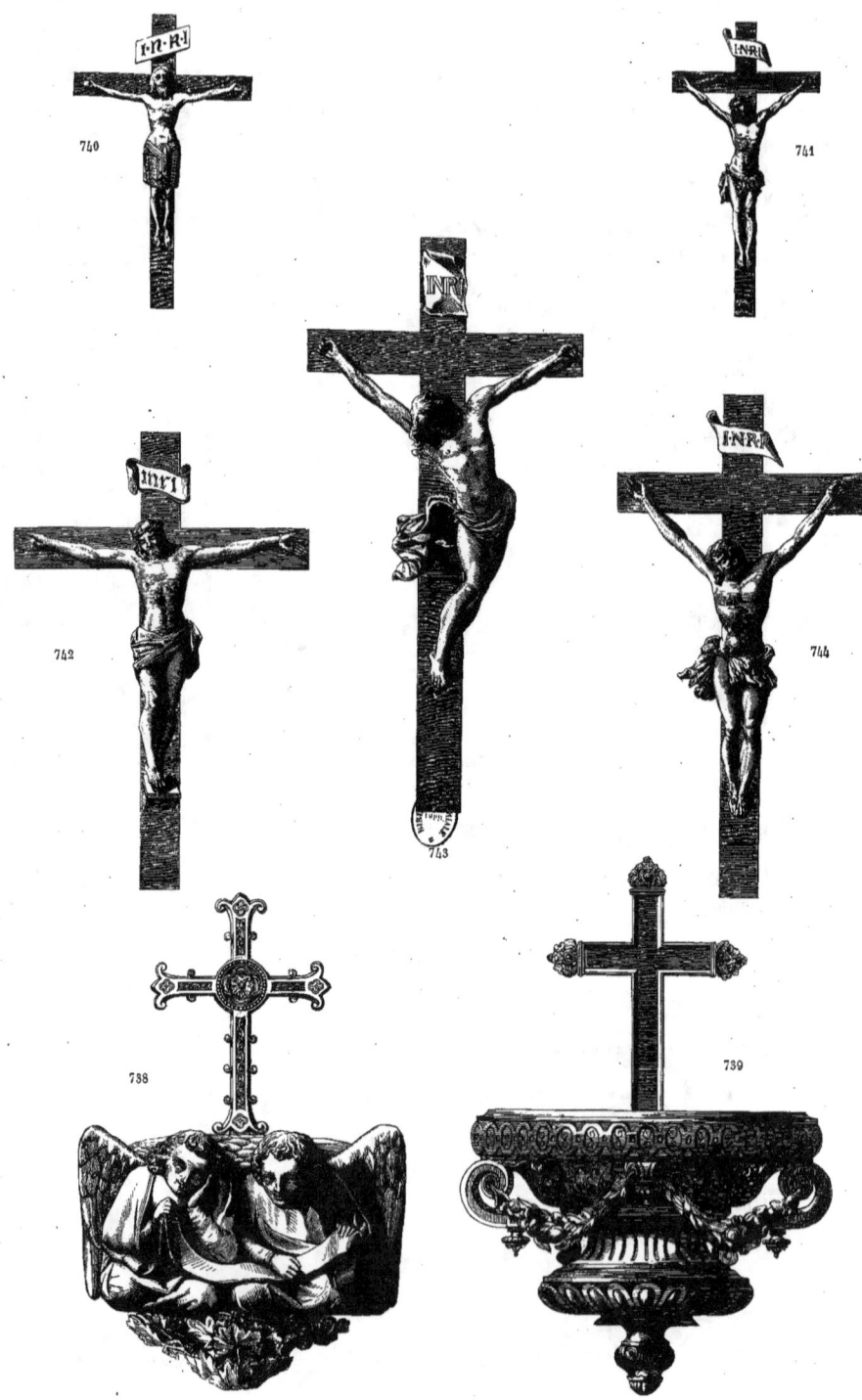

BRONZES RELIGIEUX

NUMÉROS des DESSINS.	DESIGNATION DES MODÈLES.	DIMENSIONS.		PRIX DE LA PIÈCE.			POIDS de LA PIÈCE.
		HAUTEUR.	LARGEUR.	BRONZÉS OU VERNIS.	ARGENTÉS.	DORÉS or moulu.	
746	Bénitier à accrocher, dit des VERTUS THÉOLOGALES.	0ᵐ 30ᶜ	0ᵐ 18ᶜ				1ᵏ 10ᶜ
747	Bénitier à accrocher, style Louis XV.	0, 30	0, 22				1, 80
748	Crucifix, style moderne.	0, 34	»				4, 00
		0, 43	»				6, 25
749	Crucifix. D'APRÈS BOUCHARDON.	0, 50	»				8, 50
		0, 58	»				14, 00
750	Crucifix. . . . . SCULPTURE DE L'ALGARDE. L'ORIGINAL EST A SAINT-PIERRE, A ROME.	1, 95	1, 65				200, 00

Pour les crucifix, la hauteur indiquée est celle du christ seulement.

Aux nᵉˢ 748 & 749, les croix sont en ébène, de bonne exécution. On peut faire ces croix en bronze, comme les christs, moyennant une augmentation de prix de 20 pour cent environ.

Le christ n° 750 pèse seul de 150 à 160 kilogrammes; la croix est en sapin & peinte à l'huile en ton de bois. On peut la faire en chêne, moyennant une augmentation de prix de   francs. Cette croix porte 3ᵐ 10ᶜ de hauteur sur 2ᵐ 00ᶜ d'envergure; la hauteur indiquée de 1ᵐ 95ᶜ est celle du christ seul.

Le christ n° 750 peut être exécuté en zinc fondu, décoré en couleur naturelle & monté sur une croix de sapin. Dans ces conditions, il vaut   francs; il serait de même prix, si le christ était bronzé.

FIN DU TARIF

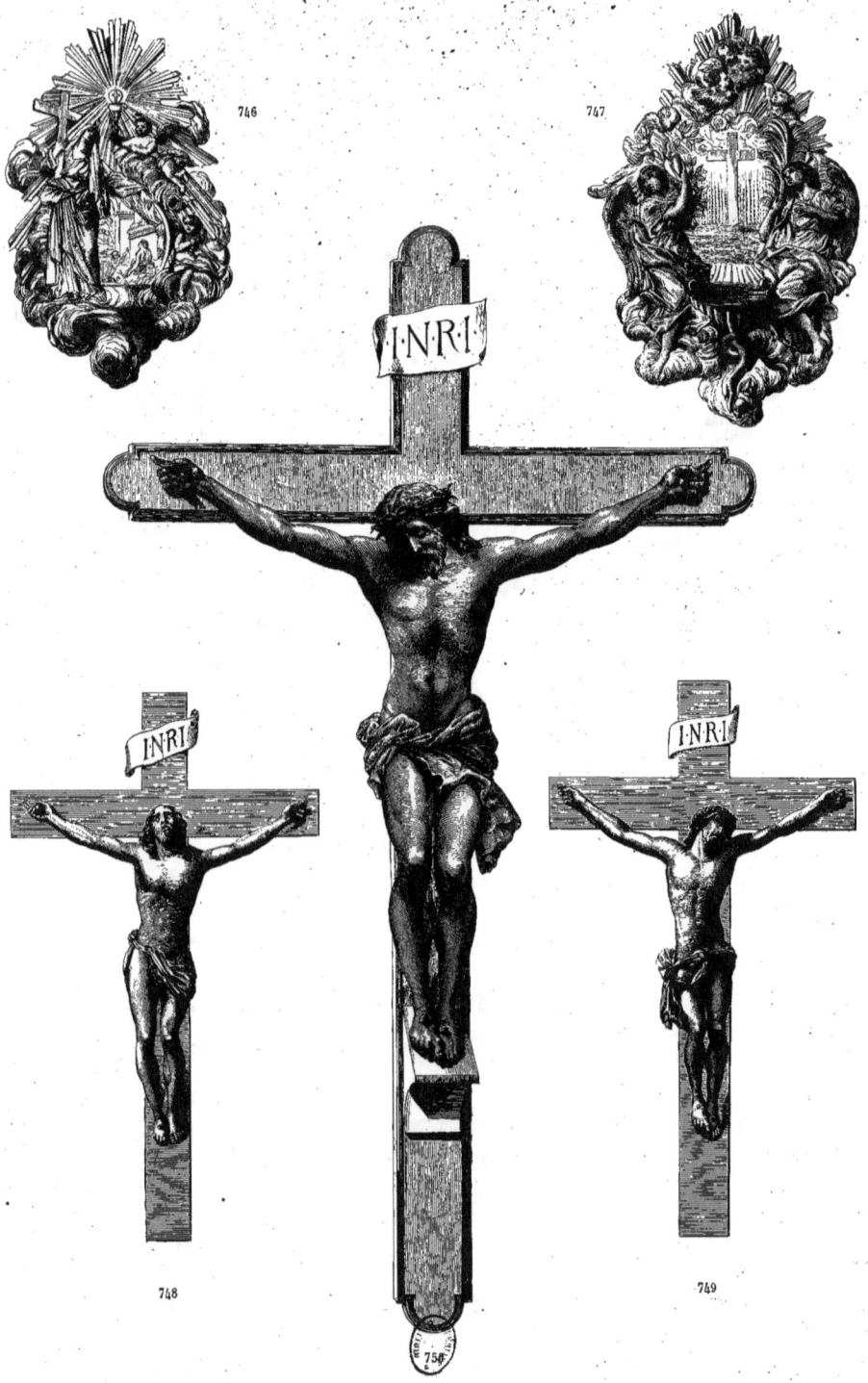

www.ingramcontent.com/pod-product-compliance
Lightning Source LLC
Chambersburg PA
CBHW051340220526
45469CB00001B/48